本书得到安徽财经大学著作出版基金资助

创业团队企业家精神的动态性研究

A Study of Dynamics of Entrepreneurship in Entrepreneurial Team

陈忠卫 著

人民出版社

策划编辑:吴炬东
责任编辑:吴炬东
装帧设计:肖　辉

图书在版编目(CIP)数据

创业团队企业家精神的动态性研究/陈忠卫 著.
-北京:人民出版社,2007.11
ISBN 978－7－01－006567－0

Ⅰ. 创…　Ⅱ. 陈…　Ⅲ. 企业领导学-研究　Ⅳ. F272. 91

中国版本图书馆 CIP 数据核字(2007)第 151955 号

创业团队企业家精神的动态性研究
CHUANGYE TUANDUI QIYEJIA JINGSHEN DE DONGTAIXING YANJIU

陈忠卫　著

人民出版社 出版发行
(100706　北京朝阳门内大街 166 号)

北京市双桥印刷厂印刷　新华书店经销

2007 年 11 月第 1 版　2007 年 11 月北京第 1 次印刷
开本:710 毫米×1000 毫米 1/16　印张:21.25
字数:310 千字

ISBN 978－7－01－006567－0　定价:43.00 元

邮购地址 100706　北京朝阳门内大街 166 号
人民东方图书销售中心　电话 (010)65250042　65289539

序

  作为陈忠卫先生的导师,我为这部在他博士学位论文基础上完成的专著的出版,感到由衷的高兴。

  陈忠卫博士现为安徽财经大学教授,多年来,他一直从事创业管理与中小企业成长领域的教学与科研工作。2002年考入南开大学攻读管理学(企业管理专业)博士学位,在校期间,他虚心求教于国内外同行学者,广泛研读有关创业管理、组织行为学、企业成长理论、战略管理、公司治理等多学科论著,积极参加南开大学创业管理研究中心组织的创业讨论会。在此基础上,选择创业团队企业家精神这一富有挑战性的前沿课题作为博士学位论文选题,扎实开展学位论文设计工作,按期顺利通过论文答辩,毕业后,陈忠卫教授回到安徽财经大学工作,组织成立了安徽财经大学企业成长研究所,持续深化开展创业团队理论的研究,围绕该领域申请的研究课题得到国家自然科学基金的资助。他的《创业团队企业家精神的动态性研究》一书是在博士学位论文基础上修改完成的,也是国家自然科学基金项目(编号70472049)、国家自然科学基金项目(编号70672107)的阶段性成果。

  本书以动态复杂的竞争环境为背景,以企业成长中创业团队成员变化为分析起点,创造性地将创业团队与企业家精神相结合,研究了创业团队企业家精神动态延续的课题。该书提出了创业团队企业家精神动态延续的模型,并结合转型时期的我国创业实践,实证研究了关于创业团队企业家精神的系列假设,案例研究的成果既验证了这一课题的重大现实意义,又揭示了创业团队研究领域可能进一步获得拓展的方向,是一本高水平的学术著作。

从个体创业模式向团队创业转变，或者说一开始就采用团队创业模式，既是创业型企业提升机会发现、机会开发能力的需要，也是他们创造性地利用商业机会的需要，既是高管层在复杂环境下有效获得有价值决策信息的需要，也是他们在动态环境下提高科学决策能力的需要。

如何使创业团队企业家精神不因企业成长过程而走向退化甚至泯灭，如何使创业之初的创业激情不断地随企业成长而延续甚至强化，如何培育高层管理团队创业精神都是企业管理中普遍存在的重大现实课题。陈忠卫教授的这部著作能够紧扣转型社会的大背景，将创业团队企业家精神融入企业动态成长的过程，探索剖析了创业团队企业家精神的强化和延续对企业成长的推动作用和内在机理。这在团队创业日趋活跃的背景下具有重大的理论意义和实践价值。

很长一个时期以来，研究高管团队的学者注意到去关注团队成员异质性与公司绩效的关系，但得出的研究结论各不相同甚至完全相反。可能的原因有两个：一是没有揭开高层管理团队内部运营的机理，创业管理研究体现着多学科交叉的特征，创业团队企业家精神的研究更是如此。创业团队企业家精神至少需要研究者具备良好的管理学、心理学、社会学和经济学功底。二是缺乏从企业动态成长视角的长期关注而较多地依赖于静态数据。

这部著作具有学科交叉性的特点。尤其是本书选择冲突和心理契约视角的研究是以心理学的最新研究进展为基础的，而就创业团队企业家精神的课题研究，则还需要研究人员能够将心理学与社会学、创业管理、战略管理的最新理论达到高度的结合。陈忠卫教授坚持开发用于创业团队企业家精神实证研究的量表，广泛开展社会调研，表现出青年学者所应具有的锲而不舍的进取精神，追求真理的坚定信心。

创业团队企业家精神的延续是一项情境依赖的课题。本书充分结合了转型时期我国特定的创业环境，能够结合对中国企业调研所获得的真实数据，开展创业团队企业家精神动态性的实证研究和案例研究，这种基于特定情境分析创业团队企业家精神传承的研究方法是此著作获得原创性理论贡献的重要保证。

作为作者的博士生导师,深为陈忠卫教授在创业团队企业家精神领域取得的丰硕成果感到欣慰。特别是他在毕业后,能够继续虚心地向国内外知名学者求教,孜孜不倦地追求真理,大胆地探索创业理论,并在获得国家自然科学基金项目基础上,又相继在创业教育、创业环境评价、科技型创业等相关领域获得多项国家级项目和省部级重点项目,期待着看到学生在创业管理领域做出更大的贡献。

应作者之邀,谨以上文为其著作作序,望读者识之。

南开大学创业管理研究中心主任、博士生导师　张玉利

2007 年 8 月 30 日

目　　录

1 绪 论

在充满不确定性的商业竞争环境中，个体新创企业前途具有高度的不可预测性，采用团队创业模式的小企业数量在不断增多，新创企业正是依靠创业团队的企业家精神才保证了小企业存活的可能性并支撑着小企业的快速成长。大公司为了巩固并扩大其竞争优势，也越来越重视高层管理团队建设，努力使高层管理团队能够保持与创业之初一样的创业团队企业家精神。我们发现，伴随着小企业组织规模的扩张，原先创业团队中个别成员可能选择离开团队而开始新的创业行为，即便创业团队成员都被保留了下来，也还存在着创业团队吸纳新成员，组建新的高层管理团队的活动。此时，原先的创业团队企业家精神也因老成员的离开或者新成员的加盟而面临着挑战。其中，如何把创业团队企业家精神延续到大公司中去，进而转化成为能够支持大公司持续快速成长的高层管理团队企业家精神业已成为创业管理的一大研究热点。

1.1 研究背景

创业团队企业家精神是指创业团队内部的每一位成员并不简单地把他们看做是个体意义上的企业家，而是看做集体意义上的企业家，并通过分享认知和合作行动的方式，创造性地识别、开发和利用创业机会，进而实现创建新企业和推动企业成长的管理活动。作为团队企业家精神，团队成员间并不具有严格的等级关系和复杂的官僚体系，他们在一定的行政领导方式下采取行动。团队企业家精神不仅仅局限于依托团队创办新企业的活动，也包括现有大公司中高层管理团队所进行的创业型行为。从企业成长的角度看，虽然高层管理团队企业家精神可能多少保留了创业团队企业家精神的特质，但是，这种高层管理团队企业家精神绝不可能是创业团队企业家精神的简单翻版，存在着动态延续的问题。从企业成长的角度，深入研究创业团队企业家精神的形成规律，剖析创业团队企业家精神动态延续的内在机理，可以为加强对创业团队企业家精神的动态管理，发挥创业团队企业家精神的作用提供富有建设性的借鉴。

1.1.1　创建小企业越来越多地采用团队创业模式

如今许多新建企业采用的是团队创业模式，团队成为一种更加普遍的现象，而且团队影响着创业绩效。阿诺德·库珀（Arnold C. Cooper）对 20 世纪 60 年代和 70 年代高科技行业的创业者进行过调查，发现在奥斯汀（Austin）的高科技企业内有 48％、在美国加州帕洛阿尔托市（Palo Alto）的高科技企业内有 61％，以及位于不同地理区位的 955 家企业中有 59％都是由两人或更多的人采用团队方式创业的。[①] 阿诺德·库珀和艾伯特·布鲁诺（Arnold C. Cooper and Albert V. Bruno）也发现，80％的高成长企业采用团队创业模式，而无法继续生存下去的企业中则较少以团队方式实现创业。《风险》（Venture）杂志在 1988 年做过调查，100 家在 IPO 前三年表现最好的企业中有 56％采用创业团队模式。[②] 在美国《公司》（Inc.）杂志社每年评选出的 500 家快速成长企业中，也有 60％的企业是由创业团队创建。

创业研究领域最初关注较多的是个体创业者的人格特质和行为。理论界那时倾向于把创业视为单一的创业家活动，试图从成功创业家身上发现某些特定的且极具代表性的人格特质和行为，从而来预测某人是否具有成功创业者的品质以及其与创业绩效的关系。然而，实证的研究结

---

① Cooper, A. C., "Technical Entrepreneurship: What Do We Know?", *R&D Management*, 1973, Vol. 3, Issue 2, pp. 59—64.

② Cooper, A. C. and Bruno, A. V., "Success Among High-Technology Firms", *Business Horizons*, April 1977, Vol. 20, Issue 2, pp. 426—428.

果却显示，成功的创业家不可能千篇一律，他们并不存在较多的共性；相反的是，创业团队倒要比个体创业家更能解释创业绩效。如罗伯特·赖克（Robert B. Reich）就曾经指出，"经济的成功来自于具有天分、热情和共识的团队所创造，而非透过个人英雄创业家的迷思"。[①] 而且，在 20 世纪 80 年代，美国因受日本经济的威胁，极力倡导通过合作式企业家精神（collective entrepreneurship）来提高国家竞争优势，包括以合作原则为基调的战略联盟以及网络型组织不断涌现，在 20 世纪 80 代末期，创业团队开始成为创业研究的焦点而非个人英雄式的创业家。

1.1.2 大公司越来越重视团队管理和高层管理团队建设

企业今天所处的商业竞争环境要比过去充满更多的不确定性，表现为风险增加、预测能力下降、公司和产业边界具有流动性、无须学习传统管理实践和管理理念等特征。有学者认为，由工业社会向信息社会的过渡期间所发生的改变并不是枝节性和程度性的，而是属于典范转变（paradigm shift）的层次，它要求企业能够实现从工业社会的"牛顿型管理"向信息社会的"量子型管理"转变。[②] 这种不确定的商业环境迫使企业处在不稳定的边缘，迫使企业高度重视熊彼特式的"创造性破坏"活动越来越快的潮流。

除了小企业采用团队模式以外，越来越多的大公司也在不断导入团队管理理念，团队模式成为了大公司极为重要的管理手段。它们试图通过强调价值观、公司愿景、创业热情、组织承诺、团队精神来获得竞争优势，并努力使其能够长期维持下去。在日益复杂的商业竞争环境下，创新、弹性和冒险成为了大公司活力的重要源泉，为了最大程度地避免高层决策失误或错失企业成长良机，高层管理团队的建设也变得极为迫切。

---

① Reich, R. B. , "Entrepreneurship Reconsidered: the Team as Hero", *Harvard Business Review* , May-June 1987, pp. 77—83.

② 许士军：《迈向"量子世界"的管理》，［英国］苏·柏莉、［加拿大］丹尼版·穆兹卡编，黄兰闵、黄君慧译：《创业精神与管理》，培生教育出版社股份有限公司 2004 年版，总序。

1.1.3　创业与企业家精神引起全球范围的关注

创业和企业家精神在全球范围的兴起有多方面原因，主要与 20 世纪 80 年代以来的商业竞争环境相关。一是全球范围的市场化趋势不断加速。二是技术创新速度加快。许多技术信息最终都体现在产品和服务上，而企业家精神正是把技术信息转化成为这些产品和服务的一种机制。[①] 我们发现，不但技术突破方兴未艾，而且，由技术转化为产品的周期也在不断缩短，它带给企业的既有商业风险也有创业机会。政府部门和具有责任感的国内企业家也逐渐认识到，在国际化竞争的舞台上不但需要"中国制造"，更需要"中国创造"。这个时代不但需要充满企业家精神的创业团队，也需要创业团队的企业家精神。三是私有化浪潮加速。无论是发达经济、转型经济还是发展中经济国家，私有化进程已经成为国家重构经济的一项普遍性战略。一些原本采用国有国营模式的企业不断地进行着私有化改造，在原本属于国家垄断性的产业（如电话、航空、汽车、铁路、能源、石油、采矿、保险等）也相继采取私有化模式，部分或者全部地出售给国内外投资者。谢克·查哈拉和卡罗尔·汉森(Shaker A. Zahraand Carol D. Hanson)曾撰文指出，私有化改造战略的核心在于通过把国有企业转变成为私有化企业，以及通过变更其所有权和经营管理权的途径，来促进自由化市场体系的作用，从而将有效地推动冒险、创新和企业家精神。[②]

战略管理是以培养、利用、强化企业竞争优势为导向的，尽管从"外部环境论"、"内部资源论"、"能力观"发展到"知识观"，战略研究领域对企业竞争优势源泉的认识在不断深化，但是，无论何种解释，最终把竞争优势转化为超额利润的任务必须要有企业家精神作为支撑。这

[①]　Shane , S. A. and S. Venkataraman. , "The Promise of Entrepreneurship as a Field of Research", *Academy of Management Review* , 2000, Vol. 25, Issue 1, pp. 217－226.

[②]　Zahra, Shaker A. and Hansen, Carol Dianne, "Privation, Entrepreneurship and Global Competitiveness in the 21st Century", *Competitive Review* , 2000, Vol. 10, Issue 1, pp. 83－103.

是因为，创业或企业家精神作为一种管理思想，它强调通过创新、变化、把握机会和承担风险来创造价值。从这一角度看，创业或企业家精神是一种无论是新创企业还是现有大公司都可以采用的一种管理思想。① 迈克尔·希特(Michael A. Hitt)等学者认为，企业家精神是对过去未曾利用的机会加以识别和利用，而战略管理则是要求在多种竞争性方案中做出选择。企业家精神与创新有关，而战略管理旨在建立和维护从创新中得来的竞争优势。② 如果把企业家型视角（寻找机会的行为）和战略管理视角（获得优势的行为）相结合，就将形成企业家型战略（entrepreneurial strategy）和战略型企业家精神(strategic entrepreneurship)的概念。

1.1.4　国内私营经济的快速发展和企业产权制度变革的不断推进

21 世纪初以来，我国经济体制改革力度迅速加大。从国有国营、国有民营发展到突出强调资本逻辑的国有企业投资主体多元化，从非公有制经济是公有制经济的补充，上升到与公有制经济共同发展，甚至在有的地区出现了非公有制经济快于公有制经济的发展速度。这种转型带给人们的不只是观念变革，对于那些富有创业精神的企业家来说，更是一种商业机会，而这种商业机会将带给企业显著的竞争优势。尤其是在继 2002 年出台《中小企业促进法》以后，国务院于2005 年 2 月发布了《关于鼓励支持和引导个体私营等非公有制经济发展的若干意见》，这是新中国成立以来首部以促进非公有制经济发展为主题的中央政府文件，文件首次允许并鼓励非公有资本进入垄断行业和领域，并承诺为它们提供融资上的支持。与此同时，伴随着对那

---

① 林强、姜彦福、张健：《创业理论及其架构分析》，载《经济研究》2001 年第 9 期，第 85～94 页。

② Hitt，M. A.，Ireland，R. D.，Camps，M.，and Sexton，D. L.，"Strategic Entrepreneurship：Entrepreneurial Strategies for Wealth Creation"，*Strategic Management Journal*，June-July 2001，Vol. 22，Issue 6－7，pp. 479－491.

些限制非公有制经济发展的法律法规的全面清理，以及那些阻碍非公有经济发展的体制性障碍的消除，非公有经济与公有经济公平竞争的创业环境已经到来。这一不断被优化的创业环境同时也带给创业团队和团队企业家精神繁荣的可能性。

在国内私营经济成长环境不断改善的同时，创业机会不断增多，创业环境不断优化，包括个体私营企业、国有控制企业在内的各种不同所有制企业都获得了更为宽松的创业条件。企业高层管理者或者高层管理者团队面临着内生性动力和外来性压力的双重挑战，个体创业者（或创业者团队）愿意选择更为冒险的方式创建新企业，参与市场化竞争和获取高额的个人收益。

与此同时，那些大型的、业已建立的大公司（包括大型国有企业）也在积极加速产权制度改造，它们积极地通过创建顾客导向型企业文化、下授权力给中层或者其他管理团队、推行"以人为本"的人性化管理模式等手段，努力造就大公司的快速反应能力和市场应变能力。在"保值增值"和"做大做强"的运行逻辑下，中央企业正在进行一场史无前例的合并同类项式的重组和改革。从 2003 年 5 月到 2006 年 4 月，国有资产监督管理委员会直接监管的企业数已经从 196 家减至 168 家。各地政府也在坚持以人为中心，以"再造"为手段的前提下，努力推动制度变革与管理创新互动增进式的发展模式。创新与变革的着力点既体现在产权制度改革过程中的企业与政府关系定位、权力分配与权力制衡、利益分割层面，也体现在管理创新活动的人力资源、领导、文化和战略等层面上。[①]

可以预见，随着国内个体私营的经济快速发展以及大公司产权制度变革不断向纵深推进，创业与企业家精神同样会成为全社会关注的热点，更多的企业将积极通过团队创业方式，借助团队企业家精神的力量，在瞬息万变的市场上寻求生存和发展的机会，获得并不断巩固

---

① 陈忠卫著：《制度变革与管理创新互动论——谋求企业健康成长》，新华出版社 2002 年版，第 24～34 页。

其竞争优势。

1.1.5 创业团队企业家精神是企业成长的关键因素

新的商业竞争环境正在诱使社会向创业与企业家精神维度的转型，而且，大多数创业活动是以团队方式起步的。虽然创业之初，组织结构较为简单，但创业团队企业家精神体现却十分明显。无论在创业机会的识别、利用和开发过程中，在资源获取和资源利用活动中，还是在通过资源与能力的组合来赢得竞争优势的认知上，直至包括采取具体战略行动以高效地实现预定目标中，创业团队及其创业团队企业家精神都具有明显优势。

企业规模扩大后，虽然高层管理团队成员上可能会发生变化，但高层管理团队企业家精神不能小觑。传统经济学理论坚持认为，"小的就是美的"，对大型企业能否保持一种创新精神始终持怀疑态度，组织规模扩大后带来的"大企业病"不断地困扰着公司的高层经理，最让他们感到头疼的是如何使大企业保持与小企业一样的创新精神。①"公司再创业"现象在 20 世纪 70 年代以来就非常普遍，公司再造和企业流程再造（BPR）活动也在信息技术快速发展的条件支撑下成为了大公司谋求更大竞争优势的选择，内部创业和联盟也不断发生，这些形式无论是基于产品创新而创建企业还是基于营销模式创新而创建企业，或者是基于企业组织管理体系创新而创建企业，都体现着高层管理团队的创新能力、冒险精神、敢于开拓的企业家精神，显然，高层管理团队企业家精神对于促进企业成长发挥着不可或缺的作用。

1.1.6 不让创业团队企业家精神伴随着企业规模 扩大而不断地被淡化甚至泯灭已成为创业 管理的难点

高层管理团队企业家精神最为深刻地影响到其他团队以外组织成员

---

① 吕源、徐二明：《公司创业力研究》，载《南开管理评论》2004 年第 3 期，第 34～40 页。

的创业热情和工作动力。现实中普遍存在的现象是，伴随着企业成长，创业团队成员从创业初期关注勇于创新、过分自信、积极进取等行为会转变为对权力、地位和控制的关注，创业团队整体上可能会出现欧文·贾尼斯（Irving L. Janis）所指描绘的"开始用群体思考取代独立的批判性的思维，甚至有可能对内群体以外采取非理性的和灭绝人性的行动"[①] 的现象。此时，公司行政管理领域所取得的成就演变为了企业家精神管理的障碍，对典型的官僚化行政模式和等级森严的权力体系的关注掩盖了企业家对价值创造、机会把握的关注，甚至围绕着经济利益的分配和权力地位展开争斗，最终，创业团队开始瓦解，创业团队企业家精神不断变质，并极易导致创业团队企业家精神的淡化甚至泯灭。

客观地说，创业团队企业家精神泯灭并不是有意识的，而是一种不自觉的行为过程。因此，如何及时识别创业团队企业家精神泯灭的倾向，如何在企业家精神管理与行政管理之间取得平衡，如何让这种平衡随着企业成长而发生变化，如何采取有效的措施防范企业家精神淡化和泯灭的可能性，是创业团队学术界与企业界普遍关注的重大课题。

1.1.7 理论界尚缺乏对创业团队企业家精神动态延续的研究

创业团队企业家精神延续问题是创业理论与团队管理理论相交叉的一个学术前沿课题。一方面，在创业研究领域，有关团队创业的研究成果数量相对较少，且往往缺乏严谨深入的实证研究。导致这种情况产生的原因在于：一是创业团队成员不断变化，创业团队存活时间短暂；二是创业团队成员对现实的不满不断增多，冲突频繁；三是与许多人对"人们都愿意倾向于做出团队的努力"持否定态度有关；[②] 四是团队企

---

① 转引自［英国］伊丽莎白·切尔著，李欲晓、赵琛徽译：《企业家精神：全球化、创新与发展》，中信出版社 2004 年版，第 251 页。

② Kamm, J. B., Shuman, J. C., Seeger, J. A., and Nurick, A. J., "Entrepreneurial Team in New Venture Creation: A Research Agenda", *Entrepreneurship Theory and Practice*, Summer, 1990, pp. 7－17.

业家精神在团队凝聚力、成员满意度、团队创新效率等方面的社会性产出难以度量。

另一方面，团队管理理论的研究一般遵循着"团队构成—团队过程—绩效"的内在逻辑。从 20 世纪 80 年代以来，不少研究者以团队内部人口特征变量作为切入点，围绕着人口特征变量异质性与绩效关系形成了相当数量的成果。尤其是在唐纳德·哈姆布里克和菲利斯·玛森（Donald C. Hambrick and Phyllis A. Mason）的高层梯队理论框架①的基础上，不少学者后来选择创业团队或高层管理团队（TMT）作为研究对象，特别关注于团队人口特征变量的异质性程度与团队绩效、组织绩效的关系研究。但是，大多数的研究由于忽视了"团队过程"这一中间变量，从而导致了对同一问题的研究结论也各不相同的局面。

我们认为，个体企业家精神是高层管理团队企业家精神的基础，而高层管理团队企业家精神又是公司企业家精神的基础，如果能够在理论上对创业团队企业家精神的形成机理、延续条件和可能性方向做出深度研究，则将有助于指导创业型企业快速成长和大公司保持并强化创业团队企业家精神，并促进公司企业家精神的形成。目前，国外在企业家精神方面的研究成果多为注重公司企业家精神和个体企业家精神，而国内尚处在对企业家精神理论的引进阶段，过分注重个体企业家精神的研究，尚未真正形成创业与企业家精神的理论研究热潮。

从动态角度来看，随着企业规模不断扩大和外部竞争压力加剧，一方面要求新成员加盟到高层管理团队中，才能满足企业成长和外部竞争的需要；另一方面，高层管理团队新成员加盟对延续创业团队企业家精神势必又产生影响。如果新成员能够认同创业元老们的企业家精神，并愿意将此作为企业成长的推动力，高层管理团队企业家精神也就能够形成并发扬下去；相反，如果新成员不愿意认同创业元老们

---

① Hambrick, D. C. and P. A. Mason. , "Upper Echelon: The Organization as a Reflection of Its Top Managers", *Academy of Management Review* , 1984, Vol. 9, Issue 2, pp. 193—206.

的企业家精神，或者与原有高层管理团队成员间出现严重的情感性冲突，高层管理团队企业家精神就可能发生裂变。这种裂变既可能产生有利于企业快速成长的高层管理团队企业家精神强化趋势，也可能导致高层管理团队企业家精神裂变或衰亡的退化趋势。但是，国内外学者目前对创业团队企业家精神动态形成过程、创业团队企业家精神的维度、创业团队企业家精神与企业成长之间关系的研究相对较少。

本著作试图以创业团队人口特征变量异质性程度的变化为基础，把冲突与心理契约作为影响创业团队企业家精神延续的两大关键因素，从理论上解释人口特征变量异质性程度的变化如何通过创业团队内部运营及其创业决策过程，造成创业团队企业家精神动态延续的三种不同结果，即创业团队企业家精神强化、维持、退化。由于我们重点关注"团队过程"这一中间变量，这也在一定程度上阐释了为什么创业团队人口特征变量与绩效间的研究结论会出现不同结果甚至是相反结果的内在原因。应当说，对创业团队企业家精神的本质以及创业团队企业家精神动态延续的研究属于较为前沿性课题，本著作的研究可以进一步完善创业管理研究领域的学术体系，一定程度上也是对团队管理理论研究的空白点做出了尝试性的努力。

1.2　研究方法

企业家精神作为学术研究的范畴，其研究边界是指那些能够导致未来产品和服务形成的机会是如何被开发并加以利用的，以及由谁来加以开发和利用，并导致什么样的结果。[①] 结合创业团队的层次，本书重点关注创业团队的构成、创业团队的认知以及对创业团队企业家精神的影响，分析创业团队企业家精神如何伴随着企业规模扩张而出现退化或强化的内在机理，关注创业团队企业家精神对组织绩效（包括团队绩效和

---

① Shane ,S. A . and S. Venkataraman. ,"The Promise of Entrepreneurship as a Field of Research", *Academy of Management Review* ,2000 ,Vol. 25 , Issue 1 , pp. 217－226.

公司绩效）的影响。

1.2.1　企业外部环境与组织内部相结合的分析

许多学者不断地在探讨企业家精神的界限问题，如个体心理、公司资源基础等内部要素，或者是与产业寿命周期、新技术突破带来的机会等与外部环境相关的问题。企业家精神的传统研究往往采取把这些内外部条件相联系，并直接导致结果（生存、增长与利润）的方法。然而，萨拉思·萨拉思维塞（Saras D. Sarasvathy）却认为，企业家精神是一门人为构造的（artificial）学科。① 研究者应当重点关注的是个体和公司之间如何"设计（design）"出具有适应性的目标和战略，使其既能长时间地符合他们自己的要求，也能适应他们所处的环境条件。换言之，企业家要致力于设计公司内部组织结构、制度体系、管理模式，使其既符合他们所处的环境，又能帮助他们充分利用所处环境中的商业机会，进而既为他们自己创造财富，也能够带给股东们更大的收益。笔者认为，对创业团队企业家精神动态延续的研究也是如此，单纯地研究创业团队企业家精神边界是不够的，团队企业家精神的"设计"过程必须既考虑团队内部构成及其重新设计，也要考虑创业团队演变过程中的外部因素及其重新设计问题（如图 1.1）。

对创业团队企业家精神的研究更是离不开其内部环境与外部环境的共同影响。相对于个体企业家精神和公司企业家精神而言，在对内外部相结合的创业团队企业家精神研究时，其外部环境还应当包括属于公司内部但又不属于高层管理团队内部的组织因素，如企业所有制形式、企业文化、内部组织结构、对高层管理团队及其成员的薪酬设计等因素，而影响高层管理团队企业家精神的内部环境还包括高层管理团队内部成员间的个性差异、人际关系、高层管理团队可以有效加以利用的权力体系等因素。

---

① Sarasvathy, S. D. , "The Questions We Ask and the Questions We Care About: Reformulating Some Problems in Entrepreneurship Research", *Journal of Business Venturing* , September 2004, Vol. 19, Issue 5, pp. 707—717.

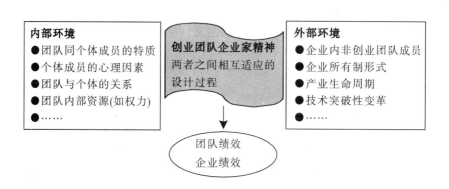

图 1.1　创业团队企业家精神：内外部环境因素的整合过程

1.2.2　企业家精神的团队层次与其他分析层次相结合

默里·洛和伊恩·麦克米兰（Murray B. Low and Ian C. MacMillan）曾指出，企业家精神的研究可以从个体、群体、组织、产业五个分析层次上进行选择。同时，尽管多个分析层次的研究设计较为困难，且在这之前的多数研究只是处在一个分析层次上，但是，如果能够把两个或两个以上的分析层次结合起来研究，其成果不仅具有很高的学术价值，而且，对实践者和公共政策制定者来说也具有重要的借鉴意义。[①]笔者认为，约瑟夫·熊彼特(Joseph A. Schumpeter)较早把个体企业家的动机与创新、破坏性创造以及经济发展相联系起来加以了研究。派·戴维森和约翰·威克伦德（Per Davidsson and Johan Wiklund）对国际顶级期刊《企业家精神理论与实践》（ETP）、《风险企业杂志》（JBV）和《企业家精神与地区发展》（ERD）所刊发的关于企业家精神方面的

① Low, M. B. and MacMillan, I. C. ,"Entrepreneurship: Past Research and Future Challenges", *Journal of Management* , June 1988, Vol. 14, Issue 2, pp. 139−161.

学术论文进行过研究层次上发生变化的历史性对比分析,① 结果也能有限度拥护默里·洛和伊恩·麦克米兰关于把微观与整个分析层次相结合方法的建议。自默里·洛和伊恩·麦克米兰于 1988 年在《管理杂志》上发表论文的后十年里,一个明显的变化趋势是把公司作为一个分析层次占主导,可以是单独的分析公司层次,也可以是把公司层次与个体层次、其他微观层次、整个层次相结合起来分析。过去那种局限于描述创业者的出现或者他们的个性特征的论文数量在减少,而那种"个体和公司"分析层次的论文发表在增加,它似乎提示了未来研究应当把个体特征与公司行为及结果相联系起来进行系统性的分析,而不能只是仅仅描述创办和运营个体企业的创业者。②

派·戴维森和约翰·威克伦德还指出,大部分新创企业都是由团队而不是独自由个体行为创建的。尤其是在新兴产业内,团队可能是一种普遍的现象。③ 本书的研究重点将放在创业团队上,这是一个介于个体与公司之间的企业家精神分析层次,但是,分析创业团队层次的企业家精神离不开对企业家精神的个体层次分析,因为个体层次的企业家精神是基础。同时,创业团队企业家精神又是承载从个体企业家精神向公司企业家精神转变的关键环节,这是因为,尽管创业团队成员在企业成长过程中会发生变化,但是,创业团队企业家精神是企业成长的关键,创业团队企业家精神直接决定着能否把个体企业家精神扩散成为公司企业家精神,创业团队企业家精神的强化和退化直接决定着企业兴衰成败。正是因为如此,本书在对企业家精神的分析过程中,坚持以团队层次为主,并充分考虑把团队层次与个体层次相结合,把团队层次与公司层次

---

① Davidsson,Per,and Wiklund,Johan. "Levels of Analysis in Entrepreneurship Research: Current Research Practice and Suggestions for the Future",*Entrepreneurship:Theory and Practice*,Summer,2001,Vol. 25, Issue 4, pp. 81—99.

② Davidsson,Per,Low Murray B. and Mike Wright,"Low and MacMillan Ten Years on: Achievements and Future Directions for Entrepreneurship Research",*Entrepreneurship:Theory and Practice*,Summer 2001,Vol. 25, No. 4, pp. 5—15.

③ Davidsson,Per,and Wiklund,Johan. "Levels of Analysis in Entrepreneurship Research: Current Research Practice and Suggestions for the Future",*Entrepreneurship:Theory and Practice*,Summer 2001,Vol. 25, No. 4, pp. 81—99.

分析相结合。

1.2.3 创业团队企业家精神的静态分析和动态分析相结合

我们将对个体创业与团队创业做出静态分析，试图比较两者所存在的优势，指出团队创业开始盛行的内在原因。与此同时，一方面我们还将对前人关于企业家与企业家精神、创业团队与高层管理团队的研究成果进行文献梳理，并在此基础上努力拓展创业团队企业家精神的研究视野。另一方面，本书还从企业成长的角度，拟动态性地分析从创业团队企业家精神向高层管理团队企业家精神延续的可能性方向，并结合对国内企业的案例研究，探讨对创业团队企业家精神实现动态管理的政策建议。

1.3 研究视角

对创业团队或者高层管理团队的研究一般遵循"人口构成特征—过程—绩效"的内在逻辑，但是，由于现有的学术研究成果往往忽视"团队过程"这一中间变量，或者说，并没有打开团队运营过程这一"黑箱"，所以，即使是就同一课题的研究，所得出的结论也常常各不相同甚至完全相反，如团队成员异质性与绩效的关系等。本书试图选择冲突管理和心理契约两大研究视角，前者侧重于分析团队内个体成员间的关系是以何种方式影响创业团队企业家精神的动态延续，而后者则侧重于分析团队内个体成员与团队之间的心理契约关系是以何种方式影响创业团队企业家精神的动态延续。我们期待着从这样的两个角度对创业团队企业家精神动态延续问题做出相对较为全面、透彻的研究。

1.3.1 冲突管理的视角

自 20 世纪 60 年代以来，冲突引起了社会学、行为学和管理学界的广泛关注。小詹姆斯·沃尔和朗达·卡里斯特(James A. Jr. Wall and Ronda R. Callister)主张把冲突理解为行为主体之间的一种作用过程，"在这一过程中一方感知自己的利益受到另一方的反对或者消极影响"。① 国内学者王琦、杜永怡和席酉民则认为，"冲突是行为主体间因某种因素而导致的对方的心理状态或行为过程"。② 笔者认为，创业团队内的冲突具有三大特征：一是相互性，即两个或多个行为主体之间动态性地发生交互作用的过程；二是非兼容性，行为主体之间存在着对立化的观点、主张和情绪，甚至表现出一种消极冷漠、沉默抗议的思想情绪，或者表现出对对方明显的攻击性行为倾向；三是感受的主观性。从认知角度看，冲突是个人主观的感受。冲突中的行为个体可能感觉到愤怒、敌意、恐惧或怀疑等外显或内隐的种种情绪。

从个体层次分析，任何复杂的决策问题大多是行为因素的结果，而并非是经济学最优化方案的机械性探求。那些有限理性、多样化目标和冲突性的观点、数量众多的选择、变化的期望水平都会限制人们对复杂的技术经济问题做出决策的程度。一般而言，决策越复杂，这种行为理论被认为越有实用性。之所以选择冲突作为研究视角，一是考虑到创业团队的创业决策具有"战略性选择"的决策特征。对于创业团队中具有高度复杂性的、动态的、多样化目标和多样化实现目标途径的"战略性选择"来说，选择基于冲突的行为理论来分析创业团队企业家精神动态延续是较为适合的；二是考虑到创业团队本身作为一种人与人相互作用的系统，创业团队成员的增增减减只是从创业团队向高层管理团队演变的外在表象，而创业团队内个体与个体之间某些关系的不协调必然导致冲突的存在，而这种包括认知性冲突和情感性冲突在内的冲突都会严重地影响到创业团队的决策过程，从而影响

---

① Wall, J. A. Jr, Callister, R. R., "Conflict and Its Management", *Journal of Management*, 1995, Vol. 21, Issue 3, pp. 515—558.

② 王琦、杜永怡、席酉民：《组织冲突研究回顾与展望》，载《预测》2004 年第 3 期，第 74～80、26 页。

创业团队企业家精神的强化、维持或者退化的方向。

　　如果战略性决策拥有大量人的行为性因素，那么，它在一定程度上将体现决策制定者的异质性。每一个决策制定者都把他的"付出"给予了组织。这些"付出"反映了不同的决策制定者的认知基础：一是知识或关于未来事件的推测；二是选择性的知识；三是与选择性相关的结果方面的知识。这些认知基础也反映了人们的个人价值观，并影响到确定结果顺序的基本原则和根据偏好而进行的选择。如果采取的是团队式制定决策的模式，那么，具有异质性的团队成员之间将出现不同认知基础的碰撞和融合的过程。

　　在有限理性的战略选择过程中（如图1.2），创业团队的每一位成员作为决策制定者，往往会把他的认知基础和价值观应用于决策中，进而形成在现实与最终对现实感知之间的图像。唐纳德·哈姆布里克和菲利斯·玛森根据人的有限理性假设，提出了个体决策过程应当注意以下四点：第一，任何一位管理者都存在着有限的"视野领域"，即注意力直接导向的区域，它在一定程度上限定了人们对现实的感知范围；第二，每一位创业团队成员的选择性感知只可能让部分现象纳入到视野之中；第三，所选择进行加工的那些信息还将通过由个人的认知基础和价值观所构成的过滤器的"翻译"；第四，管理者最终的管理感知与其价值观相结合提供了战略选择的基础。[①] 在此，每一位创业团队成员的价值观又直接影响到战略选择活动，创业团队成员往往根据价值观舍弃掉了其他的选择方案。正是因为每一位创业团队成员在有限理性下的战略选择原则、价值观，以及上述"有限视野"、"选择性感知"、"翻译"、"管理感知"等四大重要环节中的作用机理也各不相同，冲突也就在所难免除。

---

　　① Hambrick, D. C. and P. A. Mason. ,"Upper Echelon: The Organization as a Reflection of Its Top Managers", *Academy of Management Review* ,1984, Vol. 9, Issue 2, pp. 193－206.

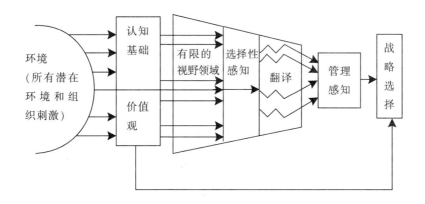

图 1.2　个体在有限理性条件下的战略选择逻辑

资料来源：Hambrick，D. C. and P. A. Mason.，"Upper Echelon：The Organization as a Reflection of Its Top Managers"，*Academy of Management Review*，1984，Vol. 9，Issue 2，p. 195。

　　个体在有限理性条件下的战略选择逻辑对于研究创业团队企业家精神是很有价值的。创业团队成员在创业机会的认知、创业方案的评价、创业决策的标准、创业方案付诸实施的各个创业管理环节上也都可能存在差异，所以，要使创业团队企业家精神能够形成，必须对创业认知的分享、创业能力的互补、创业行为的合作等方面做出深入的探讨。

　　冲突并不总是有害的。艾伦·阿马逊（Allen C. Amason）把冲突分为情感性冲突和认知性冲突两类，并深入分析与不同类型的冲突对高层管理团队的影响，[1] 也有学者把冲突分为功能性（functional）冲突和有碍功能性（dysfunctional）冲突两类，并对创业团队运营质量的影响做出了深入探讨。[2] 然而，在研究创业团队时，简单地采用传统的冲突"二分法"的做法是值得商榷的。因为，创业团队或者高层管理团队内的两种冲突往往是同

---

[1]　Amason，Allen C.，"Distinguishing the Effects of Functional and Dysfunctional Conflict on Strategic Decision Making：Resolving a Paradox for Top Management Teams"，*Academy of Management Journal*，Feb 1996，pp. 123—148.

[2]　Amason，A. C.，Hochwarter，W. A.，Thompson K. R. and Harrison A. W.，"Conflict：An Important Dimension in Successful Management Teams"，*Organizational Dynamics*，Autumn 1995，pp. 20—35.

时存在的，而且相伴而生、相互转换。国内有学者甚至认为，冲突的建设性和破坏性往往是同一冲突的两个方面，或者说两者之间仅仅是一种"度"的差别。现实中许多创业团队成员的离开或者"跳槽"，正是同时受到不同类型冲突可能对其所造成的创伤引发的，而且，更为残酷的现实是，部分成员有可能基于冲突的伤害影响到他对团队的承诺以及对团队的热情，他们并没有选择离开团队，他们可能会形成一种不断弱化的企业家精神，进而阻碍创业团队企业家精神强化的可能性。[①]

从上述分析来看，选择冲突管理视角可以进一步深入探究影响创业团队企业家精神的内在机理，也便于从创造认知性冲突和防止情感性冲突相结合的角度研究创业团队企业家精神的延续问题，探讨通过引导情感性冲突转变成为认知性冲突来不断提高创业团队企业家精神。

1.3.2　心理契约的视角

团队创业并不是个体创业的简单相加。尽管研究者也认识到团队创业的频率，但却习惯于做出与个体创业者没有太大差异的假设，或者假设是个体创业者可能被创业者的其他形式所替代，所以，对团队创业研究的热情并不是十分高涨。[②] 然而，诚如卡尔·维斯珀(Karl H. Vesper)所指出的那样，作为企业家精神的一个研究领域，需要研究"不同的个体在创建企业时所发挥的不同作用，而不只是去研究个体创业者创建企业过程的一系列活动"。[③] 并且，"应当加强对高层管理者的个体行为、社会心理以及基础行为的研究，重点探讨团队相互交流过程、领导影响力、团队内聚力、权力再分配等因素是如何影响高层管理团队的运作，进而影

---

① 王琦、杜永诒、席西民：《组织冲突研究回顾与展望》，载《预测》2004 年第 3 期，第74～80、26 页。

② Kamm, J. B. , Shuman, J. C. , Seeger , J. A. and Aaron J. Nurick, "Entrepreneurial Teams in New Venture Creation: A Research Agenda", *Entrepreneurship Theory and Practice* , Summer 1990, pp. 7－17.

③ Vesper, K. H. , "Entrepreneurial Academic: How Can we Tell When the Field is Getting Somewhere?", *Journal of Business Venturing* , Winter 1988, Vol. 3, Issue 1, pp. 1－10.

响整个组织绩效的问题"。① 从心理契约视角出发所进行的研究,有别于研究个体企业家精神的研究模式,它有助于理解创业团队成员与创业团队之间形成内在关系对创业团队凝聚力的影响,分析这种个体成员与创业团队之间的心理契约关系对创业团队企业家精神的作用机理。

心理契约的概念始于 20 世纪 60 年代,学术界对此存在两种分歧:一是"分享论"的观点。克里斯·阿吉里斯(Chris Argylis)用"心理工作契约"(psychological work contract)来描述"一组员工与其工头之间的关系及对这种关系含而未宣的理解"。② 哈里·莱文森(Harry Levinson)把此概念做出了进一步的发展,认为"心理契约是一种关系双方可能都没有清楚地意识到的,但却是统摄双方关系的一系列相互期望"。③ 这种对心理契约的理解更多地强调交换关系双方期望的共同性。二是"独有论"的观点。丹尼斯·鲁索(Denise M. Rousseau)认为心理契约关系是员工独自拥有的,她认为,"心理契约是个体所持有的,与交易另一方关于互惠性交换协议的具体条款和条件的信念"。④ 我们认为,应当把心理契约的"独有论"和"分享论"结合起来,才能更为全面而透彻地研究创业团队企业家精神的动态延续问题。

创业团队内的不同成员具有不同的个性特征及其社会性表现。即使在同样一个创业团队内的成员,也存在心理契约上的差异,不同成员对创业团队具有不同的个体信念和期望,当创业团队成员组合到一起进行创业活动时,不同的个体信念和期望将或明或暗地产生碰撞和整合,进而影响到团队创业的绩效。加拿大学者詹姆斯·蒂森(James H. Tiessen)曾就个人利己主义和集体主义对企业家精神的不同影响做出过比较分析。

① 孙海法、伍晓奕:《企业高层管理团队的研究进展》,载《管理科学学报》2003 年第 4 期,第 82~88 页。

② Argyris,C.,*Understanding Organizational Behavior*,London:Tavistock Publications,1960.

③ Levinson,H.,*Men,Management and Mental Health*,Cambridge,MA:Harvard University Press,1962.

④ Rousseau D. M.,*Psychological Contracts in Organizations:Understanding Written and Unwritten Agreements*,Californja:Sage Publications,Inc.,1995.

个人利己主义和集体主义并不是同一连续体上两个相反的极端。持有个人利己主义立场的人是指倾向于独立、竞争、自我和自我家庭的一种趋势；而持有集体主义立场的人则往往把自己看做是群体内相互依赖的一员，把团队作为共享同一命运的人的集合体，所以，他们乐意选择合作性行为。当把企业家精神理解为"创造变化"和"整合资源"两项创业行为时，它们相互关联但又互不相同，不同立场的个体成员对企业家精神所包括的两项创业行为所产生的影响是不同的（如表 1.1）。根据詹姆斯·泰森的研究，个体利己主义导向与组织创建和突破性创新间呈正相关的关系，集体主义导向与公司企业家精神的发生及其绩效之间呈正相关关系，个人利己主义导向与公司内部通过暂时性的工作团队方法以整合内部资源的偏好呈正相关关系，集体主义导向与公司内部通过派别激励以整合内部资源的偏好呈正相关关系。①

表 1.1　个人利己主义、集体主义对企业家精神的功能比较分析

文化导向	对企业家精神的功能		
	创造变化	整合资源	
		内部	外部
个体主义	创建者；创建独立的新企业；创新 如早期的福特、苹果公司	暂时性的团队工作；通过共同努力来拓展 如惠普公司	实用性的联盟；合同性的联系 如 AT&T
集体主义	公司企业家精神；团队创新；大公司中的创新 如 3M、佳能公司、后期的福特、苹果公司	派别；低度的内部交易成本 如索尼、日立	关系纽带；紧密的、长期的纽带 如日立、松下

资料来源：Tiessen, J. H., "Individualism, Collectivism, and Entrepreneurship: International Comparative Research", *Journal of Business Venturing*, September 1997, Volume 12, Issue 5, p. 375。

我们认为，创业团队内既有偏向于个人利己主义的成员，也有偏向

---

① Tiessen, J. H., "Individualism, Collectivism, and Entrepreneurship: International Comparative Research", *Journal of Business Venturing*, 12, September 1997, Vol. 12, Issue 5, pp. 367—384.

于集体主义的成员，他们在创业团队"创造变化"和"整合资源"两项活动中所起的作用是不同的，如何让这些具有个人利己主义或者集体主义倾向的不同个体成员都能与创业团队建立起相对稳定的心理契约关系，是推动创业团队企业家精神形成的重要突破口。

高层管理者团队内的心理契约关系是企业成长过程中最为敏感的地带，高层管理团队心理契约关系破裂和违背往往对创业型企业成长带来致命的打击，并直接影响到创业团队企业家精神的形成和发展，进而影响到公司绩效。由于高层管理团队成员与企业的关系不同于一般性的雇员—企业间的关系，高层管理团队内不但拥有能够最为彻底地代表企业的发言人，而且，在企业成长过程中，由于具有企业家精神的个体成员处于供不应求状态，俗话说，"一将难求"，更何况是多个有才华的将领集中的高层管理团队呢？由于高层管理团队心理契约关系的动态变化最为直接地影响到创业决策质量、创业战略和创业方案的执行，所以，研究创业团队成员与创业团队组织间的心理契约关系变化，以及通过心理契约关系形成有利于促进企业成长的组织承诺，使创业团队成员能够积极地参与团队创业决策活动之中，进而在集体创新、分享认知、共担风险、协作进取等四大维度上形成积极的表现，最终使创业团队企业家精神不断得以强化具有很强的现实指导价值。

基于心理契约关系的高层管理团队凝聚力对于强化创业团队企业家精神是十分重要的工作，而成员间的信任又与创业团队凝聚力密切相关。信任是关于他人行为背后的动机和意图的一种个体特征，[1] 这些特征影响到关于他们将从其他人那里所受到的待遇的个体信念和期望，并且，罗格·迈耶(Roger C. Mayer)等学者研究认为，这些特征也受到这种个体信念和期望的影响。反过来，它们与这些参与活动或参与的自愿程度紧密相关。[2] 当创

---

[1] Smith，J. B. and Barclay，D. W.，"The Effects of Organizational Differences and Trust on the Effectiveness of Selling Partner Relationship"，*Journal of Marketing*，Jan 1997，Vol. 61，Issue 1，pp. 3—21.

[2] Mayer，R. C.，Davis，J. H. and Schoorman，F. D.，"An Integrative Model of Organizational Trust"，*Academy of Management Review*，July 1995，Vol. 20，Issue 3，pp. 709—734.

业团队内个体成员间相互联系时，创业团队内部个体之间，以及创业团队内个体成员与创业团队之间就形成了信任行为和信任结构。阿娜·科斯塔（Ana C. Costa)等学者认为：信任是在针对其他人的行为中所表现出来的自我心理状态，以其他人的行为所做出的期望为基础，同时，也是以与其他人的关系所包含的风险性环境中所感知的动机和意图为基础的。①

笔者之所以选择心理契约视角，是由于它能够十分透彻地揭示出创业团队成员与创业团队之间的相互联系方式和这种联系的本质，并通过它发现影响创业团队企业家精神动态延续的内在机理。在今天的商业环境条件下，创业团队成员与创业团队组织间的心理契约关系有时候会变得十分脆弱，心理契约关系的内容更加难以预测，创业团队成员与创业团队、与企业间的关系似乎更多地充满交易性契约关系，创业团队成员愿意与组织保持同甘共苦的心理特征和行为表现也越来越少，这些都将影响到创业团队企业家精神的动态延续。我们认为，心理契约的研究视角有助于解释影响创业团队企业家精神动态延续的规律，也有助于寻找到促进创业团队企业家精神强化和防止创业团队企业家精神退化的突破口。

1.4 技术路线与结构设计

由于创业团队所面临的决策问题往往具有高度的不确定性和复杂性，在相当多的产业内大多数采取的是团队创业模式，但是，对创业团队的研究仍然处在初期阶段。考虑到在一个相对较长的时期内，创业团队成员变化相对频繁，部分创业团队成员可能会离开团队，也有新的成员不断地加盟到创业团队来，这会影响到创业团队人口特征变量的异质性，而这种人口特征变量异质性程度的改变又将影响到创业决策过程，从而影响到创业团队企业家精神的动态延续，所以，本书选择了如前所述的冲突管理和心理契约两个理论研究视角，并且，全书结构安排的重

---

① Costa，A. C.，Roe，R. A. and Taillieu，T.，"Trust Within Teams: The Relation with Performance Effectiveness"，*European Journal of Work and Organizational Psychology*，2001，Vol. 10，Issue 3，pp. 225—244.

点也在于此。

1.4.1 本书的技术路线

本书研究所采取的技术路线概述如图 1.3。

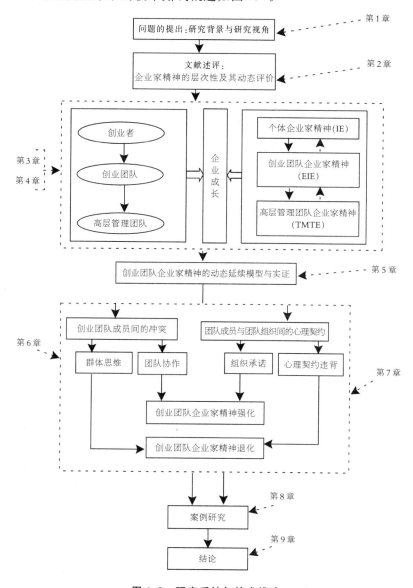

图 1.3 研究系统与技术线路

1.4.2 结构安排

本书在尝试提出创业团队四大维度的基础上，重点在于从冲突和心理契约两个视角揭示影响创业团队企业家精神延续的内在机理，并就如何促进创业团队企业家精神强化和防止创业团队企业家精神退化问题做出应用性的研究。

全书共分9章，其结构安排如下：

第1章是绪论。简要介绍了撰写本书的研究背景、研究方法、研究视角和研究特色。

第2章是文献述评。在回顾企业家、企业家精神、高层管理团队相关理论的基础上，分析了企业家精神的层次性及其相互关系，探讨了企业家精神的动态评价方法。

第3章重点关注的是创业团队与一般性团队的差异性。由于创业团队往往是以开创新事业和新建小企业为己任，创业团队在权益分享、影响范围、关注视角、组织承诺等方面都表现出其独特性的地方。本章还从社会资本视角，分析了网络密度嵌入下的创业团队演化规律和创业模式比较。

第4章是关于从创业团队到高层管理团队演变的分析。本部分首先比较了个体创业与团队创业的差异，并从企业动态成长的角度，指出了团队成员间的异质性是影响从小规模、新创企业的创业团队向大公司高层管理团队演变的过程中的关键性因素，并且，团队成员人口特征变量异质性程度的变化直接关系到创业团队企业家精神动态延续的可能性。

第5章是全书的核心所在。笔者把创业团队放在企业动态成长的背景下，首次尝试提出了创业团队企业家精神的四大维度：即集体创新、分享认知、风险共担、协作进取，并创造性地构建起了关于创业团队企业家精神动态延续的初步模型。与此同时，笔者结合来自8个省市、不同所有制类型企业高管团队的问卷数据，对企业团队企业家精神变量进行了因子分析，初步验证了创业团队企业家精神的四个维度与团队绩效、公司绩效之间的内在关系。

第6章从冲突视角对创业团队企业家精神延续问题做了深入研究。

提出了创业团队的人口特征变量的异质性影响着创业团队内的认知性冲突与情感性冲突，冲突管理对创业团队或高层管理团队的创业决策有直接影响，并最终导致创业团队企业家精神的强化、维持和退化的可能性。本章从实践的角度，还探讨了通过加强团队协作以促进创业团队企业家精神强化，以及防止陷入集体思维陷阱可能导致创业团队企业家精神退化的政策主张。

第7章是基于心理契约视角，在区分交易契约与心理契约的基础上，尝试性地提出在创业团队成员与团队之间构建心理契约，以及这种心理契约与创业团队企业家精神延续的关系模型。在此模型基础上，探讨了如何对创业团队心理契约、组织承诺和创业团队凝聚力关系进行动态管理的问题，指出了通过强化心理契约关系以促进创业团队企业家精神强化的途径。与此同时，还在分析心理契约关系破裂，以及随后的行为反应对创业团队企业家精神延续影响的基础上，对防止心理契约关系破裂进行了对策性研究。

第8章结合了两家创业型企业高层管理团队的创业实践，进一步验证了影响创业团队企业家精神动态延续的相关研究结论。对两家公司的案例研究是笔者在长期跟踪、多次访谈创业团队成员基础上所形成的成果，对国内其他企业的创业团队企业家精神实践有很大的借鉴作用。同时，还对如何化解国内家族式企业创业元老与职业经理人之间的冲突，以及在家族色彩较为浓厚的创业型企业中实现从创业团队企业家精神向高层管理团队企业家精神转变问题做出了探索。这一问题的研究对于指导国内企业加强创业团队企业家精神动态管理极具普遍意义。

第9章对全文进行了归纳总结，并指出了关于创业团队企业家精神动态延续问题的未来研究方向。

1.5　创新之处

本书把冲突与心理契约作为影响创业团队企业家精神动态延续的两大关键因素，深入剖析了创业团队内部个体成员之间、创业团队成员与创业团队组织间相互联系及其运营过程，从而揭示了创业团队企业家精神动态延续的内在机理。

本书的创新之处体现在以下四个方面：

第一，提出了创业团队企业家精神的概念，并实证研究了创业团队企业家精神的四大维度以及企业家精神对绩效的影响。创业团队企业家精神是指那些有机会参与企业重大经营决策的团队成员，通过群体认知、集体思维和合作行动的方式，创造性地识别、开发、利用各种创业机会，进而实现创建新企业和推动企业成长的管理活动。本书不但首次将创业团队企业家精神概括并提炼出集体创新、分享认知、共担风险、协作进取四个维度，还以中国企业创业团队数据开展了实证研究，其研究成果具有原创性的特征。

笔者认为，一方面，创业团队企业家精神以个体企业家精神为基础，但又不是个体企业家精神的简单相加；另一方面，创业团队企业家精神是公司企业家精神的重要基础，但它又具有与公司企业家精神相区别的重要内容。

第二，分析了创业团队企业家精神动态延续的三种可能性结果：创业团队企业家精神强化、创业团队企业家精神维持和创业团队企业家精神退化。

创业团队企业家精神的动态延续关系到企业持续成长的可能性，关系到企业能否获得并巩固其竞争优势。笔者认为，促进创业团队企业家精神强化和防止创业团队企业家精神退化是创业管理的双重任务。强化创业团队企业家精神需要利用团队协作，积极通过组织承诺来提高创业团队凝聚力；防止创业团队企业家精神退化则需要注意避免群体思维陷阱和心理契约关系破裂。

第三，构建起了关于创业团队企业家精神动态延续的概念性框架。该概念性框架认为，创业团队成员变化是前提，创业团队人口特征变量是创业团队企业家精神的基础，创业团队成员人口特征变量异质性程度的变化是引发创业团队企业家精神动态延续的关键性变量。

第四，选择了能够有效地解释创业团队企业家精神动态延续的两大关键因素：冲突与心理契约。

笔者在研究过程中发现，采用冲突理论的研究视角，可以较为准确地分析团队成员之间的关系对创业团队企业家精神延续的影响机理，而采用心理契约的研究视角，则可以较为透彻地分析团队成员与团队组织之间的关系对创业团队企业家精神延续的影响。两个研究视角相结合，则可以全面而系统地分析创业团队企业家精神延续的过程。由此看来，如果能够整合其他相关学科的最新研究成果，采用学科交叉性的研究方法，对企业成长过程中创业团队企业家精神的研究可能是未来研究的切入点和发展方向。

2 文献述评

　　学术界真正开始关注不同层次企业家精神的差异化始于 20 世纪 80 年代后期。默里·洛和伊恩·麦克米兰曾主张对企业家精神的研究应当坚持微观层次与宏观层次相结合，并认为，企业家精神研究的目的在于"解释和推动新创建企业在促进经济进步中的作用"。[①] 但是，将个体企业家精神扩散到现存组织乃至整个社会层面并不容易，让富有企业家精神的新创企业在成长过程中始终保持和强化像创业初期一样的企业家精神对创业者来说更是一种挑战。[②] 正因为如此，创业团队作为一个独立的研究层次，学术界除了长期关注创业团队内部管理及其运营问题以外，渐渐地出现了侧重于从动态角度对创业团队企业家精神的形成与演化规律加以研究的成果。仅从企业家精神理论的研究来看，无论是国内还是国外，对创业理论的系统性研究都处于刚刚起步阶段，[③] 而对创业团队企业家精神的研究更是凤毛麟角。本章将在对企业家、企业家精神、高层管理团队理论做出文献梳理的基础上，指出创业团队企业家精神的本质及其研究方向。

　　① Low，M. B. and MacMillan，I. C.，"Entrepreneurship：Past Research and Future Challenges"，*Journal of Management* ，June 1988，Vol. 14， Issue 2， pp. 139—161.

　　② 张玉利：《在社会转型背景下的企业精神与核心价值观》，见中国企业家调查系统编著：《企业家价值取向：中国企业家成长与发展报告》，机械工业出版社 2004 年版，第 278～285 页。

　　③ 林强、姜彦福、张健：《创业理论及其架构分析》，载《经济研究》2001 年第 9 期，第 85～94 页。

2.1　企业家与企业家精神

2.1.1　企业家理论的发展渊源

理查德·康替龙（Richard Cantillon）被人们认为是最早认识到经济系统中的企业家作用，他把市场视为相互进行交换的安排所形成的自我调节的网络。企业家在这个系统中扮演着中心的角色，企业家阶层的动机在于通过从事纯粹的套利行为来形成潜在的利润。企业家以一种确定的价格买入，而又以不确定的价格进行销售。这种套利性活动经常包含着不确定性。康替龙认为，企业家所从事套利性行为是一种职业性的活动，而其他包括土地主、运输商、银行家、市场上的销售商等主体却并不把它作为一种职业化的活动。从这个角度来说，相对于其他的主体而言，企业家活动的本质特点在于风险承担，并且，这种风险承担源于一种不确定性，企业家所获得的也往往是一种非契约性安排的收入。然而，土地所有者和雇员获得的却并不是类似于企业家的不确定性收入。按照康替龙的观点，既然企业家的任务基本上是由套利所构成，那么，他就应该具有警觉性和富有远见，但他不需要创新。他通过调整供应量来满足现存的需求，他既不需要增加或者改变需求，也不需要增加或者改变供应，但是，他应当很好地准备承受其内在的风险。企业家阶层存在的前提条件是不确定性。

萨伊（Jean-Baptiste Say）认为，无论是在生产还是在流通中，企业家都发挥着十分重要的协调作用，企业家在经济活动中处于关键的位置。在企业内部，企业家是协调者，甚至是富有思想的领导和管理者。同时，企业家还需要为特定的贸易活动完成任务，否则，也无法达到"供给创造出自身的需求"的效果，所以，企业家被视为"经济的经纪人"，[①] 并且，他也将花大多数的时间提供出自己的个人资本（至少是

---

① Longenecker,Justin G.；Schoen,John E.，"The Essence of Entrepreneurship"，*Journal of Small Business Management*，1975，Vol. 13，Issue 3，pp. 26－32.

部分的），所以，他也是风险的承担者。一位成功的企业家应当具有多种品质，为了完成多种任务，他需要具备多种道德品质的结合，包括判断力、毅力、广泛的商业知识、监督和行政管理的艺术性等。更为重要的是，成功的企业家需要具备从事相应职业的经验和知识。

　　艾尔弗雷德·马歇尔（Alfred Marshall）认为，企业家任务是商品的供应，同时，也是创新和进步的提供者。[①] 在企业内部，企业家担负起所有的责任和行使所有的控制。他指导生产、承担商业风险，他整合资本与劳动力，既是管理者也是雇主。机敏的企业家不断地寻求机会（如创新），并且，为了获得特定的结果而努力降低成本。因此，成功的企业家显然需要一些技能和能力：一是能够使其在追求商业巨大成功时所需要的一般性能力，它取决于个人的家庭背景、受教育的程度和天生的能力；二是专门化的能力，包括贸易知识、预测的能力、洞察商业机会的能力、承担风险的能力；三是作为一名雇主，他还应当是一位"天生的领导者"。成功的企业家毕竟只是少数，所以，他还需要有好运和商业机会。企业家应当是风险爱好者，个人所获得的收益可能比普通人具有更大的变数，他所获得的收益很大程度上可以看成是凭借其杰出能力完成了工作的一种租金。企业家供应受制于完成工作所需要的能力，因此，由于企业家供应价格是由市场上供求平衡所决定的，企业家价格应当是高的。

　　约瑟夫·熊彼特对企业家理论做出了引人注目的贡献。他把企业家视为创新者。这种创新体现在五个方面：一是引进新产品；二是引入新的生产方法；三是开辟新市场；四是发现新的供应来源；五是在产业内执行新的组织形式。[②] 约瑟夫·熊彼特明确反对把企业家看做风险者和资本家的观点，并通过把企业家界定为创新者的方式，把技术的动态性和商业性企业相联系了起来。当企业家出现在商业舞台时，他必然会努

---

　　① Marshall, Alfred, *Principles of Economics*, 8th Ed., New York: The MacMillan Company, 1949.

　　② Schumpeter, J., *The Theory of Economic Development*, Harvard University Press, Cambridge Mass, 1934.

力地通过引入"新的组合"或创新等手段来追逐利润，所以，企业家的这种"创造性破坏"在熊彼特看来是经济系统发展和变革的主要内在原因。新的组合破坏了既有的经济均衡，并重新创造了新的、更高层次的均衡。不断发生的创新意味着持续的、非连续性变革和持久的不均衡。从这个角度看，企业家并不必然是一家企业的领导或个体所有者，企业家仅仅是一个实现新组合的人。其风险在于创新，即带领人们朝什么方向追求这种新组合，而不是决定人们以什么样的方式去实现。至于风险承担者和资本的供应者则交由其他主体（如银行家）去完成。如果说马歇尔的企业家理论是用市场结构中潜在的形式来解释企业家的作用，那么，熊彼特的企业家精神则是试图用超越市场结构的形式展现了企业家的作用，这是马歇尔理论与熊彼特关于企业家理论的本质区别所在。也正因为如此，"马歇尔的企业家形象很容易被日常的市场经济活动所湮没，而熊彼特的企业家形象则给人一种强烈的、超越市场经济这一世俗领域而傲然存在的深刻印象"①。

弗兰克·奈特（Frank Knight）对企业家精神的学术贡献源于博士学位论文《风险、不确定性与利润》。②他在区分风险与不确定性的基础上，认为企业家承担了现实的不确定性。这种思想源于康替龙关于企业家的"套利者"角色定位的观点，但奈特对风险观的分析更为深刻。他认为，企业家应当超越于简单的"套利"行为，成功的企业家不但是不确定性的承担者，也是成功的判断决策者。现实的不确定性是奈特关于利润、竞争与企业家理论的基础。

企业家在一家企业里的作用在于不管何时涉及何种风险，由他负责发展方向和实现管理控制。从奈特的观点来看，成功的企业家精神不但需要创业能力，也需要有一种好运和追求好运的理念。③创业能力主要

---

① ［日本］池本正纯著，姜晓民、李成起译：《企业家的秘密》，辽宁出版社1985年版，第8页。

② Knight，F. H.，*Risk*，*Uncertainty and Profit*，Chicago：University of Chicago Press，1971.

③ Van Praag，C. M.，"Some Classic Views on Entrepreneurship"，*De Economist*，September 1999，Vol. 147，Issue 3，pp. 311—335.

取决于有效地处理不确定性的能力，它主要包括：高度的自信、判断自己相对于其他个体而言（如竞争者、供应商、购买商和雇员）的独特品质的能力、根据自己的观点进行部署的能力、冒险的本质以及卓有远见的洞察能力。除了这些与处理不确定性相关的能力以外，还包括能够有效地控制其他人以及决定应当做什么的才智和能力。

新奥地利学派认为，市场经济在多数情况下不可能接近于一般均衡，研究的重点在于如何让这种市场经济趋向均衡的问题。伊斯雷尔·科兹纳（Israel Kirzner）所撰写的《竞争与企业家精神》则以此为背景，赋予了企业家在市场化过程中的重要位置。

科兹纳认为，企业家就是指在市场经济中，具有发现和利用机会的敏锐感的那一类人。或者说，企业家是市场过程中的均衡力量。在初期阶段，企业家唯一需要的是感知利润机会，需要对此保持高度的敏锐感。[①] 可以说，企业家在此阶段是对经济系统中的利润机会最为灵敏的一类人。他们比起一般人来说，拥有更高的从错误中学习的能力。不过，一旦巨大的机会被发现，企业家只有通过创新、变革与创造才能获得与之相关的利润。因此，要充分地对利润机会采取行动需要其他的品质特征，如创新性和领导能力。

我们对上述六位学者的观点归纳如表 2.1。纵观企业家理论的传统观点，我们还可以得出以下几点基本结论：

表 2.1　传统企业家理论关于成功企业家影响变量的比较

经济学家	对企业家的角色定位	作为企业家的开始	作为企业家所拥有的成功因素	开始并成为成功的企业家的影响变量
康替龙	套利者			敏锐性，远见，承担风险
萨伊	经纪人	有效的声誉以获得资本	判断力，毅力，关于世界、商业和职业的知识	承担风险

---

① Kirzner, Israel., *Competition and Entrepreneurship*, Chicago: University of Chicago Press, 1973.

经济学家	对企业家的角色定位	作为企业家的开始	作为企业家所拥有的成功因素	开始并成为成功的企业家的影响变量
马歇尔	创新与进步的提供者	风险爱好者	智力，一般能力（取决于家庭背景和教育），商业的知识，风险承担，领导，自有资本	好运，父辈企业家
熊彼特	破坏均衡的创新者	启动的意愿（如在更少的可供选择的社会差异化的机会、更多的野心、精力和创造性时，应当更高些）		
奈特	风险与不确定性的承受者	获得资本的能力，意愿/动机，重要性	处理不确定性的能力，自信，远见；智力型能力	好运
科兹纳	实现均衡的努力者	敏锐性	创造性，引领利润机会的利用	

资料来源：作者整理修改。

（1）企业家是推动经济发展的重要主体。康替龙、熊彼特、科兹纳都明确地指出，企业家作为原动力，在市场发展到特定方向中起到了十分重要的作用。康替龙所主张的企业家旨在建立均衡，熊彼特所主张的企业家旨在打破均衡并努力实现一个更高层次的均衡，与之相反的是，科兹纳所主张的企业家则是在不断地朝向均衡，但却始终无法实现均衡。

（2）风险与不确定性是企业家活动的基本背景。从康替龙、奈特和科兹纳的观点来分析，他们所认为的企业家对经济发展的贡献是基于信息不对称假设。康替龙所主张的企业家是指处理风险的人，奈特所主张的企业家在于处理"现实的"不确定性，而科兹纳所主张的企业家则在于处理"全然的疏忽"。除了康替龙以外，上述其他的经济学家都坚持认为经济进步与创新都归功于企业家的活动。

（3）在企业家是否一定需要承担风险的问题上存在分歧。对企业家主要任务的不同描述大部分是重叠的。除了熊彼特以外，几乎所有的学者都认为，企业家是风险的承担者。康替龙认为，企业家之所以承担风险，是由于他以一定的价格购买（销售）而又以另一个价格进行销售（购买）的结果。萨伊认为，企业家需要承担失去资本和声誉的风险是由于企业家实践和变革活动的失败所造成的。马歇尔所主张的企业家有责任承担与其公司相关的商业活动失败的风险。但是，熊彼特却从企业家所从事活动的角度明显地否定企业家的风险承担者角色。

经济学家对企业家在经济社会中的任务和定位也存在巨大的差异，这种情况反映了经济学家对企业家能力、行为和态度的不同看法。如：康替龙和科兹纳强调敏捷与预见的重要性，强调能够发现利润机会的重要性；萨伊和马歇尔比较关注的是与管理、领导及产业相关的特定能力的重要性；熊彼特则认为成功的企业家取决于特定的态度，或者说一种背离行为的愿望；奈特则把心理条件与新古典的能力条件相结合起来进行考虑。

（4）在企业家追求成功的动力问题上存在分歧。尽管萨伊和马歇尔把企业家的利润回报称之为一种工资，但是，上述六大理论中均把利润作为了企业家精神的一种回报，是企业家承担任务的动力所在。马歇尔把与成功的企业家密切相关的较高地位、尊重也看做是对该"职业"报酬的一部分。根据熊彼特的观点，利润本身并不是企业家的动力，而是那些可以通过利润和社会地位等加以测度的成功才是企业家动力所在。奈特则还把"心理"报酬放在一个十分重要的突出位置。

从上面关于企业家理论发展渊源的简要回顾来看，经济学对企业家的传统观点基本上沿着两个方向发展：一是侧重于研究企业家个体，关心的是企业家个人身上所拥有的独特品质。二是侧重于研究企业家活动，关心的是他们的活动是如何受到外部经济环境的影响，以及通过他们的创造性活动又是如何推动经济发展和财富增加的问题。而早期的企业家精神理论则努力通过企业家个体创造财富的过程，把握企业家在推动企业成长、经济发展和社会进步中的内在本质特性和巨大作用。戴维·约翰逊（David Johnson）甚至认为，企业家精神应当处在寻求生存和繁荣的组织的心脏位置。[①]

2.1.2 企业家精神理论的发展

学术界关于企业家精神的研究经历了一个明显的转变过程：最初人们往往把企业家精神的研究局限于创业者个体和新创小企业，探讨在"小的就是美的"背后所蕴藏的创新、冒险精神。而且，多年来，组织行为学者对组织规模和行为的研究表明，组织规模的扩张不可避免地产生"大企业病"，其表现形式为文牍主义滋生、人浮于事、决策速度慢、对外界变化感觉的灵敏度降低等等，这一切都成为困扰企业高层经理的管理难题。[②] 也正是在这种现实困境中，企业家精神理论的研究得以了拓展，后来，越来越多的创业与企业家精神理论研究工作者开始把研究范围延伸到了大公司，侧重于探讨公司企业家精神，特别是如何使大企业保持一种与小企业一样的企业家精神。

2.1.2.1 企业家精神的新组织创建观

威廉·加特纳（William B. Gartner）于 1988 年在《美国小企业杂志》上发表了主题极为鲜明的论文《"谁是企业家"是一个错误的问题》。其基本观点是，企业家与非企业家典型的差异在于，前者创造新组织，而后者却并不创造新组织。行为研究方法把企业家精神理解为包括创建新组织在内的一系列活动，而过去那种特质研究方法却局限于企业家所具有的个性特质，因此，加特纳的观点改变了长期坚持的、根深蒂固的企业家与企业家精神的观点。[③] 假如我们把企业家精神理解为推动企业成长，那么，如何创建新组织的过程应当作为我们对企业家精神研究的重点。

---

① Johnson,D. ,"What Is Innovation and Entrepreneurship? Lesson for Larger Organizations", *Industrial and Commercial Training* ,2001,Vol. 33, No. 4, pp. 135—140.

② 吕源、徐二明：《公司创业力研究》，载《南开管理评论》2004 年第 3 期，第 34～40 页。

③ Gartner,W. B. ,"'Who is an Entrepreneur?' is a Wrong Question", *American Journal of Small Business* ,Spring,1988,pp. 11—33.

从行为视角来对企业家精神进行重新定位，始于这样一个最基本问题：组织是如何形成的。我们应当考虑的是企业家在推动组织形成中所发挥的作用。在加特纳看来，企业家精神的行为论把组织作为一个基本的分析层次，企业家的个性特质只是企业家行为的一种辅助。他认为，过去那种试图从回答"谁是企业家"这一问题出发，重点研究企业家的个性特征，导致既无法给企业家下一个明确的定义，也不可能真正帮助理解企业家精神这种现象。然而，企业家精神的传统观点基本上是遵循这一思路来开展讨论的，他们都把企业家作为基本的分析单位，把企业家的个性特质作为理解企业家精神这种现象的关键，因为是企业家导致企业家精神的形成。

从加特纳选择了行为视角来分析企业家精神开始，管理学界逐渐地把理解企业家精神的焦点从个性论转移到了行为论，从关注"谁是企业家"转移到"企业家做什么"这一问题上来。

创业团队企业家精神的研究也应当按照管理行为形成与发展的基本过程来进行展开。就团队形成过程而言，需要调查的问题至少包括：为什么需要实现从个体创业向团队创业模式的转变，个体是如何以及为什么参加新组织的，团队成员是如何就新方案或者组织的所有权提出要求的，团队精神又是如何形成的，个体又是如何确保参加团队组织对他们自己是有利的，等等。

新组织的创建过程非常复杂，包括一系列非线性的创业决策活动，并且，它受到多种因素的影响。企业家在现实中并没有固定的行为程序和统一的管理模式，企业家精神应当看成是企业家个体在承担创建新组织任务中的一种创新精神和冒险行为。虽然加特纳并没有对"企业家精神是创建新组织"的观点做出详细分析，但他为后来者研究企业家精神指明了一种方向。

2.1.2.2 企业家精神的三维框架观

罗伯特·霍纳迪（Robert W. Hornaday）于1992年在《小企业管理杂志》杂志上发表了一篇题为《思考企业家精神：一种模糊集法》的论

文。他认为，尽管人们对企业家精神的本质具有不同的认识，但是，他们所从事的工作可以概述为三大创业维度：经济创新、组织创建、在市场细分中追求利润。①

霍纳迪认为，全面准确地理解企业家精神应当从"它是什么"、"如何实现它"和"在什么地方实现它"三个方面同时加以研究。其中，经济创新是指"企业家精神是什么"的问题，是指通过开发"新的组合"在以前并不存在的地方创造经济价值。有时候企业家精神包括新技术，或者是采取新方法使用现有的技术。企业家精神是创新的特殊形式，它旨在创造经济价值；组织创建是指"如何实现企业家精神"的方法问题，它强调的是为了创造经济价值而设计新组织的创新行动。关键性的决定因素并不是在于规模，而是在于能够借助组织而不是个人来实现其经济价值；在细分市场中追求利润是指"企业家精神所实现的地方"问题，通过新组织及其创业活动的目标追求来实现其经济创新的具体地方。总体上看，这三个维度相互重叠，并由此形成了企业家精神的概念性框架，并使其区别于其他的活动。

基于上述企业家精神的三个维度，霍纳迪提出了企业家精神的模糊集法（如图 2.1）。每一个维度可以在 0～1 的范围内进行测量，如果活动是十分明确地通过组织创新去达到经济创新的目标，而且是追求市场细分的利润，那么，每一个维度就达到了 1 的标准，则表明是一种无可争议的企业家精神。由此看来，企业家精神在本质上不是"有或无"的概念，而是"多与少"的问题。换言之，企业家精神不是遵循绝对的两分法的概念，不是某一个维度被简单地包括在内或者排斥在特定的活动之外。相反，企业家精神是一个相对的状态，它的三个维度都或多或少地呈现在某个特定的位置。

为了把企业家精神标示出来，一项活动并不一定在三个维度上都全部达到了 1 的标准，但是，这项活动在各个维度上的表现必然处在某一

---

① Hornaday, Robert W., "Thinking About Entrepreneurship: A Fuzzy Set Approach", *Journal of Small Business Management*, October 1992, Vol. 30, Issue 4, pp. 12－23.

明确的位置。这些活动越是接近于金字塔的顶点，我们就认为，它比其他越是接近于底部位置时更加具有企业家精神。使用这种模糊集的评价方法，可以综合确定企业家精神的水平。

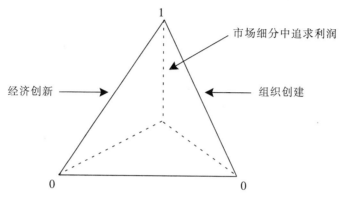

图 2.1　企业家精神的模糊集评价法

资料来源：Hornaday，Robert W.，"Thinking About Entrepreneurship：AFuzzy Set Approach"，*Journal of Small Business Management*，October 1992，Vol. 30，Issue4，p. 20。

2.1.2.3　企业家精神的创业过程观

企业家精神并不是孤立的一系列活动或者任务。威廉·贝格瑞夫（William D. Bygrave)提出，企业家精神是包括个体对创业活动的计划、创新、执行、控制在内的全过程（如图 2.2)。[1] 而且，有许多因素将影响到创业过程的每一项活动。贝格瑞夫所提出的企业家精神模型把基础性社会学科中的理论概念与应用性学科中的实用概念相结合，包括具有明显差异且依次相连的四项事件：创新、触发事件、执行、成长。

贝格瑞夫认为，影响创业过程的因素主要包括个人的、环境的、组织的和社会的四大类。我们发现，随着创业过程的阶段性推进，从最初的利用个人、利用社会网络乃至最后利用团队的变化情况来看，创业过程离不开团队，团队在创业过程中的重要性越来越突出。

---

① Bygrave，W. D.，"The Entrepreneurship Paradigm：A Philosophical Look at Its Research Methodologies"，*Entrepreneurship Theory and Practice*，Fall 1999，pp. 7—26.

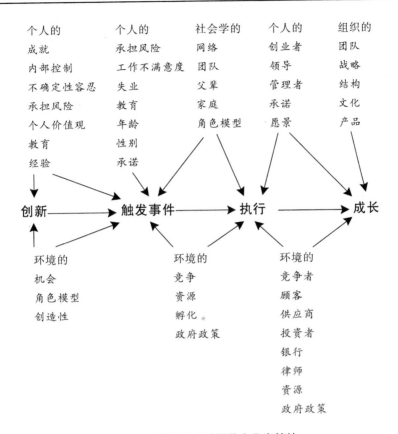

个人的　　　　　个人的　　　　社会学的　　　个人的　　　　组织的
成就　　　　　　承担风险　　　网络　　　　　创业者　　　　团队
内部控制　　　　工作不满意度　团队　　　　　领导　　　　　战略
不确定性容忍　　失业　　　　　父辈　　　　　管理者　　　　结构
承担风险　　　　教育　　　　　家庭　　　　　承诺　　　　　文化
个人价值观　　　年龄　　　　　角色模型　　　愿景　　　　　产品
教育　　　　　　性别
经验　　　　　　承诺

创新　——→　触发事件　——→　执行　——→　成长

环境的　　　　　　　　环境的　　　　　　环境的
机会　　　　　　　　　竞争　　　　　　　竞争者
角色模型　　　　　　　资源　　　　　　　顾客
创造性　　　　　　　　孵化　　　　　　　供应商
　　　　　　　　　　　政府政策　　　　　投资者
　　　　　　　　　　　　　　　　　　　　银行
　　　　　　　　　　　　　　　　　　　　律师
　　　　　　　　　　　　　　　　　　　　资源
　　　　　　　　　　　　　　　　　　　　政府政策

图 2.2　基于创业过程的企业家精神

资料来源：Bygrave，W. D.，"The Entrepreneurship Paradigm：A Philosophical Look at Its Research Methodologies"，*Entrepreneurship Theory and Practice*，Fall 1999，p. 9。

2.1.2.4　企业家精神的创业型导向观

如果说企业家精神是内容，那么创业型导向就是形式，企业家精神和创业型导向之间是内容与形式的关系。G. T. 伦普金和乔治·德斯(G. T. Lumpkin and Gregory G. Dess)在比较后认为：在企业战略管理文献中，企业家精神所强调的基本问题是"我们应当进入什么样的商业经营领域"，它决定了公司的边界范围，指引着产品—市场关系和资源利用。然而，创业型则更加强调的是企业家采用行为的过程、方法、实践和决策网络。[①] 他们采

---

① Lumpkin，G. T. and Dess，Gregory G.，"Clarifying the Entrepreneurial Orientation Construct and Linking to Performance"，*Academy of Management Review*，1996，Vol. 21，Issue 1，pp. 135—172.

用了包括自治、创新、冒险、超前行动、竞争性扩张在内的五个维度来评价公司企业家精神，并把它们作为创业型过程的重要特征变量，用来评价其创业型导向。具体地说，表示创业型导向特征的关键维度包括自治行动的倾向、创新和冒险的愿望、对市场机会超前行动以及对竞争对手采取进攻性策略的趋势。

根据 G. T. 伦普金和乔治·德斯关于创业型导向的概念性模型（如图 2.3），创业型导向对绩效的影响受到两个方面因素的共同影响，包括诸如产业和商业环境在内的外部因素，以及包括既有的组织结构、创业者或高层团队特性等内部因素。并且，创业型导向的五个维度也可能在特定的环境条件下各自发生不同程度的变化。所以，该模型的理论贡献体现在以下三个方面，一是可以采用包括自治、创新、冒险、积极进取和竞争性扩张在内五个维度来评价创业型导向；二是提出了创业型导向与绩效的关系受特定环境影响；三是创业型导向的不同维度在特定环境条件下可能会各自发生变化。

值得关注的是，G. T. 伦普金和乔治·德斯的创业型导向的概念性模型把高层管理团队作为影响创业型导向与绩效之间关系的一个重要变量。杰弗里·科文（Jeffery G. Covin）和丹尼斯·斯莱文（Dennis P. Slevin）曾这样区别企业家型企业与非企业家型企业（或者说是传统型企业）：前者是指那些高层管理团队中具有企业家型管理风格的企业，这种企业家型可以通过战略决策和运营管理的价值观念体系得以体现；后者是指那些高层管理团队具有反对风险、非创新型、被动反应型的特点的企业。① G. T. 伦普金和乔治·德斯则进一步分析了二者间的关系，并且认为，高层管理团队的特征（如对模糊性的容忍、成就的欲望等）与企业家导向型之间相互作用，进而会影响到组织绩效。② 本书将以企

---

① Covin, Jeffery G. and Slevin, Dennis P. , "The Influence of Organization Structure on the Utility of an Entrepreneurial Top Management Style", *Journal of Management Studies* , 1988, Vol. 25, Issue 3, pp. 217—234.

② Lumpkin, G. T. and Dess, Gregory G. , "Clarifying the Entrepreneurial Orientation Construct and Linking to Performance", *Academy of Management Review* , 1996, Vol. 21, Issue 1, pp. 135—172.

业成长过程为主线，重点研究从创业团队向高层管理团队的转变过程中创业团队企业家精神是如何被延续的问题，而这种研究将是对杰弗里·科文和丹尼斯·斯莱文观点的进一步探索。

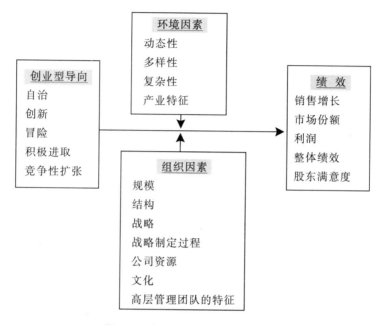

图 2.3　创业型导向的概念性模型

资料来源：Lumpkin，G. T. and Dess，Gregory G. ，"Clarifying the Entrepreneurial Orientation Construct and Linking to Performance"，*Academy of Management Review*，Vol. 21，Issue1，1996，p. 152。

2.1.3　国内学者对企业家和企业家精神研究的简要回顾

国内学术界在"entrepreneurship"的翻译上就存在着差异，翻译成"企业家精神"、"创业"、"创业精神"、"创业力"的论文都时有出现在国内学术期刊上。关于"企业家精神"的理解也大致可以分为两类：① 一是从企业家所具备的特质和能力角度出发，如郁义鸿等学者把创业者的创

① 吴泗宗、汪岩桥：《企业家功能、能力与企业家精神》，载《江西社会科学》2001 年第 12 期，第 124～126 页。

业情结概括为控制欲、独立性和成就感、风险承担。① 中山大学李新春教授则认为，研究企业家不能简单地把企业家具体化、职业化，判断是否是企业家应当着眼于他在企业中所发挥的作用，企业家精神的发挥应理解为一个企业家创新与创业过程，只有在这一过程中才能较为准确地理解企业家生成机制。② 其他的理解包括创新、寻找新的市场机会、对潜在市场机会的敏感、对市场"不确定性"的驾驭等等。二是从文化道德观角度的理解，把企业家精神视为一种经济道德。

林强、姜彦福、张健根据创业研究视角的不同，把创业理论分为八大类：风险学派、领导学派、创新学派、认知学派、社会学派、管理学派、战略学派和机会学派。③ 而赵文红、李垣则在评述国外关于企业家成长理论基础上，包括特征学派、创业学派、环境学派、行为学派、社会学派、机会学派、动机学派、能力学派、人力资本学派，主张把上述九大学派归纳进入企业家机会、企业家动机、企业家能力三个维度（如表 2.2），对企业家成长的研究可以沿着这三个维度独立或交叉展开。④ 不过，国内也有学者认为，从目前对创业与企业成长的研究深度和广度看，都远远没有达到形成一些理论学派的程度，充其量它们只是为人们认识和研究创业问题提供了一些可资借鉴的研究视角。⑤

国内学术界经常使用"企业家精神"与"企业家能力"两个概念，有学者曾归纳了当前国内理论界所主张的、最具倾向性的企业家精神内涵，主要包括创新、积极进取、冒险、敬业奉献、合作等特征。⑥ 浙江大学邢以群教授认为，企业家精神是指在经营管理企业的特殊环境中形成的，体现

① 郁义鸿、李志能、罗伯特·D. 希斯瑞克著：《创业学》，复旦大学出版社 2000 年版。

② 李新春、王珺、丘海雄、张书军：《企业家精神、企业家能力与企业成长》，载《经济研究》2002 年第 1 期，第 89～92 页。

③ 林强、姜彦福、张健：《创业理论及其架构分析》，载《经济研究》2001 年第 9 期，第 85～94 页。

④ 赵文红、李垣：《企业家成长理论综述》，载《经济学动态》2000 年第 11 期，第 70～75 页。

⑤ 王延荣：《创业学：学科定位及其架构分析》，载《华北水利水电学院学报》（社科版）2004 年第 3 期，第 6～9 页。

⑥ 李志、曹跃群《"企业家精神"研究文献的内容分析》，载《重庆工商大学学报》（社会科学版）2003 年第 2 期，第 79～81 页。

其职业特点的独特思想意识、思维方式和心理状态。企业家素质是指企业家应当具备的各种个人条件在质量上的一种综合，其中也包括了企业家精神。企业家能力则是企业家素质的外在表现。[①] 然而，企业家能力只是企业家精神的重要组成部分，它并不能涵盖企业家精神的全部内容。[②]

表 2.2　关于企业家成长的不同理论学派比较

学派	研究内容				归入的研究维度	解释
	动机	能力	机会	环境		
特征学派	★	■	×	×	动机	
创业学派	■	×	■	■	机会	机会的识别和利用是企业家创业的关键
环境学派	×	×	■	★	机会	环境创造机会
行为学派	■	×	×	■	动机	环境通过个人特征影响企业家行为
社会学派	■	×	■	★	机会	成长是社会选择的结果
机会学派	×	■	★	■	机会	
动机学派	★	×	×	×	动机	
能力学派	×	★	■	×	能力	
人力资本学派	×	★	×	■	能力	能力的核心是人力资本

注：★代表该学派研究的主要内容，■代表该学派涉及的内容，×代表该学派未关注的研究。

资料来源：赵文红、李垣：《企业家成长理论综述》，载《经济学动态》2000年第11期，第74页。

陈光潮等学者认为，企业家精神与能力是企业最重要的、不可或缺

---

① 邢以群：《企业家及其企业家精神》，载《浙江大学学报》（社会科学版）1994年第2期，第67～74页。

② 吴泗宗、汪岩桥：《企业家功能、能力与企业家精神》，载《江西社会科学》2001年第12期，第124～126页。

的人力资本和生产要素。① 企业家精神隐含着企业家行为从发现机遇开始，以个人劳动回报结束的过程。发现机遇意味着将尝试创业，而获得持续报酬则必须建立在有效管理的基础上。武汉大学周长城等学者认为，机遇是企业家精神的核心议题。一些人在经历了逆境后具有"企业家精神"是因为他们以前的机遇受到阻碍或被排除。而一些人在成功后就变得缺乏"企业家精神"的原因则在于他们转向用权力、声望或闲暇来定义个人机遇，转向了对现有资源的维持和控制上。②

俗话说，"创业难，守业更难"。从企业成长角度看，如果希望在组织目标中维持创业之初的企业家精神，则必须注意那些可能成为阻碍创业取得更大成功的因素。典型的官僚制度既不寻求变化也看不到变化的可能性，许多官僚制度就是由成功的企业家创造出来的。南开大学张玉利教授指出，企业动态成长过程中，企业家往往既是推动企业成长的力量，也是阻碍企业成长的力量。企业家作为企业成长的阻力表现在：往往过多地实施有助于外部成长而不利于内部成长的策略；难以处理好变革型管理与事务型管理模式之间的关系；企业家团队建设难度大；制度建设与效率、变革成本之间的不协调。③

从本质上说，企业家精神是一种"构建企业的持续过程"，它一刻也离不开企业组织制度建设。国内学者刘健钧博士尝试提出"企业制度三层次模型"，即企业制度体系包括三个层次：产品体系、市场营销模式、组织管理体系。其中，"一般性企业活动"是指在已有组织管理体系框架内所进行的各类企业活动，它仅仅是为了利润最大化，而不涉及企业组织管理体系层面。"创建企业"作为一种"创业活动"，则必然最终涉及企业组织体系建设层面。④ 刘健钧据此进一步认为，"创建企业"这类创业活动同样可能有三种情形：基于产品创新而创建企业、基于市

　　① 陈光潮：《企业家定义探析》，载《暨南学报》2002 年第 4 期，第 48～63 页。

　　② 周长城、吴淑凤：《企业家与企业家精神：机遇、创新与发展》，载《社会科学研究》2001 年第 1 期，第 82～89 页。

　　③ 张玉利：《企业家与企业家型企业》，载《当代财经》2001 年第 10 期，第 51～55 页。

　　④ 刘健钧：《企业制度三层次模型与创业模式》，载《南开管理评论》2003 年第 6 期，第 13～17 页。

场营销模式创新而创建企业、基于企业组织管理体系而创建企业。

汪良军和杨蕙馨把创业机会作为企业家精神研究的切入点，主张企业家创业活动是具有企业家精神的主体与机会之间动态匹配关系的体现，具体表现为企业家对机会的发现确定、开发利用。① 他们认为，只有经过一个企业家认知主观化与创造性的活动之后，客观机会才可能被发现与开发利用。在这里，与外部环境匹配的企业家认知内涵构成了发现与确定创业机会的因素。包括：一是类似于科兹纳所主张的企业家"警觉"性。这种警觉过程是一个产生商业念头的过程，取决于行为主体的先前知识、社会资本和独特的个性等因素。二是对风险的判断与机会评估。当企业家看到商业信息中更少的风险时，他就有可能对信息做出乐观评估，并把它认为是一种创业机会。

传统的企业理论往往把企业家精神作为决策的一种结果，其价值创造的背景是新古典经济学的均衡假设，价值创造的特征是要素弹性的边际报酬递减。然而，在网络经济条件下，企业家精神的内涵将发生重大变化。周建认为，企业家精神的本质是一种对待变化的市场机会的行为或状态，对机会的认识成为了企业家精神的关键，在网络经济时代，企业家精神作为资本品和知识信息密集型生产要素，其价值创造过程遵循的是以资源为基础的战略观为背景。由于这种价值创造的特征是资源和能力供给弱弹性的报酬递增，企业家精神成为了新经济时代企业可持续性竞争优势的重要源泉。②

2.2 高层管理团队理论的发展

关于高层管理团队界定一直以来比较模糊，国外文献中用来描述"高层管理团队"的名词也有多种表达方式，如高层管理团队（Top

---

① 汪良军、杨蕙馨：《创业机会与企业家认知》，载《经济管理》2004 年第 15 期，第 24～29 页。

② 周建：《网络经济条件下企业家精神价值的内涵变化》，载《经济管理》2004 年第 4 期，第 18～24 页。

Management Team)、高层梯队（Upper Echelons）、高层管理群体（Top Management Group）、总经理团队（Executive Team）等。本书在总结前人研究成果基础上，把高层管理团队成员范围界定为由那些具有高层头衔或身处企业高层位置，或虽然处在公司中层主管位置但能够有机会参与公司重大生产经营问题决策，并且其决策活动在本质上可能对企业未来发展产生影响力的管理者所构成。在此，我们试图梳理高层管理团队理论的发展脉络，进而探寻从创业团队向高层管理团队演变过程的影响因素和影响机理。

2.2.1　哈姆布里克和玛森的高层梯队模型及其修正

高层梯队理论（Upper Echelons Perspective）是专门研究高层管理团队（TMG）的最早模型之一，由哥伦比亚大学唐纳德·哈姆布里克和菲利斯·玛森于 1984 年提出。[①] 1994 年由哈姆布里克继续对该模型提出了补充性修改，马森·卡彭特（Mason A. Carpenter）等学者于 2004 年还进行了第二次修正。

哈姆布里克和玛森的高层梯队模型重点讨论了在多种环境条件中的高层管理团队的功能，而不是相反地只去讨论更为一般的团队功能，并提出了研究高层管理团队与战略选择、组织绩效之间关系的逻辑框架（如图 2.4）。其中：特定的环境条件与高层梯队的特性相结合导致一定的战略选择，而且，这种战略选择并不是仅仅根据其中的某一方面就能预测到；另一方面，环境、高层梯队的特征和战略选择相互影响，又决定着组织绩效的水平。他们围绕着高层梯队成员的年龄、职能轨迹、其他职业经历、正规教育、社会经济背景、财务状况、团队异质性等方面提出了 21 项假设，虽然当时并没有得到实证研究支持，但它传递了这样的信息：高层管理团队理论有理由进行系统性的研究，而且也值得去研究。

---

① Hambrick, D. C. and P. A. Mason., "Upper Echelon: The Organization as a Reflection of Its Top Managers", *Academy of Management Review*, 1984, Vol. 9, Issue 2, pp. 193—206.

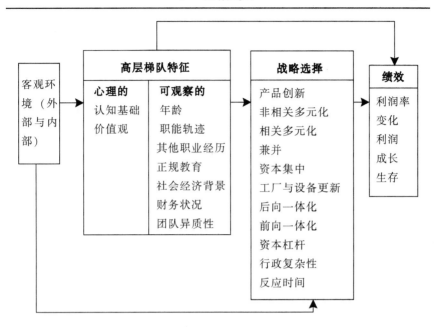

图 2.4 哈姆布里克和玛森关于高层梯队的理论模型

资料来源：Hambrick，D. C. and P. A. Mason. ，"Upper Echelon：The Organization as a Reflection of Its Top Managers"，*Academy of Management Review*，1984，Vol. 9，Issue 2，pp. 198。

虽然研究项目的一些因素相对简单，但是辨别其因果关系、解释其相互关系，包括一些棘手的因素非常困难。如果没有高度关注有关领域的相关文献，特别是心理学和社会学领域的研究成果，这一研究领域想取得进展是值得怀疑的。诚如哈姆布里克和玛森所说，"作为这一领域的研究成果，所提出的一般性模型期望能够导致更为具体的、发展了的理论。在许多产业领域，这种研究都可以开展，各种基本变量的相对优势作为结果的指示器，在每一个产业内都可以被证明"。①

自从这一模型问世以来，相当多数量的研究成果都是以此为线索展开的。哈姆布里克和玛森高层梯队模型的研究焦点在于那些可以观察到

① Hambrick，D. C. and P. A. Mason. ，"Upper Echelon：The Organization as a Reflection of Its Top Managers"，*Academy of Management Review*，1984，Vol. 9，Issue 2，pp. 193—206.

的高层梯队特征，且还能够考虑其他的人口特征数据。[①] 其他许多以研究高层管理者人口特征变量为中心的成果都可以追溯到这一高层梯队理论。然而，虽然这一模型总体上遵循着系统理论模型，高层梯队的许多特征可以很容易地符合输入项中，但是，经理们却把这些变量带入到"环境"之中，而不是"过程"之中，所以，在上述这一模型中，看起来缺少"过程"变量。

对上述模型的第一次修正是由哈姆布里克完成的。他于 1994 年对高层梯队模型加以了系统性研究，并形成了"高层群体更具综合性的理论性概念"。[②] 哈姆布里克概括了影响高层管理团队运营的四种主要因素，包括构成、结构、激励和过程。其中，CEO 或者是群体领导在所有要素中都起着中心作用。与此同时，哈姆布里克还认为，有两种力量可能会影响到高层管理群体像真实团队一样运转的能力：离心力和向心力。更为广义地说，离心力是指把各要素向远离中心的方向移动，而向心力则是把要素向接近中心的方向移动。在哈姆布里克的"离心力"和"向心力"中，其要素包括：组织规模、范围宽度（多样化程度）、商业战略、组织松弛（所需资源的可获得率）和商业环境的类型。然后，哈姆布里克把构成、结构、激励和过程和群体领导一道置于组织战略及其形成之中，进而构建起了系统性分析框架。其中：环境、离心力和向心力以及构成和激励要素就像是"输入"项，结构、过程要素以及它们的环境可以纳入到"过程"项中，组织绩效则可以视为一种"产出"。

马森·卡彭特等学者于 2004 年对哈姆布里克和玛森的高层梯队模型进行了第二次修正，该模型把近些年来实证研究结果与原始模型进行了有效的嫁接，形成了自称为"高层梯队第二代模型"（如图 2.5）。[③]

① Matthews, L. L., "A Review of Executive Teamwork", *Team Performance Management*, 1998, Vol. 4, No. 6, pp. 269—285.

② Hambrick, Donald C., "Top Management Groups: A Conceptual Integration and Reconsideration of the Team Label", In Staw, B. M. and Cumming L. L. (Eds), *Research in Organizational Behavior*, 1994, Vol. 16, pp. 171—214.

③ Carpenter, M. A., Geletkanycz, M. A. and Wm. Gerard Sanders, "Upper Echelons Research Revisited: Antecedents, Elements, and Consequences of Top Management Team Composition", *Journal of Management*, 2004, Vol. 30, Issue 6, pp. 749—778.

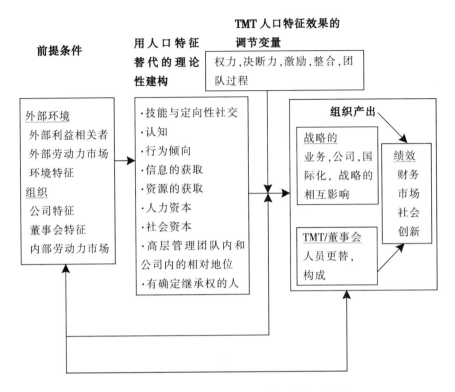

图 2.5   基于高层梯队理论的第二代修正模型

资料来源：Carpenter, M. A., Geletkanycz, M. A. and Wm. Gerard Sanders, "Upper Echelons Research Revisited: Antecedents, Elements, and Consequences of Top Management Team Composition", *Journal of Management*, 2004, Vol. 30, Issue 6, p. 760。

卡彭特"第二代高层梯队模型"的典型特征表现在：一是区分了高层管理团队构成的重要组织前提和环境前提；二是用近些年在与组织产出相联系的 TMT 特征变量来表示一系列的理论性建构；三是反映了最为显著的调节变量，包括权力、决断力、激励、整合和团队过程；四是"产出"具有差别化，包括战略、绩效和高层梯队本身。与此同时，此图还指出了相互反馈的过程。

2.2.2   格拉德斯泰恩的团队行为模型

德博拉·格拉德斯泰恩（Deborah L. Gladstein）模型的重点是团队有效

性。其模型采用了输入、过程、输出的宏观框架。[1] 输入项包括群体层次和组织层次两方面，团队构成、团队结构、可获得的资源、组织结构等变量包括在输入项中。过程项中是主要的团队过程变量，包括开放式的沟通、支持、冲突等项目。由绩效和满意度定义的团队效益作为输出项。群体的任务特征，如复杂性、环境不确定性、相互依赖性被认为是群体过程和团队效益的调节变量（如图2.6）。总体上说，格拉德斯泰恩模型和系统理论之间存在很好的一致性，也是以系统理论为依据来设计研究框架。

格拉德斯泰恩认为，团队效益可以视为团队行为的主要输出变量。团队过程中团队内和团队间的行为，它们把资源转换为产品。团队运营过程中的行为可以分为两类：一是以创建、强化和调整团队生命为目标的维持性行为。最为重要的变量包括开放式沟通、支持和减少人际间冲突等。二是以努力促使团队解决所面临的客观问题为目标的任务性行为。如根据知识和技能来权衡个人输入，为了解决新问题进行战略探讨，以及处理与其他个体或者其他团队之间关系的边界管理等。

根据格拉德斯泰恩模型，团队过程与团队效益之间的关系并不是恒定不变的。这种关系随着所从事的任务性质而发生变化。任务作为一种信息处理过程，它包括三个维度：任务的复杂性、任务的相互依赖性、环境的不确定性。一般来说，只有在任务具有不确定性时，灵活的沟通模式才与高绩效团队具有相关性。

客观地说，格拉德斯泰恩模型是对以前关于团队绩效理论研究成果的整合，并从团队行为角度把先前的研究成果并入到了一个较为系统而全面的综合性模型中。同时，她还在对通信产业100家市场部门的销售团队进行实证研究基础上，提出了模型的应用价值。该模型可以决定究竟是何种变量对团队效益的影响最大，从而可以有针对性地改善效益。同时，该模型对理论发展和团队管理实践具有一定的应用价值，表现在：一是预测团队效益；二是团队过程的修正，特别是提出了团队过程

---

① Gladstein, Deborah L., "Groups in Context: A Model of Task Group Effectiveness," *Administrative Science Quarterly*, December 1984, pp. 499—517.

不但要考虑团队内部关系，也要考虑边界管理问题；三是组织环境。

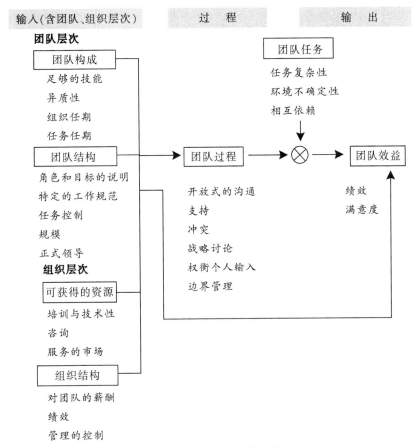

图 2.6　团队行为模型的建构与测量变量

注：⊗表示一种调整关系。

资料来源：Gladstein，Deborah L.，"Groups in Context：A Model of Task Group Effectiveness "，*Administrative Science Quarterly*，December 1984，p. 502。

2.2.3　吉斯特、洛克和泰勒的团队模型

和德博拉·格拉德斯泰恩模型的相似之处在于，玛利琳·吉斯特（Marilyn E. Gist）、埃德温·洛克（Edwin A Locke）和苏珊·泰勒（M. Susan Taylor）的团队模型也把所包含的众多变量分为三大类：输

入、过程和输出（如图2.7）。[①]"任务特征"调节着过程与输出的关系。其中，"输入项"包括团队结构、团队战略、领导、报酬等变量，把团队影响、团队发展和决策制定变量包含在"过程"项中，"输出"项中不但包括传统的团队绩效变量，还创造性地把团队成员的工作生活质量也纳入其中。

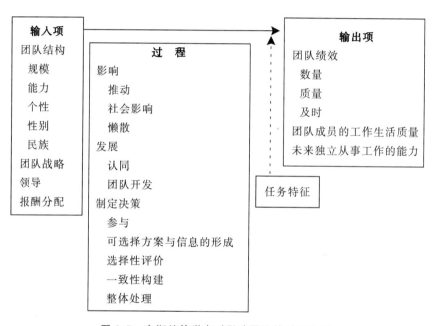

图 2.7　吉斯特等学者对影响团队的过程分析

资料来源：Gist，M. E.，Locke，E. A. and Taylor，M. S.，"Organizational Behavior：Group Structure，Process，and Effectiveness"，*Journal of Management*，1987，Vol. 13，Issue 2，p. 238。

　　吉斯特、洛克和泰勒的团队模型中，团队结构、团队战略、领导、报酬分配作为输入变量。团队相互影响的结果则包括：（1）团队绩效。指团队产出在数量、质量、及时性方面满足组织标准的程度。（2）工作

　　① Gist，M. E.，Locke，E. A. and Taylor，M. S.，"Organizational Behavior：Group Structure，Process，and Effectiveness"，*Journal of Management*，1987，Vol. 13，Issue 2，pp. 237－257.

生活质量。指团队对成长及其团队成员个人财富增加的程度。（3）未来从事独立工作的能力。团队过程提高了团队成员未来独立工作能力的程度。许多影响团队过程的因素作为影响输入—输出关系的调节性变量，包括成员影响、团队开发和决策制定。任务特征则看做是团队过程和结果变量之间的缓冲变量。相对于从前的团队概念性模型而言，该模型关于输入项中的"领导"变量值得引起注意。为了达到满意的组织绩效，团队应当具有这样的特征：一是清晰的、预定设置的方向；二是有利于提高绩效的环境，包括设计有竞争能力的组织结构、支持和强化卓越的组织环境、在需要时能够获得专家指导和过程帮助；三是足够多的物质资源。为此，"领导"应当发挥五大功能：设定方向、设计团队、调整环境、教导与支持、提供资源。

虽然早期很少有学者就报酬设计对团队过程及组织绩效进行实证性研究，但是，吉斯特等学者主张，作为"报酬分配"这一输入变量，应当依据三大标准：（1）产权标准，即根据团队成员的投入进行分配；（2）平等标准，所有成员都能得到平等的收入；（3）需要标准，团队成员对报酬的现实要求。

吉斯特、洛克和泰勒的团队模型中的调节变量，实际上已经吸收了社会学、心理学方面的许多成果。比如，"成员影响"项中不但包括基于团队一致性压力而形成的社会影响因素，也包括社会性懒散因素等。这种懒散表现为个人在群体时工作时，会比他独自工作付出更少的努力。任务特征的功能在于调整或者改变团队过程对结果的影响。例如，当任务是以高度的信息处理为典型特征时，像开放式沟通和绩效战略的讨论等团队过程可能与团队绩效更加相关。

尽管笔者并不认为该模型是对团队绩效影响变量及影响过程的一种毫无遗漏的描述，但是，他们的确在总结前人实证研究成果基础上，提供了对各变量间相互关系的一种较为全面的概括。

自 1984 年，学术界沿着哈姆布里克和玛森的高层梯队理论模型，围绕着高层管理团队的主要建构变量，以及建构变量与绩效之间关系进行了深入的实证性研究，并取得一些卓越的成就。卡彭特等学者曾对 1996 年以来学术界关于高层管理团队理论做出了系统性的梳理①（如表 2.3），从中我们也可以比较分析高层管理团队不同定义间的细微差别，进一步掌握高层管理团队的关键性变量与团队产出或者组织绩效之间的相互关系。

表 2.3　　高层管理团队研究的基本历程：1996～2003

作者（年份）	TMT 的定义	数据来源	主要建构变量与结果	TMT 规模/中值(SD)
Amason（1996）	由 CEO 确定的、参与战略决策制定的高层管理者	总经理访谈	冲突关系(认知性、情感性)、战略决策(决策质量、一致性、接受程度)和组织绩效(潜在的关系)	3.45/1.2
Hambrick 等(1996)	副总级以上的所有高层人员	商业出版物	在职能性背景、教育以及公司任期等方面多样性的高层管理团队，表现出与其行为倾向的高度相关性，并且，行为和反应呈现出众多维度。相比较而言，异质性团队的行为和反应迟缓，而且，对竞争者行为反应能力也不如同质性团队	8.6/3.4
Tushman 和 Rosenkopf（1996）	CEO 以及那些直接向他汇报的人	商业出版物	研究了从 1918 年到 1986 年期间，由高管人员继任、高管团队变化以及战略再定位所引发的业绩表现。CEO 的变化和 TMT 结构的变化对绩效变化具有正相关关系。详细分析了高管团队成员进入与退出的影响	5.3/N. A.

①　Carpenter, M. A., Geletkanycz, M. A. and Wm. Gerard Sanders, "Upper Echelons Research revisited: Antecedents, Elements, and Consequences of Top Management Team Composition", *Journal of Management*, 2004, Vol. 30, Issue 6, pp. 749－778.

续表

作者 （年份）	TMT 的定义	数据来源	主要建构变量与结果	TMT 规模/ 中值（SD）
West 和 Anderson （1996）	由 CEO 确定的、参与战略决策制定的高层管理者	首席执行官（CEO）和总经理（GM）的问卷调查	团队异质性（规模、任期、个体成员的创新意识）和组织特征（资源、规模）导致组织创新程度	9.0/3.7
West 和 Schwenk （1996）	由 CEO 确定的、参与战略决策制定的高层管理者	首席执行官（CEO）和总经理（GM）的问卷调查	战略一致性意见、高层管理团队同质性与公司绩效并不相关	N. A. / N. A.
Amason 和 Sapienza （1997）	由 CEO 确定的、参与战略决策制定的高层管理者	CEO 的访谈	团队特征（规模、开放性、相互关系）导致冲突（认知性和情感性）	3.4/ N. A.
Boeker （1997a）	CEO 以及那些直接向他汇报的人	市场调查公司的出版物	CEO 和 TMT 的特征与较差的公司业绩相互作用，可以用来预测战略变革。那些具有较长任期的 CEO 和 TMT 成员，以及团队任期方面的多样性更加可能导致变革，而且，这种影响效果在公司业绩较差条件下更加明显	N. A. / N. A.
Boeker （1997b）	CEO 以及那些直接向他汇报的人	市场调查公司的出版物，公司访谈，报告材料	高管人员在公司间的迁移影响战略变革。在焦点企业并不熟悉的产品或市场方面拥有经验的高管人员的迁入将导致增加进入该细分市场的可能性。在公司具有小规模 TMT 和较短任期的 TMT 时，这种效果尤其显著	N. A. / N. A.

续表

作者 (年份)	TMT 的定义	数据来源	主要建构变量与结果	TMT 规模/ 中值(SD)
Geletkanycz 和 Hambrick (1997)	副总级以上 的所有高层 人员	邓白氏(D & B) 企业管理 参考书,标准 普尔(S & P) 公司董事会 和总经理注 册处	TMT 成员的网络关系影响 公司战略非一致性表现的趋 势。在贸易合作伙伴和很长 任期的团队中,一致性将增 强,而非一致性则与外部产 业关系、短任期的团队相关	6.2/ N. A.
Iaquinto 和 Fredrickson (1997)	由 CEO 确定 的、参与战略 决策制定的 高层管理者	CEO 访谈	团队一致性和战略决策过程 复杂性之间的关系	4.2/1.4
Keck (1997)	副总级以上 的所有高层 人员	行业内杂志 和名录	短任期的、异质性团队可以 提供符合环境复杂性所需的 技能,在动态环境下具有更 高的生产率。较长任期的、 同质性团队在稳定的环境下 具有更高的生产率。在财务 方面表现最为成功的是那些 能够长期保持团队结构与环 境条件相匹配的公司	5.27/3.6
Reuber 和 Fischer (1997)	高层管理团 队的所有成 员	调查	具有国际化经验的高层管理 团队在开发外国战略伙伴上 具有更高倾向,公司成立后 获得国外销售额方面的时滞 更少。这些行为与公司国际 化程度高度相关	N. A. / N. A.
Sanders和 Carpenter (1998)	副总级以上 的所有高层 人员	标准普尔 (S&P) 公司 董事会和总 经理注册处	与公司高度国际化水平相一 致的信息处理需要和 TMT 规模正相关	N. A. / N. A.

续表

作者 （年份）	TMT 的定义	数据来源	主要建构变量与结果	TMT 规模/ 中值（SD）
Amason 和 Mooney (1999)	由 CEO 确定的、参与战略决策制定的高层管理者	CEO 的访谈	过去的绩效与冲突（认知性和情感性）之间的关系	4.9/1.5
Knight 等 (1999)	由 CEO 确定的、参与战略决策制定的高层管理者	CEO 的访谈	团队多样性（功能性、年龄、教育和任期）、团队处理过程（人际间冲突和寻求合作）和战略一致性意见之间的关系	N. A. / N. A.
Simons等 (1999)	由 CEO 确定的、参与战略决策制定的高层管理者	CEO 的访谈	团队多样性（年龄、任期、功能性）和冲突之间的关系，以及决策复杂性和公司绩效的关系	6.1. /2.8
Tihanyi (2000)	副总级高管人员以及更高级别的成员	邓白氏（D&B）企业管理参考书	较低的平均年龄、较高的平均任期、较高的平均教育水平、国际化方面较高的平均经验、更高的任期异质性程度与公司国际多元化之间具有相关性	13.2/9.0
Peng 和 Luo (2000)	高级管理者	调查	所采用的是对中国的调查。作者证明了管理者与其他公司高层主管或政府官员在微观层次的人际关系有助于改善宏观的组织绩效	N. A. / N. A.
Bergh (2001)	副总级以上的所有高层人员，加上其他不属于这种分类，但却属于董事会的管理人员	邓白氏（D&B）企业管理参考书	公司购并绩效是关于被购并公司 TMT 任期和购并公司 TMT 任期的一个函数	N. A. / N. A.

续表

作者 (年份)	TMT 的定义	数据来源	主要建构变量与结果	TMT 规模/ 中值(SD)
Carpenter和 Fredrickson (2001)	处在组织管理中最高两个层级的人员	邓白氏(D&B)企业管理参考书	团队异质性(国际化经验、教育、职能和公司任期)和组织产出(全球化战略导向)的关系	6.0/1.9
Carpenter 等 (2001)	副总级以上的所有高层人员	标准普尔(S&P)公司董事会和总经理注册处	CEO 和 TMT 国际化工作经验对美国跨国公司绩效具有积极的影响。而且,TMT 在这方面的经验比 CEO 在这方面的经验影响更大	5.48/ 2.21
Gelekanycz 和 Black (2001)	高层主管	调查	通过分析职能和教育经历背景,研究高管人员对维持战略现状承担义务的决定性因素。通过采用回归分析方法证明,包括在财务、营销和一般管理等那些主导职业生涯轨迹的传统经验,与维持战略现状之间呈正相关关系	N.A./ N.A.
Ferrir (2001)	主席、副主席、CEO 总裁、财务总监、首席运营官	邓白氏(D&B)企业管理参考书	TMT 的特征影响公司间的竞争关系。结果表明,公司竞争性行为的结果受到高层管理团队异质性的影响	N.A./ N.A.
Pitcher 和 Smith (2001)	主席、CEO 以及关键部门的 CEO 们	实地调研	对关于实际认知多样性的人口特征指标间关系进行单个公司的研究,并分析高管权力是怎样把 TMT 特征和组织产出相混淆的	9.0/ N.A.
Papadakis和 Barwise (2002)	由 CEO 确定的、参与战略决策制定的高层管理者	CEO 访谈	证明 CEO 个性(成就的需要、风险偏好)、CEO 人口特征(任期、教育)和 TMT 特征(教育、竞争性进取)影响战略决策过程,但是,TMT 和 CEO 对这一过程的影响并不相同	N.A./ N.A.

续表

作者 （年份）	TMT 的定义	数据来源	主要建构变量与结果	TMT 规模/ 中值(SD)
Carpenter 等 （2003）	由公司报表显示的高层管理团队中的所有成员	S—1 表	董事会、高层管理成员的国际化经验，以及它们与公司国际化的关系	6.5/1.92
Collins 和 Clark （2003）	由 CEO 确定的、参与战略决策制定的高层管理者	调查	TMT 网络关系的宽度和长度影响高层管理人力资源管理实践及其经营业绩上的成功	5.9/ N. A.
Kor （2003）	所有内部的高层管理人员，包括 CEO、首席运营官、事业部单位首领、副总	S—1 表及其内容说明书	创建者在高层管理团队中的参与以及管理者以往的产业经验有助于提高团队获得新成长机会的能力 当分享的团队专门经验或者产业内管理经验增加时，创建者参与高层管理团队对成长的积极作用将被弱化	6.21/ 2.06

资料来源：Carpenter，M. A.，Geletkanycz，M. A. and Wm. Gerard Sanders，"Upper Echelons Research Revisited：Antecedents，Elements，and Consequences of Top Management Team Composition"，*Journal of Management*，2004，Vol. 30，Issue 6，pp. 754—758。

2.2.4　卡姆等学者的创业团队组建和维持的决策模型

朱迪思·卡姆（Judith B. Kamm）、杰弗里·舒曼（Jeffrey C. Shuman）、约翰·西格（John A. Seeger）和阿伦·纽里克（Aaron J. Nurick）指出，虽然大多数新建企业在创业之初采用团队创业的方式，但理论界对如何组建和维护创业团队过程的研究成果相对较少。其主要原因在于，尽管研究者认识到团队创业的频率，但他们普遍地假设与个体创业家没有差异。①

很长一个时期以来，创业团队的形成被认为具有随机性的特征，并且，团队的形成也十分困难。卡姆等学者（1990）指出了创业团队形成与有效运营过程中成本和关键问题在于：一是团队平衡，包括团队成员的功能性专长、管理技能、决策风格和经验；二是团队每位成员对创建新企业理由的兼容性；三是团队成员之间所有权的分配。关于创业团队的形成过程，我们将在后面两章做详细论述。

我们认为，卡姆等学者（1990）提出"创业团队组建和维持的决策模型"的最大学术价值在于明确地指出了有效组建创业团队的决策关键点（如图2.8）。包括：一是新商业概念和创业团队之间是什么关系；二是用什么方式以及为什么个体或者群体决定寻找一个或者多个合作伙伴以实现商业概念；三是个体或团队在什么地方寻找伙伴，找谁一起工作；四是用什么方式以及为什么要确定选择合作伙伴的标准；五是用什么方式以及为什么个体或团队要确定引导合作伙伴加盟的方法；六是包括企业创建之前、组织的创建和发展阶段，用什么方式以及为什么团队要决定团队成员的行为与团队的商业活动保持一致的方法。

我们特别感兴趣的是组建创业团队的第六个决策关键点。虽然卡姆等学者（1990）从动态角度指出了创业团队决策的三种可能性结果，包括团队解散、团队维持和团队变化，但是，至少有三个问题值得进一步关注：一是如何对创业团队的动态延续进行有效管理，或者说在团队组成的前五个阶段应当采取何种管理方法，才能避免创业团队应当发挥作用时却无法发挥其功效，甚至被动地走向解散的结局；二是如何把团队精神与企业家精神相结合，形成并强化创业团队企业家精神；三是在创业团队成员进进出出的变化过程中，应当如何培育创业团队企业家精神，如何使创业团队企业家精神随着企业成长而不

---

① Kamm, J. B., Shuman, J. C., Seeger, J. A. and Nurick, A. J., "Entrepreneurial Teams in New Venture Creation: A Research Agenda", *Entrepreneurship Theory and Practice*, Summer, 1990, pp. 7—17.

断得以强化而不至于出现创业团队企业家精神退化。这些问题正是本书所密切关注的课题。

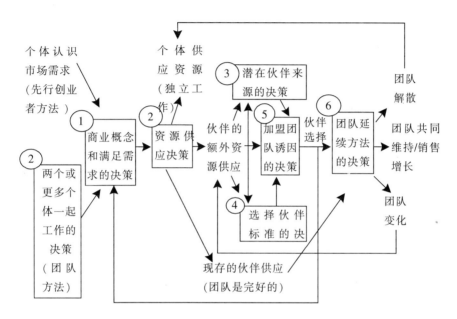

图 2.8　卡姆等学者关于创业团队组建的六大决策关键点

资料来源：Kamm,J. B.,Shuman,J. C.,Seeger,J. A. and Nurick,A. J.,"Entrepreneurial Teams in New Venture Creation：A Research Agenda",*Entrepreneurship Theory and Practice*,Summer,1990,p. 14。

2.2.5　国内高层管理团队理论研究的简要述评

创业之初，创业者往往极具企业家精神，但是，企业一旦进入成长期后，当初的创业者往往会变得因循守旧起来。国内学者陈春花等认为，如果此时我们能够把团队精神运用到企业家精神当中，就可以帮助企业家克服自身创造性思维的逐步弱化与消失。[①]

国内也有不少学者对高层管理团队进行了模型设计和定量研究，如

　　①　陈春花、徐慧琴：《企业家与团队建设浅议》，载《科技进步与对策》2003 年第 3 期，第 68～69 页。

团队激励契约①、管理者胜任力特征分析②③、知识创新团队的激励机制④、市场导向与企业高层管理人员之间的灰色关联度分析⑤、高管团队内薪酬差距、公司绩效和治理结构⑥等。这些成果为我国加强企业高层管理团队建设提供了最具说服力的证明。清华大学吴维库等学者在引进沃顿商学院学者提出的"以价值为本的领导学"理论基础上，验证了以价值为本的领导与团队有效性的假设，并提出了领导者动机和行为与企业员工满意度、团队有效性之间存在着高度的相关性。⑦

现有研究成果对高层管理团队企业家精神研究大多数侧重于对团队构建和运营机制的静态分析。焦长勇、项保华在整理了国外关于高层管理团队特性以及它们与战略关联的研究成果后，归纳出了合理有效的高层管理团队应当具有五大特征⑧：一是高层管理团队成员的年龄结构应合理、高效。对于成长型企业应当选择年轻高管占较高比例的团队结构，以保持高层管理团队的旺盛精力和冒险精神，对于成熟稳定型企业则可以使年长者居多，衰退型企业的团队应当增加中年高层主管。二是保持高层管理团队的任期相对稳定，从而有利于高层管理团队进行有效沟通，容忍冲突，积极谋求和谐行动与追求目标一致性。三是根据企业

———————————

①　骆品亮、郑绍濂：《满足预算平衡的 Parato 最优的团队激励契约》，载《复旦学报》（自然科学版）2000 年第 10 期，第 553～559 页。

②　王重鸣、陈民科：《管理胜任力特征分析：结构方程模型检验》，载《心理科学》2002 年第 5 期，第 513～517 页。

③　时勘、王继承、李超平：《企业高层管理者胜任特征模型评价的研究》，载《心理学报》2002 年第 3 期，第 306～311 页。

④　魏斌、汪应洛：《知识创新团队激励机制设计研究》，载《管理工程学报》2002 年第 3 期，第 113～115 页。

⑤　林媛媛：《市场导向与企业高层管理人员之间的灰色关联度分析》，载《管理科学》2003 年第 6 期，第 61～65 页。

⑥　林浚清、黄祖辉、孙永祥：《高管团队内薪酬差距、公司绩效和治理结构》，载《经济研究》2003 年第 4 期，第 31～40 页。

⑦　这方面的成果可以参阅吴维库、刘军、张玲、富萍萍：《以价值观为本的领导行为与团队有效性在中国的实证研究》，载《管理世界》2002 年第 8 期，第 97～104 页；吴维库、富萍萍、刘军：《以价值观为本的领导行为与团队有效性在中国的实证研究》，载《系统工程理论与实践》2003 年第 6 期，第 19～27 页。

⑧　焦长勇、项保华：《企业高层管理团队特征及构建研究》，载《自然辩证法通讯》2003 年第 2 期，第 57～63 页。

规模，合理聘用具有良好教育背景的高层管理人员。四是争取高层管理团队成员多样化和知识技能结构匹配。五是高层管理团队应当保持合适的决策规模。南开大学李维安教授等学者从公司治理的角度指出，在文化背景和经济体制背景以外，公司治理制度的不完善是企业家精神不足的微观原因。培育企业家精神应当从公司治理制度建设入手，包括完善经营者的选任、激励和科学决策机制，以实现企业家精神效用的最大化，诱导企业家的创新精神。[①] 这种从公司治理视角来分析大公司企业家精神培育的方法也富有学术价值。

从企业动态成长角度看，近年来学术界较为关注的是创业团队成员变化所带来的团队冲突及其关系处理，特别是"空降兵"与原高层管理团队成员的矛盾处理。例如，企业聘请了"空降兵"之后，必然带来原高层管理团队成员与新加盟成员之间的冲突。据国内学者刘学的研究表明，"空降兵"进入企业后，高层管理团队内部冲突有所增加，且主要表现为"空降兵"与原管理团队之间的冲突。[②] 驱动"空降兵"与原管理团队之间冲突的主要因素是薪资差异、信息差异、感知的权力差异、厂龄差异、价值观差异等。其中，薪资差异和感知的权力差异由于削弱了公平感与信任感（中介变量），将造成"空降兵"与原管理团队之间的关系冲突。而厂龄差异和价值观差异，既导致关系冲突又造成任务冲突。信息差异主要与任务冲突相联系。在任务独立性、专业性较强的情况下，"空降兵"的信息优势有助于组织绩效的改进。

在经营环境日益复杂化，并且职业经理人阶层尚未形成的条件下，民营企业采取家族经营模式是凝聚力量和规避风险的有效措施，国内民营企业在过去十多年中的成功经验已经证明了这一点。有学者进一步分析认为，家族企业在代际传递中之所以存在"家族制锁定"的明显倾向，一个可能和比较合理的解释是，目前的代际传递方式有利于家族企业代

---

① 李维安、王辉：《企业家创新精神培育：一个公司治理视角》，载《南开经济研究》2003 年第 2 期，第 56～59 页。

② 刘学：《"空降兵"与原管理团队的冲突及对企业绩效的影响》，载《管理世界》2003 年第 6 期，第 105～113 页。

际传递中交易成本最小化和安全目标最大化。① 但是，国内民营企业成长到今天，对引入职业经理人的要求越来越强烈，随之出现的最为严重的问题是如何建立起企业家与经理人之间的互信机制。目前，国内学术界对包括家族企业接班人的安排究竟是采取传亲属还是聘专家②、家族企业的代际传承③、家族企业继任者选择④等问题表现出浓厚的研究兴趣。

2.3 企业家精神研究的层次性

熊彼特早在 1934 年就把个体层次企业家精神与宏观社会经济发展相联系进行研究，分析了个体企业家动机与创新、破坏性的创造以及经济发展之间的联系。⑤ 默里·洛和伊恩·麦克米兰（1998）则坚持认为，研究者必须承认企业家精神的研究可以在多个层次上进行，且它们之间需要相互补充。在多个层次上对企业家精神同时加以研究的理由在于创业行为本身的特征，因为，企业家精神同时将对个体、团队、公司、社会等多个层次构成影响。⑥ 下面我们对企业家精神分析层次及其内在联系做一重点分析。

2.3.1 企业家精神理论研究的基本方向

20 世纪 80 年代，以汤姆斯·彼得斯（Thomas Peters）和罗伯

---

① 杨龙志：《家族企业代际传递的原则及其实证研究》，载《经济管理》2004 年第 12 期，第 43~50 页。

② 韩朝华、陈凌、应丽芬：《传亲属还是聘专家：浙江家族企业接班问题考察》，载《管理世界》2005 年第 2 期，第 133~142、145 页。

③ 关于代际传承问题的研究可以参阅李蕾：《家族企业的代际传承》，载《经济理论与经济管理》2003 年第 8 期，第 45~48 页；陈凌、应丽芬：《代际传承：家族企业继任管理与创新》，载《管理世界》2003 年第 6 期，第 89~99 页。

④ 高明华、赵云升：《家族企业继任者选择问题探讨》，载《天津社会科学》2004 年第 4 期，第 76~80 页。

⑤ Schumpeter, J., *The Theory of Economic Development*, Harvard University Press, Cambridge Mass, 1934.

⑥ Low, M. B. and MacMillan, I. C., "Entrepreneurship: Past Research and Future Challenges", *Journal of Management*, June 1988, Vol. 14, Issue 2, pp. 139—161.

特·沃特曼（Robert H. Waterman）的《追求卓越》为代表的畅销著作在企业界掀起了一股"卓越"浪潮；90年代，以再造工程、重新设计组织为典型形式的再造和根本性变革成为企业管理重点内容；目前，企业家精神与创业型导向又成为了新的热点，如创业型战略（Entrepreneurial Strategy）、创业管理（Entrepreneurial Management）、战略型企业家精神（Strategic Entrepreneurship）、社会企业家精神（Social Entrepreneurship）等等。我们认为，追求卓越离不开管理上的再造活动，而成功实现再造活动的关键又在于企业家精神。所以，从追求卓越到进入"RE"（再造）时代，直至到重视对企业家精神的理论探索，一定程度上也体现了对企业家精神理论研究的深化过程。

总体上说，理论界对企业家精神的研究正在朝两个不同方向深入（如图2.9）。[①] 一是从研究对象看，正在从个体新创建企业向企业家型公司方向的深入，表现为以个体企业家精神研究为起点，逐渐发展到团队企业家精神、公司企业家精神，直至形成企业家型公司；二是从研究范围看，正在从商业领域拓展到包括非营利性组织在内的整个社会，从而使企业家精神开始从社会企业家精神发展到企业家型社会，真正开始关注从"经济型社会"到"企业家型社会"的转变，关注企业家精神对社会进步的推动作用和人类文明的促进作用。

2.3.1.1 企业家精神从个体研究扩展到业已建立并运作的公司层面

个体企业家精神是指个体意义上的企业家独立地从事具有创业性质的活动过程，而公司企业家精神则体现为企业面向市场采取创新、冒险活动，以及在公司内部采取大胆的组织变革等活动以获得竞争优势的活动过程。帕拉莫底塔·莎玛（Pramodita Sharma）和詹姆士·克里斯曼（James J. Chrisman）对个体企业家精神所下的定义是"一个人或一群

---

① 陈忠卫：《企业家精神的层次性及其相互关系研究》，载《科研管理》2006年第27卷（增刊），第159～162页。

人独立于目前的组织之外，创建一个新组织的过程".[①] 总体上看，对个体企业家精神的研究往往局限于创建新事业、新组织的活动，而且所研究的对象也往往是指规模小的新创企业，不过，他们定义中的创建新组织或从事具有企业家性质的活动的本身隐含有个体企业家需要创新、风险承担等精神。

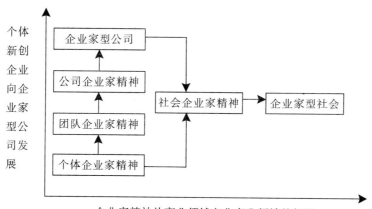

图 2.9　企业家精神理论的发展脉络及可能的研究方向

资料来源：陈忠卫：《企业家精神的层次性及其相互关系研究》，载《科研管理》2006 年第 27 卷（增刊），第 160 页。

很长时期以来，理论界只是把企业家精神局限在对创办企业的研究，认为企业家精神与小企业或新建企业相关。然而，最近的研究成果表明，创建小企业需要企业家精神，大公司或业已建立的公司同样需要企业家精神。一些学者认为，许多突破性的变革经常是由那些新进入者而不是那些已有企业推动的。[②] 但是，随着对企业家精神研究的深入，也有学者开始认为，在一些产业内，那些已有的企业也可能对突破性的

———————

①　Sharma,P. and Chrisman,J. J.,"Toward a Reconciliation of the Definitional Issues in the Field of Corporate Entrepreneurship",*Entrepreneurship Theory and Practice*,Spring,1999,pp. 11—27.

②　Cooper,A. and Schendel,D.,"Strategic Responses to Technological Threats",*Business Horizon*,Feb. 1976,Vol. 19, Issue 1, pp. 61—69.

创新活动所做出的贡献超乎人们所想象的程度，有的甚至控制着创新过程。① 在此基础上，有学者对此作了深入分析，通过剖析大公司内不利于创新的三大陷阱（包括熟悉的陷阱、成熟的陷阱、接近的陷阱），提出了大公司如何克服陷阱并进行突破性变革的主张。②

理论界越来越深刻地认识到企业家精神不只是创业者和 CEO 才具有的，它同样可以把个人创意转化为集体行动，进而培育团队企业家精神，乃至转变形成公司企业家精神。只有在全公司范围内培育员工的创新意识，激发员工创新的积极性，提高公司整体的创新能力，才可能有更多的富有成效的创新成果，形成公司的竞争优势。

2.3.1.2　从个体企业家精神深入到团队企业家精神的层面

个体企业家精神是在个体层次上的体现，是创业者个体在机会的发现、开发、利用过程中所表现出来的创新精神、高度自治、风险承担精神和积极进取精神。个体企业家精神不一定非要独立于现有的组织，它同样可以存在于现有大企业的创业者或员工身上。具有企业家精神的不同的个体，因在一个组织中处于不同地位，其发挥的作用也不同。

在小企业规模不断扩大以后带来了创业管理的难度，单个企业家很难对不断加剧的竞争环境做出科学决策，于是小企业可能选择团队合作的方式继续进行创业活动。此时，能否形成创业团队企业家精神，以及创业团队企业家精神与起初的个体企业家精神保持一致性的程度，将影响到小企业的成长质量和成长方向。于是，理论界也开始对创业团队企业家精神加以高度的关注。不过，团队企业家精神的研究并不只是局限于创业团队，对团队企业家精神的研究可以涉及各种功能性管理团队。

① Methe D., Swaminathan A., Mitchell W. and Toyama R, "The Underemphasized Role of Diversifying Entrants and Industry Incumbents as the Sources of Major Innovations", *In Strategic Discovery: Competing in the New Arenas*, Thomas H, Oneals D. Wiley: New York, 1997.

② Ahuja, G. and Lampert C. M., "Entrepreneurship in the Large Corporation: A Longitudinal Study of How Established Firms Create Breakthrough Invention", *Strategy Management Journal*, June-July, 2001, pp. 521—543.

企业成长过程中，一支有效的团队能够使组织充满生机与活力，能够使组织变得更富于生产力和创造性。企业要想健康的成长，就应充分发挥团队的作用，培育团队企业家精神，从而有效地促进企业成长。不同的团队对企业成长的作用并不一样。如：创业团队在创业过程中主要扮演决策者的角色，通过对一系列问题的决策作用于创业过程并影响创业的成败，[①] 而其他的功能性管理团队可能只是专门从事产品研发、市场策划等。

2.3.1.3　从企业家精神的个体层次分析拓展到企业家型组织的行为分析

相对于非企业家而言，企业家具有某种特定的个性，这是企业家精神理论在个体层次上取得进展的认识论基础。而从组织行为学的角度对企业家精神加以分析，企业家精神是可能不断发生变化的一系列行为。霍华德·斯蒂芬森提出了六个关键维度，用于区别企业家精神和更具行政导向的管理行为。[②] 这六个关键维度包括：战略导向（机会驱动还是可控资源的驱动）、机会的把握（短期的变革还是长期的演化）、资源的配置（以每个阶段最小化浪费为特点的多阶段模式还是以基于完全配置的决策为特点的单阶段模式）、资源的控制（零星的使用或对所需资源的租用还是对所需要资源的所有权控制）、管理的方式（具有多重非正式网络的扁平化管理还是基于正式的等级制度的管理）以及奖赏政策（价值为基础还是资源为基础）。在企业家型组织内部，某些企业家行为模式必然正在重复地出现。这些行为模式渗透到组织的各个层次，且能够反映高层管理者关于有效管理实践的总体战略意图。

---

① 张玉利著：《企业家型的创业与快速成长》，南开大学出版社 2003 年版。

② 霍华德·史蒂芬森：《创业精神的六个面向》，见［英国］苏·柏莉、［加拿大］丹尼尔·穆兹卡编，黄兰闵、黄君慧译：《创业精神与管理》，培生教育出版社股份有限公司 2004 年版，第 39～46 页。

2.3.1.4 企业家精神研究已从商业领域拓展到以非营利 组织为核心的社会组织

"社会企业家精神"概念已经引起了人们关注。这是因为，政府和非营利性机构所面临的环境有时比企业所面临的环境更为复杂，社会性部门或机构同样需要企业家精神。[①] 近年来，理论界正在尝试将企业的企业家精神理论与实践成果应用到政府和非营利性组织等社会组织中，推动着社会企业家精神的研究。在创造和维护社会价值这一历史使命的驱使下，社会型组织不懈地追求和搜寻能够服务于自身使命的机会，通过持续不断的创新、学习、创造性的获取和利用资源，以创造和维护社会价值。社会企业家精神的主要研究对象是社会型组织，按照组织是否具有营利性，可将社会企业家精神研究对象分为以下三种类型组织：（1）非营利性组织，指不以营利为最终目的，而以为特定人群创造特定社会价值为使命的组织；（2）产品或服务具社会价值的营利性企业，此类组织的特点在于在创造利润的同时创造社会价值；（3）营利性和非营利性相结合的混合型组织，此类组织兼具非营利性和营利性因素。

仅从企业家精神内涵的演变过程就可以感受到企业家精神理论研究的重大意义。我们认为，企业家精神内涵的扩展是企业家时代到来的结果，反过来又是推动企业家型社会快速成长的重要力量。

2.3.2 不同层次企业家精神之间的关系

根据上面的分析，企业家精神可以包括多个不同层次，即个体企业家精神、团队企业家精神、公司企业家精神、社会企业家精神，而创业团队企业家精神只是团队企业家精神的一种特殊形式。那么，不同层次的企业家精神之间存在何种联系呢？

我们认为，企业家精神的四个层次并不是彼此孤立的，而是相互作用、相互影响的（如图 2.10）。个体企业家精神是生成团队企业家精

---

① ［美国］彼得·德鲁克著，彭志华译：《创新与企业家精神》，海南出版社 2000 年版，第 345 页。

神、公司企业家精神、社会企业家精神的基础，团队企业家精神、公司
企业家精神、社会企业家精神是个体企业家精神分别在团队、公司、社
会范围中整合、扩散、渗透的结果。

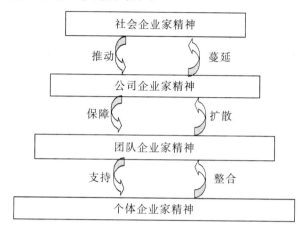

图 2.10   企业家精神的四个层次及其内在联系

资料来源：作者整理。

大多数新企业是以团队的形式创办的，仅靠单个人的力量往往无法
创办需要由多种技能、知识、资源组合才能完成的新企业。各种经营活
动大多是依靠团队力量完成的，尤其是创业团队对企业成长起着举足轻
重的作用。在企业成长过程中，团队企业家精神应当以个体企业家精神
为基础。如果我们能够对个体企业家精神加以正确引导，个体企业家精
神就可能在团队中得以有效整合，并通过协作进取形成一种大于个体企
业家精神之和的团队企业家精神。不过，一个充满企业家精神的个体如
果被融入到一个较为保守、谨小慎微的创业团队之中时，他就有可能因
群体思维陷阱而逐渐丧失企业家精神，或者将最终选择离开这个团队。
所以说，个体企业家精神与团队企业家精神密不可分。

如果一家公司的员工和团队成员都拥有较高的企业家精神，那么，
培育公司企业家精神也就变得相对容易起来。创业团队或者高层领导者
就可以通过构建一个有利于企业家精神形成的组织结构，设计一些有利
于培育企业家精神的战略，培育强调创新、容忍失败的企业文化以及设
立专门负责创新和风险创业的部门来促进公司企业家精神的形成。所以

说，企业内部所拥有的团队企业家精神经过有效整合，又形成了公司企业家精神，而最基础的仍是个体企业家精神。一个具有高度企业家精神的企业组织结构始终具有有机式的特点，普遍具有接受风险、容忍冲突的组织文化，员工们在这样的公司环境下也乐意自觉地更新自身的知识结构，积极成为公司内部具有创新能力和革新精神的个体成员，并且，在可能的条件下，也愿意成立具有企业家精神的团队。因此，公司企业家精神又反过来会支持团队企业家精神和个体企业家精神。

社会企业家善于把握各种机会，促使社会福利系统更好地满足特定需求。这种社会企业家精神表现为在社会性部门和机构通过一系列的社会创新，"有系统地放弃过时的社会政策和已淘汰的公共服务机构以及制定鼓励创业的税收政策、保护具有企业家精神的企业不受政府部门的干扰"①，从而为个体企业家精神、团队企业家精神、公司企业家精神的形成提供宽松的外部创业环境。在一个创业活动频繁的地区，大量的创业活动本身就是影响一个人决定是否去创业的重要因素。个体企业家精神、团队企业家精神和公司企业家精神共同构成了社会企业家精神的推动力，但社会性部门的创新大多仍是由具有企业家精神的个体或团队引导完成的。

所以说，个体企业家精神是基础，个体企业家精神的整合促进了团队企业家精神的形成，团队企业家精神的扩散促进了公司企业家精神，而公司企业家精神在社会上的蔓延又促进了社会企业家精神的形成。另外，社会企业家精神推动着公司企业家精神的功能发挥，公司企业家精神支持着团队企业家精神的功能发挥，团队企业家精神也保证了个体企业家精神的功能发挥。不同层次的企业家精神之间是互相影响、互相促进、互为条件，它们共同构成了一个完整的企业家精神体系。企业家精神注重的是不同层次的创新实践，而当这些不同层次的企业家精神在经济生活中发生作用时，最终将形成企业家、企业家型团队、企业家型公司、企业型社会。从这个角度分析，企业家精神可以在企业成长的整个

---

① ［美国］彼得·德鲁克著，彭志华译：《创新与企业家精神》，海南出版社 2000 年版，第352～353 页。

过程中得以延续并能促进企业成长。

2.4　企业家精神的动态评价方法

从企业成长过程来看，企业家精神并不是绝对的有和无的概念，即并不是部分企业具有企业家精神，部分企业就根本没有企业家精神，而只是企业家精神的程度不同而已，或者说，存在着企业家精神强度的概念。创业团队企业家精神并不是团队层次所有个体成员所具有的企业家精神的简单加总，这是因为，创业团队企业家精神将受到创业团队内部个体成员间的冲突、创业团队个体成员与创业团队组织之间所存在的心理契约关系等因素的共同影响。创业团队企业家精神的水平既可能高于个体企业家精神之和，也可能低于个体企业家精神之和，它取决于我们如何正确引导创业团队企业家精神的方向，如何通过有效的团队管理技巧获得企业家精神的倍增效应。不过，理论界现有的评价企业家精神强度的方法仍可以为我们全面地衡量创业团队企业家精神水平提供有益的借鉴。

2.4.1　行政型管理与创业型管理相融合的视角

企业家精神可以视为有凝聚力的管理行为，能够具体衡量它。霍华德·史蒂芬森认为，创业行为有两种极端的类型：一是推动者。不管手中的资源是否足够，他对抓住机会的能力充满自信，他总是期待出其不意，不但根据变化情况做出调整，还总是渴望能够抓住机会进行变革。二是受托管理者。他感觉到变革和未知带给自己的是威胁，总是存在着一种维持现状的倾向性。对他来说，可预测性养成了对现有资源的有效管理，而不可预测性对他构成了威胁。①

我们可以这样认为，越是接近于推动者一端，则越具有创业型导向，或者说是具有创业型倾向；相反，越是接近于受托管理者一端，则

---

① 霍华德·史蒂芬森：《创业精神的六个面向》，见［英国］苏·柏莉、［加拿大］丹尼尔·穆兹卡编，黄兰闵、黄君慧译：《创业精神与管理》，培生教育出版社股份有限公司2004年版，第39～46页。

越具有行政型导向，或者说是具有非创业型倾向（如表2.4）。一般来说，企业家总是处在推动者和受托管理者之间的某个位置。事实上，创业管理理论的兴起已经引起了人们对以稳定和有序性为基础的、指导工业企业经营活动的传统管理进行反思。南开大学张玉利教授以及他所带领的研究团队成员对传统管理与创业管理关系概括为"替代说"、"阶段说"、"融合说"三大不同观点，并进行了深入的比较分析。①

表 2.4　创业型导向与行政型导向的比较

比较项目	创业型导向		行政型导向	
	特征	压力	特征	压力
战略导向	机会感知的驱动	不断减少的机会,快速变化的技术、消费者经济、社会价值观和政治规则	可控制性资源的驱动	社会契约;绩效测评标准;计划系统和周期
抓住机会的责任	革命性的、较短的持续期限	行为导向;狭窄的决策之窗;合理风险的接受;较少的决策支持者	演进式的、较长的持续期限	众多支持者的认可;战略进程的商议;减少风险;与现有资源的协调
资源承诺	多个阶段,且每一阶段很少有明确的方向	缺乏可以预测的所需资源;缺乏对环境的控制;资源适当使用的社会需求;外部竞争;有效使用资源的需求	单一阶段,且具有源于决策的完备的承诺	减少风险要求;刺激性的补偿;管理者的更新;资金预算系统;正式的计划系统

① 张玉利、陈寒松、李乾文:《创业管理与传统管理的差异与融合》,载《外国经济与管理》2004年第5期,第2～7页。

续表

比较项目	创业型导向		行政型导向	
	特征	压力	特征	压力
资源控制	短期性使用或者租用所需资源	资源专门性的增加；较长的资源生命周期；落后的风险；内生于所识别机会的风险；对资源持续性许诺的非灵活性	对所需要资源的所有或者利用	权力、地位与经济报酬；活动的协调；效益评估；标准与变革的成本；产业结构
组织结构	扁平化、多样化的非正式网络	关键性的不可控资源协调；等级制的变革；雇员对自由的欲望	等级制	清晰地界定权力和责任的需要；组织文化；报酬体系；管理理论

资料来源：霍华德·史蒂芬森：《创业精神的六个面向》，见［英国］苏·柏莉、［加拿大］丹尼尔·穆兹卡编，黄兰闵、黄君慧译：《创业精神与管理》，培生教育出版社股份有限公司 2004 年版，第 39～46 页。

　　根据斯科特·沙恩（Scott Shane）和 S. 文卡塔曼（S. Venkataraman）的描述，企业家精神由两大过程组成，即发现（Discovery）和利用（Exploitation）。发现的过程可以包括：创意的形成、机会识别、机会形成和机会提炼等活动，而利用的过程则可以包括资源获取、新资源的协调等活动内容。派·戴维森及其团队（2000）研究认为，创业管理与传统管理存在着相互交叉的情形（如图 2.11），[1] 其中，"市场形成"最为明显地体现为"发现过程"和"利用过程"的相互交叉。[2] 创业管理主要是在第一个过程，第二个过程则属于传统管理范畴。对于它们两者间的关系究竟该做何深入比较本身就是一个富有挑战性的任务。只有那种极端的"最初发现"是纯粹的创业管理，以及另一端那种纯粹的

①　Davidsson and the PEG research team,"A Conceptual Framework for the Study of Entrepreneurship and the Competence to Practice it",2000.

②　Shane ,S. A . and S. Venkataraman. ,"The Promise of Entrepreneurship as a Field of Research",*Academy of Management Review*,2000,Vol. 25, No. 1, pp. 217－226.

"既有资源的整合"是传统管理。由此看来，处在两者之间的活动既有创业管理成分，也有传统管理成分，只是两者所占比重不同而已。显然，创业型导向和行政型导向并不能截然分开。

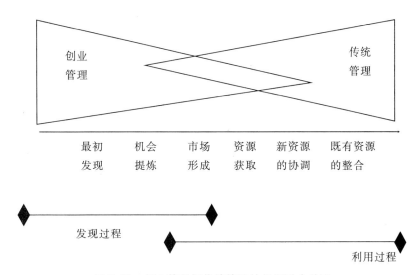

图 2.11　创业管理与传统管理的相互融合关系

资料来源：Davidsson and the PEG research team,"A Conceptual Framework for the Study of Entrepreneurship and the Competence to Practice it",2000。

理论界关于创业型导向（Entrepreneurial Orientation,EO）和行政型导向（Administrative Orientation,AO）的区分，为我们洞开了这样的一扇窗：我们可以把企业家精神水平（Level of Entrepreneurship,LOE）视为关于 EO 和 AO 的函数。

$$LOE = f(EO,AO)$$

根据戴维森及其团队（2000）的研究结论，对于新企业价值创造来说，发现过程和利用过程都非常重要，两者缺一不可。没有利用过程，就谈不上价值创造，也就谈不上企业家精神。同样的，离开了发现过程，或者说只是对那些并不能代表着机会的创意加以利用也将最终导致企业成长乏力。

从动态角度来分析企业成长过程，可以进一步发现：伴随着企业规模扩大，总体上会出现强化权力和地位的趋势，创业者为了不失去对其对企业权力的控制，他还可能考虑建立起一套组织制度、等级程序、惯例体系、决策模式来巩固来之不易的企业成长。在做大、做强的过程中，如何确保延续小企业时那种活力是摆在任何一家成长型企业及其企业家面前的一大难题。我们可以认为，创业者或创业团队在导入行政型管理模式的同时，能够巧妙地保持创业型导向的特征是企业赢得快速成长的关键。

大公司保持创业之初的团队企业家精神是企业能否做活的显著标志。根据以上的分析，我们认为，动态地评价创业团队的企业家精神完全可以从创业型导向和行政型导向的消长、创业管理与传统管理的比重变化来加以研究。基本的理论主张包括：一是在企业成长过程中，如果创业型导向的形成速度快于传统行政型导向的形成速度，则创业团队企业家精神就可能被不断得以强化；二是企业成长过程中会内在地滋生对行政型导向行为的要求，当传统的行政型导向与创业型导向处在同一水平时，创业团队企业家精神就处在相对稳定的状态；三是在企业成长过程中，如果行政型导向不断强化而创业型导向又在不断减弱时，或者行政型导向滋生的速度快于创业型导向的扩散速度，那么，创业团队企业家精神就可能被不断退化。

2.4.2　企业家精神频率与企业家精神程度相结合的视角

对于一家企业来说，企业家精神并不是一成不变的。即使是在呆板的或者传统的大型企业里，企业家型行为也是能够发现的。迈克尔·莫里斯（Michael H. Morris）和唐纳德·库拉特克（Donald F. Kuratko）对用于衡量企业家精神的三个维度，即创新、冒险、超前行动进行了组合分析。[①]

某一特定的企业家型事件（新产品、服务或过程）可能具有很高的

---

①　Morris, Michael H. and Kuratko, Donald F., *Corporate Entrepreneurship: Entrepreneurial Development within Organizations*, Harcourt College Publishers, 2002.

或者只是具有极其低度的创新水平，但它既可能包括显著的，也可能只
包括有限的冒险性，而且，它既可能需要采取大量的，也有可能只是需
要采取相对较小的超前行动就可以完成。或者说，并不是所有的企业家
型活动需要三个维度都处于较高的水平，企业家精神的理想状态应该是
在特定环境条件下三个维度的平衡过程。所以，可以用"企业家精神程
度（Degree of Entrepreneurship）"来代表事件的创新、冒险以及超前
行动的综合程度。另外，企业家精神是可变的，还体现在"企业家精神
频率（Frequency of Entrepreneurship）"这一指标上，它表示一家公司
里在某一个时期内企业家型行为所发生的数量。当我们把企业家精神程
度和企业家精神频率结合起来加以分析，就形成了企业家精神强度
（Entrepreneurial Intensity）的概念。

为了评价某一企业的企业家精神总体水平，企业家精神强度的概念
很有价值，如果我们把企业家精神频率与企业家精神程度两个指标结合
起来，就形成了多种可能性的结果。一家公司可以从事大量的企业家型
行动（高频率），但是，所有企业家型行为可以只具备低度的创新、冒
险和超前行动（低程度）的特点。同样的，有的公司可以强调重大的突
破（高程度），但它只是4～5年才发生一次（低频率）。如图2.12所
示，企业家精神强度可以通过企业家精神程度和企业家精神频率两个坐
标轴，形成五种典型的情况：持续的/渐进式的、间断的/渐进式的、间
断的/非连续性的、动态的、革命性的。

通过企业家精神程度与企业家精神频率相结合的方式来研究企业家
精神强度，同样适用于分析创业团队企业家精神。一方面，相对于个体
创业而言，团队创业方式在创业之初显然可以克服个体企业家认知视野
上的局限，进而拓宽对创业机会的认知，导致企业家精神频率的增加。
客观上说，团队所形成的创业方案设计在数量上显然可以增加不少。伴
随着企业成长的进程，原来的创业团队成员发生了变化，新的高层管理
团队开始形成，企业对高层管理团队企业家精神频率也提出了更高的要
求，要求高层管理团队成员能够延续初创企业时的那种创业热情，积极
地投身于为企业成长献计献策的活动中来。特别是企业处在一种"革命

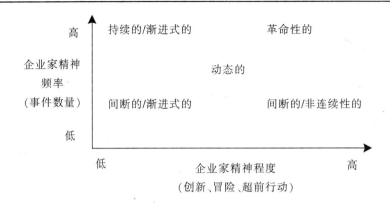

图 2.12   基于创业频率与创业程度的企业家精神强度

资料来源：Morris，Michael H. and Kuratko，Donald F.，*Corporate Entrepreneurship*：*Entrepreneurial Development within Organizations*，Harcourt College Publishers，2002。

性的"而不是"间断的/渐进式的"创业行动阶段时，创业团队企业家精神的频率更加重要。另一方面，创业团队对企业家精神程度的影响也有别于个体创业对企业家精神的影响。因为，团队内人际间可能发生的冲突，团队成员与组织间心理契约关系都将对创业团队的创新程度和冒险精神产生影响，团队成员的组织承诺也会对创业团队可能采取的超前行动方法和超前行动时间带来不同程度的影响。从初创时期的创业团队发展为大公司的高层管理团队，创业团队成员人口特征变量的异质性程度发生了改变，由不同个体团队成员整合所形成的团队企业家精神程度将变得更加扑朔迷离。我们认为，导入企业家精神强度的概念，把企业家精神频率与企业家精神程度相结合，也有助于提示创业团队企业家精神动态延续的内在本质。

2.5   总结

通过从企业家、企业家精神和高层管理团队三个角度所进行的相关文献回顾，以及通过企业家精神层次性的静态分析和企业家精神动态评价方法的分析，我们可以发现：

　　企业家不但是个人价值实现的方式，更是促进企业成长、经济发展和社会进步的重要力量。在"管理的经济"向"创新的经济"时代转型的背景下，如果企业不重视创新与企业家精神，那么，不但小企业难以成长，大公司也会因为企业家精神的退化而逐渐失去活力。

　　企业家精神理论发展经历了一个从单一的、线性的思维模式向多向的、非线性的思维模式转变的过程。早期的企业家理论研究重点在于"谁是企业家"，他们试图归纳出企业家与非企业家的区别，然后，采用对号入座的方式来确定企业家，这一思维模式无法保证对企业家的定义及其理论体系达成共识。威廉·加特纳首次实现了企业家理论研究的重心转移，推动着学术界研究的重心从"谁是企业家"的个性特质论转移到了"企业家精神就是创建新组织"的行为论上来。而罗伯特·霍纳迪则主张在"企业家精神是什么"、"如何实现企业家精神"和"在什么地方实现企业家精神"三个方面的结合，才能全面准确地理解企业家精神的内涵和本质。G.T.伦普金和乔治·德斯则进一步指出，如果企业家精神是内容，那么，创业型导向就是形式。对企业家精神的研究应当坚持内容与形式的辩证统一，而且，这种多向的、非线性的创业型导向分析方法可以适用于企业家精神个体、团队、组织、社会等多个层次的研究。同样，这种创业导向型分析法也适用于对创业团队或者高层管理团队的研究。

　　创业团队作为研究企业家精神的独立层次，应当充分利用和借鉴关于创业团队和高层管理团队理论的已有成果。过去对高层管理团队的研究基本上是按"团队输入—团队过程—团队产出"的内在逻辑展开，大多数学者往往只是在此框架内增加若干个调节性变量来加以补充和完善。我们认为，研究创业团队企业家精神的动态管理问题应当在卡姆等学者提出的创业团队组建和维持的决策模型基础上不断向前推进，或者说，在坚持"团队人口特征变量异质性—团队运营过程—团队绩效"的基本框架下，重点剖析团队运营的内在机理和动态变化过程，特别需要注意的是创业团队成员的不断发生变化对创业团队企业家精神动态延续方向的深刻影响。

　　在任何一个组织里，企业家精神并不是简单的"有"和"无"的二分法，而是以一定水平的企业家精神强度形式存在，所以，评价企业家精神水平应当采用动态化的观点。罗伯特·霍纳迪所提出的企业家精神模糊集评价法本身就内在地隐含着企业家精神水平上的差异。我们认为，企业在做大、做强过程中，如何实现企业家精神的动态延续，或者说在采取管理型特色的同时保持一种创业初期的企业家精神水平是大公司"做活"的必然要求。企业也只有在企业做大、做强的同时，重视"做活"的问题，才能在动态复杂的竞争环境中获得可持续的竞争优势。一家企业在不同的发展时期具有不同的企业家精神强度，存在着企业家精神强度的变化过程。同样的，创业团队企业家精神的动态延续也必须考虑到企业家精神强度的变化，特别是以下两点：一是创业团队内创业管理与传统管理的动态组合变化，二是创业团队内的企业家精神程度与企业家精神频率的动态变化。

3　创业团队与一般团队的比较

如果说 20 世纪 80 年代，经营管理领域的流行概念是组织文化，那么，团队管理则是自 90 年代以来在管理领域的流行概念。正是由于团队具有巨大的潜在动力，以团队为基础的工作方式受到了全社会的高度关注。我们所研究的对象是创业团队，它是一种特殊意义的团队，研究创业团队与一般团队的区别与联系，对于我们正确把握创业团队企业家精神的形成过程更有针对性。

3.1　两种团队类型的比较分析

创业团队首先必定具有一般团队的特征，但它又不同于一般团队。阿诺德·库珀和凯瑟琳·戴利（1997）曾明确指出，创业团队不同于一般群体的地方在于他们涉及对新创企业的共同承诺。但是，我们认为，这种观点不够全面。究竟创业团队与一般团队有着什么样的差异性呢？关于两者差异性的认识将直接影响到我们对创业团队如何加以有效的管理，以及影响到如何延续创业团队企业家精神的可能性模式。

3.1.1　创业团队与一般团队的概念界定

基于不同的视角，人们就创业团队包括哪些成员对象也存在不同的认识。比如，库珀和戴利（Cooper & Dailey,1997）认为，创业团队首先是一个群体，群体成员共同承担相互依赖的任务和这些任务的结果，并且，这个群体也被他们自己以及其他人视为一个社会单位。① 而钱德勒和莱昂（Chandler & Lyon，2001）在研究中则把在企业开办前两年加入的创业者也看做创业团队的重要组成。② 虽然人们对创业团队的界定视角不同，但在一点上的认识是相同的，即团队创业是相对于传统个体创业而言的一种新型合作创业模式。

一般地说，创业团队强调以开创企业或新事业为中心，他们在创业阶段居于高层管理职位，对企业拥有一定所有权，对新创企业有较高的共同承诺，共同承担发展任务、结果和责任。由此，我们认为，创业团队是指由两个或两个以上具有一定利益关系的，彼此间通过分享认知和合作行动以共同承担创建新企业责任的，处在新创建企业高层主管位置的人共同组建形成的工作群体或社会活动单位。德鲁克则进一步指出，一个企业家（创业者）必须具有创业精神，否则即使他开办了一个新企业也不能称做是企业家（德鲁克，2000）。③ 因此，可以推断在德鲁克眼中的创业团队也必定是具有创业精神的团队。

史蒂文·罗宾斯（Stephen P. Robbins，1993）认为，团队是指由两个或者两个以上的个体组成，相互影响且相互依赖，共同实现一个特定目标的正式群体。同时，他强调指出团队是以任务为中心，具有共同的目标，能够互相合作。④ 比较创业团队与一般意义的团队概念，可以发现，所有的创业团队都是团队，但并不是所有的团队都是创业团队。

从两者在企业中所处的管理层级来分析，创业团队与一般团队可以看做是一种直接或间接的委托代理关系。创业团队有时候可以作为企业的委托人角色，而一般团队则可以看做是代理人角色。

值得说明的是，本书所采用的创业团队是一个动态的概念。包括两层含义：创业团队既可以是创业之初的核心成员，也可以是随着企业成

---

① Cooper，A. C. and Dailey，E. M.，Entrepreneurship Teams，In D. L. Sexton and R．W. Smilor(Eds.)，*Entrepreneurship*，2000，pp. 127－150.

② Chandler，G. N. and Lyon，D. W.，Entrepreneurial Teams，in New Ventures：Composition，Turnover and Performance，Academy of Management Proceedings，2000，pp. 23－30.

③ 彼得·德鲁克：《创新与企业家精神》，海南出版社 2000 年版。

④ Robbins，Stephen P.，*Organizational Behavior*，10th Edition，Prentice Hall，2002.

长后而新组成的高层管理团队概念。严格意义上说，创业团队不能等同
于高层管理团队，两者毕竟在成员结构上发生了改变。但为了研究创业
团队企业家精神动态延续问题的方便，无论后来新组成的高层管理团队
成员发生了多大程度的结构性改变，也不管这种改变是自愿的还是非自
愿的，是主动的还是被动的，我们还是将两者看做是基本等同的概念，
并不加以严格区分。

下面我们从团队基本特征、功能作用及管理模式等三大方面来比较
分析一般团队与创业团队之间的差异性（如表3.1）。

表3.1　创业团队与一般团队比较

比较项目		创业团队	一般团队
目的		开创企业或拓展新事业	解决某类具体问题
职位层级		团队成员居于高层管理者职位	团队成员并不局限于高层管理者职位
权益分享		一般情况下,团队成员拥有企业股份	并不必然拥有股份
组织依据		基于工作原因而经常性地共事在一起	基于解决特定问题而临时性地相聚在一起
影响范围		影响组织决策的各个层面,涉及的范围广	只是影响局部性的、任务性的问题
关注视角		战略性的决策问题	战术性的、执行性的问题
领导方式		以高管层的自主管理为主	受公司最高主管的直接领导和指挥
冲突化解过程	表现方式	认知性冲突隐性化;情感性冲突缓慢堆积而成	认知性冲突公开化;情感性冲突瞬间对峙形成
	解决机制	内部沟通	内部沟通,借助上诉途径请高管成员仲裁
团队成员对团队的组织承诺		高	较低
团队成员与团队之间的心理契约关系		心理契约关系特别重要,影响到企业家精神强度	心理契约关系尚不正式,其影响力很小

资料来源：作者整理。

3.1.2 基本特征比较

一是目的不同。初创时期创业团队组建的目的在于成功创办新企业，随着企业成长，创业团队可能会发生进进出出的成员构成变化，新组成建立的高层管理团队仍可以看做是创业团队的延续，其目的在于继续发展原来的企业或者拓展全新的事业领域。而一般团队组建的目的则只是在于解决某一类特定的具体问题。

二是职位层级不同。创业团队成员在创业型企业中身居高层管理者的职位，他们有机会对企业重大决策问题产生影响，甚至关系到企业的生命。然而，一般团队成员则往往是由一群解决某类具体问题的专家所组成，他们中绝大多数成员可能并不是企业的高层管理者，而只是围绕某一任务的展开而临时组建形成的。

三是权益分享不同。创业团队成员对企业一般拥有一定比例的股份，他们能够从企业成长性利润中获得相应比例的收益。一般团队对企业并不必然拥有股份，他们的收益主要取决于完成工作任务的绩效状况。

四是组织依据不同。有相当一部分创业团队是由朋友、亲属或同事为实现创业设想组建而成的，团队成员的构成往往可能是基于某种血缘、友情或同事关系，这主要是考虑到共事工作的便利，容易获得相互支持。不过，随着企业成长，这种血缘、友情或同事关系将需要不断地淡化，需要吸收具有异质性的团队成员来加盟。而一般性团队的组织主要依据的是为了解决某类问题或完成某些任务，并经由组织正式授权组建起来的，聚也容易，散也不难，具有临时性。

3.1.3 功能价值比较

一是影响范围不同。由于创业团队成员在组织中所处的领导地位，以及由于其在企业创立、发展进程中的特殊作用，其工作影响到组织的各个层面，影响深度高、范围全面，具有战略性。而一般团队的工作虽然也会对其他团队或整个组织产生影响，但影响只具有局部性的、任务性的特点，是战术性或职能性的工作。

二是关注视角不同。创业团队关注的是全局性、战略性的决策问题。一般团队关注的是战术性的，或者是执行性的决策问题。

三是组织承诺不同。一些创业团队天然就是企业所有者，另一些创业团队即使不是所有者，也是从开创企业之初就加入了开创新事业的行列，他们对组织有着很深的感情。其连续性承诺（由于员工对组织累积投入而产生的一种机会成本，足以让员工不离开组织的承诺）、情感承诺（个体对组织的认同程度）和规范承诺（个体由于受社会规范影响而产生的组织承诺）都很高。因此，创业团队成员对团队和组织的承诺很高。一般团队是在企业成长过程中根据工作和任务需要组建起来的，具有临时性、阶段性特点，其连续性承诺、情感承诺和规范承诺相对较低。

3.1.4 团队管理方式的比较

一是领导方式不同。由于缺乏制度落实与监督的上级主体，组织正式的关系、惩罚机制有时并不能在他们身上有效地产生影响或完全得到落实，创业团队以自主管理为主。当然，随着公司规模的扩大，高管团队成员之间的利益关系变得更加复杂起来，公司治理机制也得到不断健全，自主管理与规范管理两者将同时起作用。然而，一般团队大多是经组织正式授权组建而成的，有明确的分工、组织关系和团队领导者，团队领导者作为组织的代理人对其他团队成员发挥着指导、后勤保障、激励等作用。

二是冲突化解的过程不同。杰弗里·蒂蒙斯（Jeffrey A. Timmons, 1975）曾经指出，创业团队组建的早期存在一种缺陷，他称之为"领导缺失的民主团队"。[①] 这种创业团队都是由基于某种关系的成员组建而成的，他们或者新创一个企业，或者共同买下一个小企业。出于各种友

---

① Jeffrey A. Timmons, "The Entrepreneurial Team: An American Dream or Nightmare?", *Journal of Small Business Management*, Vol. 13, Issue 4, 1975, pp. 33—38.

情的目的，他们通常会平均化分股份，享受相同的报酬，配备同样的小车、办公设备等能代表身份的东西，以显示地位的平等。在这样一个"民主"的团队中，没有等级次序、没有领导、没有特权、更没有控制和被控制关系。然而"民主"带来的问题也是很多的，在这样的团队中，找不到最后的决策"拍板者"和故障排除者，因此在团队存在分歧时（这几乎是很常见的），决策将很难达成，冲突将主要依赖于沟通解决。由于缺乏故障排除机制，一些没能通过沟通解决的冲突在创业团队顾虑其所处高位的情况下往往转向隐性化。一般团队均有团队的领导者。在面对冲突时，一方面可以通过沟通解决，另一方面可以通过诉诸领导者解决，再者把冲突公开化来释放情绪。

三是团队成员与团队之间的心理契约关系不同。心理契约以信任为基础，因此，破坏团队成员与团队这一组织之间的心理契约关系，就可能会导致团队成员对团队组织的信任动摇，导致强烈的情绪反应，如产生一种被背叛的感觉和被欺骗的感觉，久而久之，团队成员与团队组织之间的关系也会变得更具交易性以及其他外显行为。这方面，无论是对于创业团队还是对于一般团队，心理契约的作用与调节团队成员的关系都应当引起高度重视。不过，心理契约在两种不同类型的团队中也存在一定的差异性。

首先，心理契约作用效果的差异。与一般团队成员不同，处于组织高层的创业团队成员由于其所处地位、从事职能活动的重要性，其行为对组织效果的影响更大。数个普通雇员离开组织对组织效果并不会产生太大负面影响，然而，一个或少数几个创业团队成员突然离开团队，往往会通过心理契约影响并带走一批人，对组织产生非常强烈的震动。从短期来看，会导致外界对企业的种种猜测和进一步发展的担忧，进而影响企业的市场价值；从长期来看，可能会影响企业的长远发展，因为走出去的创业者不仅是企业资源的流失，他们或加入其他企业或重新开创企业往往成为原企业新的强劲竞争对手，其结果必然是导致创业团队企业家精神的退化。

其次，由于缺乏解决彼此关系的正式组织和上诉机制，创业团队成员间的关系更多地依赖心理契约调节。一般团队由于有正式的团队领导和较规范的组织关系则更多地依赖正式合作关系和经济契约处理成员间关系。

再次，心理契约有利于提升创业企业的社会资本。创业团队内社会资本是那些来源于团队内的成员关系、团结、信任等的网络联系的价值。良好的心理契约对于增强团队和谐、沟通、建立互信等方面都有积极作用，进而会增强创业团队对外社会资本的利用，增加创业团队内社会资本的流量，最终提升内社会资本存量，这方面的分析将体现在本章的以下内容之中。

3.2　网络密度嵌入下的创业团队

社会资本可以说是近年来创业研究领域增长最快的热点，它和社会网络是一组紧密相关的概念。创业团队作为一个由团队成员构成的以各种关系为纽带的群体，团队内关系网络结构以及团队与团队外的各种社会网络将会影响团队创业活动的开展。近年来，学术界普遍主张仅仅研究创业者社会网络不足以解释团队创业活动，研究焦点正在从社会网络逐渐转到社会资本，两者的区别在于社会网络研究往往停留在社会关系的表层，而社会资本则更注重社会关系深层蕴涵的价值。由于创业活动对知识、技能以及其他资源的整合要求越来越复杂，创业团队吸纳社会资本的能力在一定程度上影响着创业活动的绩效。

3.2.1　社会资本理论研究的视角分析

最早给予社会资本明确定义的是法国社会学家皮尔·布尔迪厄（Bourdieu），他于20世纪70年代把社会资本界定为"实际的或潜在的资源集合，并且，这些资源和相互默认或承认的关系所组成的持久网络有关，而且，这些关系或多或少是制度化的"。① 换句话说，布尔迪厄

---

① Bourdieu, Pieer, *Outline of a Theory of Practice*, Cambridge: Cambridge University Press, 1997.

强调的是网络关系作为一种社会活动资源的重要性。20 世纪 90 年代以来，管理领域内的研究者愈来愈关注社会资本对企业管理的影响。但时至今日，理论界对这一概念的界定仍然存在分歧。

第一，功能视角的界定。沃尔特·鲍威尔和史密斯·多尔（Powell & Smith,1994）形象地把社会资本描述为一对矛盾的事物：称它既是一种黏合剂，也是一种润滑剂。作为黏合剂的社会资本连接个体创造了社会网络；作为润滑剂的社会资本对这种网络活动起到润滑和使其能量充分发挥的作用。① 阿利斯泰尔·安迪生和萨拉哈·杰克（Anderson & Jack，2002）认为前者的定义很容易使人陷入对社会资本理解的混乱中。于是，安迪生和杰克认为，实际上社会资本不是一种事物，而是一个过程，是一个创造有利环境以方便信息和资源有效交换的过程。结构和关系是这种过程的两个维度。他们甚至形象地指出，社会资本在一定程度上可以被看做一个连接个体的"搭桥"的过程，网络则是一系列连接无数个体的"桥"。②

第二，结构与关系嵌套视角的界定。借鉴马克·格兰诺维特（Granovetter,1973）对结构和关系嵌入的探讨③，加米尼·那哈比特和休曼特拉·戈萨尔（Nahapiet & Gboshal，1998）把社会资本划分为三个维度：结构维度、关系维度和认知维度。④ 其中，结构维度是指活动者之间联系的整体模式，强调的是网络结构、个人在网络中的地位、社会互动和社会联系。这种结构维度限定了初始创业者获得支持创业活动的关键信息、资源的潜在容量；关系维度是指人们在互动过程中发展起来的私人关系，强调的是人类特定的关系，诸如信任、尊重、正直和友

---

① Powell,W. W. and Smith-Doerr, L. , Networks and Economic Life. , In Smelser, N. Sweberg,R. (Eds), *Handbook of Economic Sociology*, NJ：Princeton University Press,1994.

② Anderson,Alistair R. Sarah L. Jack. ,"The Articulation of Social Capital in Entrepreneurial Networks：A Glue or a Lubricant?", *Entrepreneurship and Regional Development*, 14 (2002),pp. 193—210.

③ Granovetter,Mark S. , The Strength of Weak Ties, *American Journal of Sociology*, 1973,78,pp. 1360—1380.

④ Nahapiet, J., Ghoshal. S. , Social Capital, Intellectual Capital and the Organizational Advantage, *Academy of Management Review*, 1998, 23 (2), pp. 242—266.

谊等。例如，两个在相似网络结构中具有相同地位的创业者，如果他们与其他网络成员的私人关系不同，他们的活动和结果可能会明显不同。这种差别部分地来源于关系资本不同；认知维度是指提供成员共同的陈述、解释和意义系统的那些资源，其核心是共同的准则和规范，这种存在于网络环境中的共同规范塑造着初创者的行为。比如，如果一个组织充分强调企业家精神，那么它将更愿意接受失败并对成员交换信息和资源开放得更多。[①]

第三，网络联系价值视角的界定。一些学者从价值的角度对社会资本给予了定义，罗纳德·伯特（Burt，1992，1997）、史蒂文·博盖蒂和佩西·福斯特（Borgatti & Foster，2003）把社会资本看做是网络联系的价值。[②③④] 伯特（1992）曾指出当社会网络有助于创业目标实现时，它们构成了社会资本。还有一批学者（Gabbay & Leenders，1999；Greve，2003）认为，社会资本是通过有形或虚拟的社会网络获得的资源。[⑤⑥]

尽管理论界对社会资本的界定呈现出多维度、多视角的特征，保罗·奥尔德等学者（Alder & Kwon，2000）努力把理论界对社会资本的认识归纳为两大发展趋势[⑦]：一是搭桥观，强调一活动者与其他活动者

---

①　Jianwen Liao，Harold Wslsch，"Roles of Social Capital in Venture Creation：Key Dimensions and Research Implications"，*Journal of Small Business Management*，2005，43（4），pp. 345—362.

②　Burt，S.，*Structural Holes：The Social Structure of Competition*，MA：Harvard University Press，1992.

③　Burt，S.，"The Contingent Value of Social Capital"，*Administrative Science Quarterly*，1997，42，pp. 339—365.

④　Borgatti，S. P. and Foster，P. C.，The Network Paradigm in Organizational Research：A Review and Typology，*Journal of Management*（In Press），pp. 75—82.

⑤　Gabbay，S. M. and Leenders，R. Th. A. J.，CSC：The Structure of Advantage and Disadvantage，In R. Th. A. J. Seenders and S. M. Gabby（Eds.），*Corporate Social Capital and Liability*，Kluwer Academic Press，1999，pp. 1—14.

⑥　Greve，A. and Salaff，J. W.，Social Networks and Entrepreneurship，*Entrepreneurship Theory and Practice*，Fall，2003，pp. 1—22.

⑦　Alder，P. & Kwon，S. W.，Social Capital：The Good，the Bad and the Ugly，In E. L. Lesser（Eds.），*Knowledge and Social Capital：Foundations and Applications*，2000，pp. 89—115.

维持外部关系的重要性，如外部联系、信息不对称、权利利益等；二是
契约观，强调集体中活动者内部关系结构的重要性，如内部联系、团
结、信任等。与此相类似，娜塔里·韦斯、罗伯托·瓦索罗和阿诺
德·库珀（Natalia、Roberto&Arnold，2004）把社会资本划分为内社
会资本和外社会资本，并认为它们受到网络密度的影响。[①] 内社会资本
指的是那些来源于团队内的成员关系、团结、信任等的网络联系的价
值；外社会资本则是指那些来源于团队内成员（创业者）与团队外的社
会联系的网络联系的价值。网络密度是一个衡量团队成员沟通频率、关
系密切程度、团队关系强弱的概念。一个高网络密度的团队成员间沟通
频繁、关系密切程度高，成员关系强度高。低网络密度的团队则相反。

3.2.2　网络密度嵌入下的创业团队运作机理

根据格兰诺维特（Granovetter，1973）所提出的著名的"弱关系力
量"理论，弱关系通常是更重要的信息传播媒介，因为它们通常有助于
在并无关联的群体之间建立桥梁。[②] 而强关系网络中的人，彼此已很了
解对方，因此导致了信息传递的低效益和认知的一致性。[③] 也就是说，
不同网络密度的团队其社会资本可能也存在差异。以创业团队为例，一
个起始于高网络密度成员关系组建的创业团队其团队外网络联系往往趋
于一致，将影响到团队外社会资本的整合，并且，这种强关系将导致创
业团队认知趋于一致和团队低度的异质性，团队异质性也可能会影响团
队社会资本整合能力。团队异质性包括团队成员人口特征异质性及功能
的异质性，主要包括创业者在年龄、教育、先前的工作经历，是否有创
业精神的父母等人口特征方面的差异，以及在管理、营销、财务、生产

---

① Natalia Weisz，Roberto S. Vassolo，Arnold C. Cooper，"A Theoretical and Empirical Assessment of Nascent Entrepreneurial Teams"，*Academy of Management Best Conference Paper*，2004 ENT：K1－K5.

② Granovetter，M.，"The Strength of Weak Ties"，*American Journal of Sociology*，1973，78：pp. 1360－ 1380.

③ Ruef，Martin.，" Strong Ties，Weak Ties and Islands：Structural and Cultural Predictors of Organizational Innovation"，*Industrial and Corporate Change*，2002，11(3)，pp. 427－449.

运作及工程技术等功能方面存在的差异。

因为外社会资本来源于团队成员与外在的联系，是这种联系的资源整合。当团队成员关系比较弱时（网络密度较弱），成员的异质性越高，团队成员的外网络联系也越可能多样，由此，团队作为一个整体整合的外社会资本质量也就越高。而对于初创团队来说，外社会资本水平越高，团队绩效也越高（Natalia，Roberto and Arnold，2004）。因此，对初创团队来说，以家庭关系构建的创业团队很可能对创业产生长期负面的效应。虽然家庭关系使创业成员间更容易建立互信，彼此感情也更深，有利于初始内社会资本的开发，但他们看问题的方式往往很相似，接触的外网络也很相近，外社会资本有限。所以综合来看，以家庭关系构建的团队可能不利于新创企业的长期成长。

创业团队组建前的网络密度、异质性和社会资本的关系可以通过两个极端的创业团队为例加以分析（如图 3.1）。假设最大的两个圆圈分别代表初创团队 A 和 B，它们均由不同网络密度的三人组成，初创团队 A、B 外的众多小圆圈代表团队外的不同性质的社会网络，团队 A、B 中的 e1、e2、e3 代表不同的创业者，箭线长度代表团队成员 e1、e2、e3 各自社会关系的深度，箭头指向的差异和团队内成员联系的虚、实线代表初创团队网络的密度和异质性（它们决定社会关系的广度）。A 是一个网络密度低的异质团队。由于其团队是异质的（由 e1、e2、e3 三字母外的不同圈图表示：分别是圆形、四方行和六边行），团队内社会资本质量也更加高；由于其网络的低密度（对外联系箭头指向分散，内部联系以虚线表示不密切），团队能够利用的外社会网络也更广泛（箭头指向的小圆圈较多），并且左图中，团队成员的社会关系深度更深（指向外部的箭线更粗），因此整合的外社会资本质量也更高。B 是一个网络密度高的同质团队。由于团队的同质（由 e1、e2、e3 外均为圆圈表示），团队可整合的内社会资本较少；由于网络密度高，团队同质，团队成员可利用的外社会网络趋于一致（箭头指向较少的团队外部圆圈，内部成员联系用实线表示联系密切），并且右图代表的团队社会关系深度较低（箭线较细），因此团队的外社会资本水平较低。综上分析，初创团队组建前的网络密度

（以沟通频率、关系的强度等衡量）和团队绩效存在负面影响，这一观点和娜塔里等学者（2004）的实证结论一致。

其次，以低网络密度构建的异质创业团队有利于内社会资本的增加和团队绩效的改进。团队组建前的低网络密度关系和团队的异质性提供了创业团队大量的潜在内社会资本，但内社会资本的现实化需要在企业成长过程中经由团队成员持续的互动，也就是说在一定阶段网络密度有一种增加的趋势。内社会资本来源于创业成员 e1、e2、e3 的交流与互动，三者交流频繁、顺畅，网络密度将不断提高，内社会资本流量也将增加。根据娜塔里等学者（2004）的研究发现，一个起初以低网络密度构建的创业团队，但在运营过程中迅速增加的网络密度比一开始就以高网络密度组建的团队效率要好，且初创团队内社会资本增加越多，团队绩效也越好。

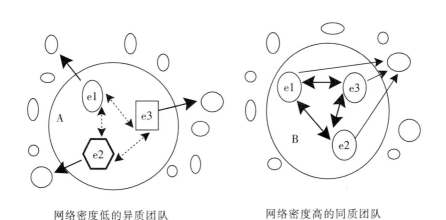

网络密度低的异质团队　　　　　　　　　　网络密度高的同质团队

图 3.1　网络密度、异质性和团队社会资本组合关系

资料来源：作者整理。

3.3　网络密度嵌入下的创业团队演化规律

如上所述，内、外社会资本对初创业团队绩效的作用不同。对于初

创业团队来说，外社会资本影响是正面的，内社会资本作用并不明显，但是，在企业成长过程中，伴随着网络密度增加的内社会资本流量的增加对创业团队绩效起着正面的影响。并且，在企业成长的不同阶段，网络密度对创业团队的影响不同，创业团队本身也在演化。为了进一步分析创业团队网络密度、异质性等因素对团队社会资本整合，进而对新企业成长的影响，我们用网络密度和团队异质性两维度的高低把创业团队划分为Ⅰ、Ⅱ、Ⅲ、Ⅳ四种类型（如图3.2）。

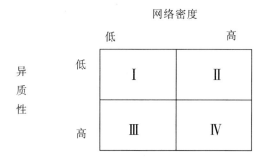

图3.2　创业团队演化的可能轨迹

资料来源：作者整理。

从理论上说，创业初期创业团队可能有Ⅰ、Ⅱ、Ⅲ、Ⅳ四种类型，Ⅰ型团队为"研讨会型"团队，构成特征是团队网络密度和异质性均低；Ⅱ型团队为"家族型"团队，构成特征是团队网络密度高、异质性低；Ⅲ型团队为"理想型"团队，构成特征是团队网络密度低、异质性高；Ⅳ型团队为"交响乐"型团队，构成特征是团队网络密度高、异质性高。但四种创业团队类型并不是稳定不变的，它们遵循企业成长的内在机理呈现动态演化的趋势。

3.3.1　研讨会型团队（Ⅰ型）的演化趋势

研讨会型团队网络密度低有较高的潜在外社会资本，异质性低有较低的潜在内社会资本。在企业成长的初期，网络密度将提高，研讨会型团队向家族型团队演化，外社会资本获得利用，有限的内社会资本逐渐成为企业发展的瓶颈；企业进一步成长要求更替创业团队成员、吸纳互补性新成员，团队异质性增加、密度降低，家族型团队向理想型团队转变；随着新老成员的磨合，网络密度提高，内、外社会资本得以利用，理想型团队向交响乐型团队转变，创业团队进入一个相对稳定、健康的运营期。

3.3.2 家族型团队（Ⅱ型）的演化趋势

家族型团队内、外社会资本的潜在容量均较少，在企业成长初期，依赖高网络密度磨合的便利和亲密的关系也许尚能适应企业的发展需要，但随着企业成长到一定时期，家族型团队先天潜在的社会资本容量不足将限制企业的发展，团队需要更替，家族型向理想型过渡，进而向交响乐型演化，如原联想集团，同是技术出身、来自同一科研所的柳传志和倪光南的分裂，形成以柳传志为核心，由杨元庆、郭为、朱立南、陈国栋和赵令欢组成的新老少帅的组合，其中赵令欢是一个从企业外部引进的"海归"。

3.3.3 理想型团队（Ⅲ型）的演化趋势

如图 3.2 所示，Ⅲ型创业团队是一种理想的团队，它将伴随着企业的成长、团队成员的磨合平稳过渡到交响乐型团队。

3.3.4 交响乐型团队（Ⅳ型）的演化趋势

创业初始的Ⅳ型团队潜在的内社会资本容量高，潜在的外社会资本容量低。为了适应企业成长的需求，在企业成长的某一阶段，交响乐型团队吸纳新成员、拓展团队外社会联系，交响乐型团队向理想型团队暂时过渡，进而又演化回更高层次的交响乐型团队。

如果把新创企业看做一个新组建的乐团，有理由相信一个由分别掌握多种乐器的成员构成的乐团（Ⅲ型团队）是最容易经过合作磨合成长为一支能演奏出动听震撼乐曲的乐队（Ⅳ型团队）。上述Ⅰ、Ⅱ、Ⅲ向Ⅳ的演化并非是单向有限过程。创业团队演化为Ⅳ型团队后，将经历一个相对较长的平稳期，但随着交流、互动的增加，Ⅳ团队会有同质化的趋势，这种同质性达到一定程度将限制企业成长，为了适应企业成长对社会资本的更高要求Ⅳ型将逆向Ⅰ、Ⅱ、Ⅲ型过渡，并进而回归到Ⅳ型团队。这种演化过程在企业成长过程中可能会循环往复。企业成长的过程一定程度上就是这种创业团队演化的过程，每次演化都蕴涵着团队分裂的风险（演化不成功、企业成长受挫，团队可能分裂）。有理由认为低网络密度高异质性的Ⅲ型团队向Ⅳ型团队的演化过程最直接、风险最小、整合的社会资本最多，对企业成长最有利。

3.4　网络密度嵌入下的创业模式比较

创业活动可以采用两种类型，一是个体创业，它是指个体出于某种动机而创建新企业的一种创业活动；二是团队创业，它是指两个或两个以上的个体共同创建新企业的一种创业活动类型。早期的创业活动以个体创业为主，然而，当今过半数的创业活动采取团队创业模式。诚如第1章所言，国内外的大量研究表明，团队创业平均来看要比个体创业更可能成功。团队创业之所以成为主要的创业类型，主要的原因之一就是在今天创业活动对知识、技能以及其他资源的整合要求越来越复杂，单靠个人掌握的资源已很难满足创业活动的要求。

团队创业活动依据其组建方式的不同，可以分为两种类型："领袖型"模式和"群体型"模式（Timmons，1975）。前者指某一人首先有了一种创业设想或者仅仅是想开创新企业的冲动，接着他把这种想法或设想告诉其他几个有某种关系的人，如朋友、亲属、同事等，并吸收他们作为创业团队成员，创业团队因此而形成。后者指创业团队形成于少数几个人共同的设想、友谊、经历或其他某种关系基础之上，目的是寻找和捕捉某种商业机会。两种团队创业模式共同的缺陷是它们很少会考虑到团队的异质性。

由于个体创业、领袖型创业和群体创业在团队关系密度、认知一致性、社会网络关系广度和深度上存在显著差异，我们认为，它们在整合社会资本的能力上也互不相同（如表3.2）。具体地说：

表 3.2　社会资本视角下创业模式的比较

项目	个体创业	团队创业	
		领袖型创业	群体型创业
关系密度	零	很强	强弱均有可能
初始社会资本	少	多	较多
内社会资本流量	基本为零	少	少，少数情况多
外社会资本流量	少	较少	少，少数情况多
优势	无须磨合	关系亲密，高度信任	一般水平的信任，可能较高的社会资本整合能力
劣势	个体网络整合能力的局限	整合社会资本能力弱	整合社会资本的能力可能弱且需要磨合

资料来源：作者整理。

第一，个体创业模式。其初始社会资本完全取决于创业者个人的社会网络和能力，相对较少；个体创业无团队内关系网，所以其内社会资本没有来源；外社会资本完全来源于个体的社会网络也比较少。综合来看，个体创业模式整合社会资本的能力最差，在企业成长到一定规模，面对日益复杂的创业环境和企业持续成长对社会资本的更高要求，个体创业可能将演化为团队创业。

第二，领袖型创业模式。它是一种Ⅱ型（家族型）团队，基于亲友的亲密关系使团队成员很愿意投入、投入速度也很快，所以初始社会资本多；但由于团队成员认知往往一致，因而内社会资本流量少；由于家庭成员经历相似、外社会网络往往趋于一致，外社会资本流量较少。综合来看，领袖型创业模式很容易建立互信，但却有很少的内外社会资本可用以整合。因此，领袖型创业团队将向交响乐型团队演化，如家族创业者退出企业高层、引入外部成员（如职业经理人）、建立现代企业制度的过程，就是家族型团队向理想型团队过渡进而演化成交响乐型团队的过程。

第三，群体型模式。群体型模式的团队要复杂得多，它可能同时兼有Ⅰ、Ⅱ、Ⅲ或Ⅳ型团队的某些特质。群体型模式团队关系密度不像家庭关系那么强，团队合作需要一定时间的磨合，初始社会资本相对于个体模式多，相对于领袖型模式要少；内社会资本流量取决于团队关系密度的高低、成员彼此的知识结构的一致性等因素，一般少（研讨会型和家族型群体型模式），但团队也可能是异质的，少数情况下内社会资本流量多（理想型和交响乐型群体型模式）；基于共同的经历、友谊的群体型模式（家族型和交响乐型群体型模式）外社会网络相似，外社会资本流量有限，但少数纯粹为共同的设想、捕捉某种商业机会而事先并无多少联系的群体型模式（研讨会型和理想型群体型模式），外社会资本流量多。不同的群体型模式会沿着不同的轨迹向交响乐型团队演化。群体型模式创业者往往很容易由于一时共同的看法和创业的激情而走向一起，但一旦团队成员某一天发现他们对创业的设想和前景的看法出现严重分歧的时候，团队将很容易分裂。

3.5 总结

创业团队与一般团队在特征、功能及管理模式等方面存在着明显差异，一般团队理论应用到创业团队的管理实践中将经常性地遇到许多不可理喻的问题，因此，简单地套用一般团队理论来研究创业团队理论是不合适的。也正是在这个意义上说，对创业团队企业家精神动态延续的研究是跨学科的领域，它需要经济学、管理学、心理学和社会学的理论基础，这一点在本书的后续分析过程中体现得特别明显。

社会资本表现为人与人之间关系，存在于人际关系的结构之中。从社会资本视角看，单纯地以高网络密度的亲友关系组建创业团队，实质上是一种重内社会资本而忽视外社会资本的表现。从短期看，虽然可能快速地构建起创业团队，获得短期利润，但是，从长远来看，这种创业团队模式并不利于决策效率的改善，甚至会阻碍吸收外部成员加盟到原创业团队，进而无法长期保持创业之初的团队企业家精神。我们（陈忠卫、杜运周，2007）认为，在采取团队创业模式时，那种先考虑外社会资本的整合、后考虑内社会资本培育的"先外后内"策略，以及那种兼顾外社会资本和内社会资本开发的"内外兼顾"策略，要比单纯地注重内社会资本的策略或者"先内后外"的策略，更加有利于推动企业快速成长，有利于企业获得并保持可持续的竞争优势。①

---

① 陈忠卫、杜运周：《社会资本与创业团队绩效的改进》，载《经济社会体制比较》2007 年第 3 期，第 138～142 页。

4 从创业团队到高层
管理团队的演化

　　许多研究表明，团队创办了相当多数量的新企业，或者在创办企业的第一年内组建起团队。[1] 并且，研究已经证明，创业成功与创业团队之间存在较强的联系。[2] 如第 2 章所述，对高层管理团队的研究同样也发现了高层经理团队要比单个的经理具有更大的影响。[3] 由于创业型企业在从小到大的规模扩张过程中，创业团队的质量以及在企业成长过程中创业团队构成异质性程度的变化将对企业能否持续发展起着关键性作用，所以，学术界在对创业与企业成长问题加以研究时，创业团队和高层管理团队问题也就成为了一大热点。

　　创业团队企业家精神延续的组织载体是创业团队和高层管理团队。为了研究方便，本书把"创业团队"的概念限定在小规模企业初创时期，"高层管理团队"的概念则限定在具有一定规模的大企业中，并且相比较于初始的创业团队来说，其成员结构可能发生了变化。从企业成长角度看，小企业的创业团队向大企业的高层管理团队的变化必然会伴随着部分创业团队成员的离去或者新成员的加盟，这种创业团队成员进

---

[1] Kamm,J. B. ,Shuman,J. C. ,Seeger,J. A. and Nurick,A. J. ,"Entrepreneurial Team in New Venture Creation:A Research Agenda", *Entrepreneurship Theory and Practice*,Summer,1990,pp. 7—17.

[2] Eisenhardt,K. M. and Schoonhoven C. B. ,"Organizational Growth:Linking the Founding Team,Strategy,Environment and Growth Among U. S. Semiconductor Ventures:1978—1988",*Administrative Science Quarterly*,September 1990,pp. 504—529.

[3] Hambrick,D. C. and P. A. Mason. ,"Upper Echelon:The Organization as a Reflection of Its Top Managers",*Academy of Management Review*,1984,Vol. 9, Issue 2, pp. 193—206.

进出出的变化将十分明显地造成创业团队人口特征变量异质性程度的变化，而这种创业团队异质性程度的变化又将直接影响到创业团队向高层管理团队转变过程中团队企业家精神性质的改变。本章的重点在于论述创业团队向高层管理团队的转变，以及在此过程中所蕴涵的创业团队人口特征异质性程度的变化，而这种变化将影响到创业团队企业家精神的动态延续，影响到团队绩效和组织绩效。

4.1　个体创业与创业团队

彼得·德鲁克早在1954年曾经做过这样的评价，我们身边的总经理所遇到90％的麻烦根源在于我们对个人主管的过分迷信。[①] 事实上，企业后来所面临的商业环境越发变得充满动态性和复杂性，高层管理者个人决策的模式越来越受到了挑战，更多的企业也不得不考虑采用管理团队的决策模式。

4.1.1　个体创业

以个体形式走上创业道路是十分普遍的现象。丹尼·米勒（Danny Miller）指出，如果个体表现出创新、承担风险和主动进取的行为，那么，他就具有企业家精神。[②] 早期创业研究的重点集中于创业者与非创业家的区别上，企业家精神主要也是指创业者身上所具有的独特品质。

国内学者张玉利教授认为，事实上，每一人都或多或少地具有企业家精神，但是，个人固有的企业家精神能否被放大和强化并转化为创业行动，则受很多因素的共同影响。明确的创业动机至少具备两个条件：一是具有相对清晰的创业主意，二是具有较低的机会成本。[③]

从个体创业的角度分析，创业主意并不像大公司那样经过严密的规

① Drucker, Peter F., *The Practice of Management*, New York: Harper and Brother, 1954.

② Miller, D., "The Correlates of Entrepreneurship in Three Types of Firms", *Management Science*, July 1983, pp. 770—791.

③ 张玉利：《企业家型企业的创业与快速成长》，南开大学出版社2003年版，第50页。

划，更多地带有一种随机色彩。不过，个体创业者对创业机会成本的分析较为谨慎，他会在是为别人工作或者服务于原工作单位，还是独立创业之间做出决策。由此，我们可以用下面的公式来描述这种选择过程。

$$Pr(e) = f(\pi - C)$$

其中，Pr(e)——个体创业的概率；

　　　π——个体创业所获得的收益；

　　　C——从事个体创业所需支付的机会成本。

个体创业者遵循理性人假设，明确的创业动机来自于个体对收益与机会成本的比较。促进个体采取创业行为，促进收益与成本的差异放大的因素有两个：一是个体的企业家精神，二是个人在社会中所处的地位。[①]

那些具有强烈的冒险倾向、大胆的创新意识、积极的竞争姿态的个体成员充满高水平的企业家精神，虽然他们并不会降低机会成本，但可以放大对创业收益的预期，从而提高了他们创业的可能性。相反，那些处于"社会边缘状态（social marginality）"[②] 的人群，他们的处境并不一定会放大创业收益的预期，但却能使他们极大地降低对机会成本的感知，所以，这两个因素共同交织在一起，形成了个体的创业动机。

个体创业者必须把那种善于觉察机会、追求机会、坚信成功的个体企业家精神特质逐渐灌输到企业之中，才能保证企业创业活动的持续繁荣。国内较为普遍的现象是，大多数成功的创业者在创业时并不是做别人没有做的事，而是在做别人曾经做过的事，只不过这个体创业者把别人做的事做得更好些，做得更有特色，做得有创新。[③] 不过，成功有时会影响企业家变革的愿望，尤其是当企业自我感觉良好且企业家满足现状时，企业家就容易产生放弃变革的念头，从而慢慢地失去创业之初的

[①] 张玉利：《企业家型企业的创业与快速成长》，南开大学出版社 2003 年版，第 50 页。

[②] 社会边缘状态是指当个体的属性——身体特征、智力特征、社会行为方式及其在所处社会环境中承担的角色发生冲突时，个体所处的一种状态。详见 Clark，D.，*The Marginal Situation*，London：Routledge and Kegan Paul，1996。

[③] 张玉利：《企业家型企业的创业与快速成长》，南开大学出版社 2003 年版，第 51 页。

激情。

尽管试图通过归纳成功创业者的特质来定义个体创业是不现实的，因为任何成功的个体创业者具有不同特质，而且这种特质还必须与特定的环境条件、产业特征、企业规模相结合。不过，从个性特质角度研究个体创业有其应用价值：一是许多人回避创业不是因为他确实缺乏必要技能，而是因为他们自己认为缺乏必要技能；二是可以从个性特征因素来评价个体创业潜能，从而引导和运用资源来提升企业家精神；三是不但要加强个体创业技能的培训，还要强化创业者的认知和信念。①

4.1.2　创业团队

目前学术界对"创业团队"的界定不是十分清楚，也并没有完全统一的概念。比较有代表性的观点有以下四种：

朱迪思·卡姆等学者（1990）将创业团队定义为，是由两个或更多个体共同创建的，并且，他们都拥有其股权（财务上的）收益。② 创业团队对于研究者和企业家来说具有双重意义，一是并不像企业家精神研究文献那样期待企业家精神发生在某个个体身上，团队则是一种更加普遍的现象；二是创业团队影响着企业绩效。

朱迪思·卡姆和阿伦·纽里克则在以前研究成果的基础上，对创业团队定义进行了修正。他们（1990）认为，创业团队是由两个或两个以上的人正式创建，并且他们共同分享新组织所有权的组织。③

如第 3 章所述，创业团队不仅仅是一个群体，因为他们涉及对新创企业的共同承诺。这一观点指出了理解创业团队的关键在于如何理解"共同的承诺"，十分遗憾的是，究竟是关于所有权、管理责任，还是关于收益分

---

① 韩立军：《创业精神的影响因素及其绩效评价》，载《心理科学进展》2005 年第 1 期，第 91～96 页。

② Kamm, J. B., Shuman, J. C., Seeger, J. A. and Nurick, A. J., "Entrepreneurial Team in New Venture Creation: A Research Agenda", *Entrepreneurship Theory and Practice*, Summer, 1990, pp. 7－17.

③ Kamm, Judith B. and Nurick, Aaron J., "The Stages of Tem Venture Formation: A Decision-making Model", *Entrepreneurship: Theory and Practice*, Winter, 1990, pp. 17－27.

配方式的"共同的承诺"，他们也并没有清楚地做出界定。本书第 7 章的分析拟从心理契约视角对此做深入剖析。

根据苏珊·科恩（Susan G. Cohen）和黛安娜·贝利（Diane E. Bailey）的观点，团队首先是一个群体，在这一群体内，各成员能够共同承担相互依赖的任务和这些任务的结果；其次，这个群体也被他们自己以及其他人视为一个社会活动单位。[①]

在综合第 3 章和以上观点的基础上，我们认为，创业团队是指由两个或两个以上具有一定利益关系的，彼此间通过分享认知和合作行动以共同承担创建新企业责任的，处在新创建企业高层主管位置或大公司中高层管理职位且有机会参与重大问题决策的管理者共同组建形成的工作群体。

理解这一概念，需要注意以下几点：

（1）创业团队是一种特殊群体。创业团队首先是一种群体，创业团队成员在创业初期把创建新企业作为他们共同努力的目标。他们在集体创新、分享认知、共担风险、协作进取的过程中，形成了特殊的情感，共同推动着企业成长。

（2）创业团队工作绩效大于所有单个成员独立工作时的绩效之和。虽然单个创业团队成员可能具有不同的特质，但他们相互配合、相互帮助，通过坦诚的意见沟通形成了团队协作的行为风格，能够共同地对拟创建的新企业负责，具有一定程度的凝聚力。乔恩·卡曾巴赫（Jon R. Katzenbach）和道格拉斯·斯密斯（Douglas K. Smith）曾研究得出这样的结论，"工作群体绩效主要依赖于成员的个人贡献，而团队绩效则基于每一个团队成员的不同角色和能力而尽力产生的乘数效应"[②]。

（3）创业团队对于创业成功具有重要价值。杰弗里·蒂蒙斯（Jeffry

① Cohen, S. G. and Bailey, D. E., "What Makes Teams Work: Group Effectiveness from the Shop Floor to the Executive Suite", *Journal of Management*, 1997, Vol. 23, Issue 3, pp. 239—290.

② Katzenbach, J. R. and Smith, D. K., *The Wisdom of Teams: Creating the High-performance Organization*, Boston: Harvard Business School Press, 1993.

A. Timmons) 在《新企业创立：21 世纪的创业学》一书中提出了一个关于创业理论的基本框架（如图 4.1）。[①] 他把创业团队放在了新企业创立的大背景下，并指出了创业团队对创业成功的重要性。根据杰弗里·蒂蒙斯的观点，创业过程包括三项重要因素：创业机会、创业带头人和创业团队、用于创业过程的资源。其中，创业机会是整个过程的起点，在创业活动的启动时期，真正的机会比创业团队、创业资源都更重要。

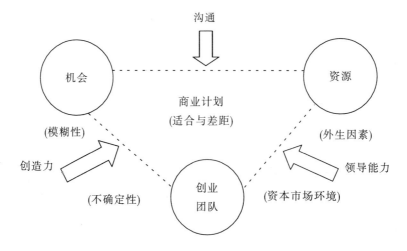

图 4.1　蒂蒙斯创业框架中的创业团队

资料来源：Jeffry A. Timmons，*New Venture Creation：Entrepreneurship in the 21st Century*，4th Ed.，OH：Mcgraw-Hill College，1995。

该模型的可贵之处在于它为我们指出了这三项因素之间所存在的适合与平衡关系，以及整体性与综合性的系统观。当这三项因素处于不平衡状态时，为了促进创业进程，应加强薄弱因素，以确保重新获得一种平衡，但是，具有动态复杂特征的内外部环境条件又可能会导致在增强了某一因素的同时，却造成了另一因素的相对薄弱，进而再度产生新的不平衡状态。另外，即使暂时性地获得了三者间的平衡关系，但也可能因为某个条件发生变化而出现了新的不平衡。比如，就创业团队因素而

① Jeffry A. Timmons，*New Venture Creation：Entrepreneurship in the 21st Century*，4th Ed.，OH：Mcgraw-Hill College，1995.

言，新成员加盟创业团队或者老的创业团队成员因某种原因（如年龄、正常调动、辞职、跳槽等）退出，都可能导致蒂蒙斯模型中平衡的破坏，从而影响到创业团队的企业家精神，影响到企业规模扩张和竞争力提高。总之，实现从不平衡向平衡的状态变化过程，实际上是在谋求一种相对的平衡。正因为如此，创业管理的艺术性也就体现在三项因素如何由不平衡向平衡方向发展的管理活动之中，也在一定程度上促成了创业者或创业团队的传奇生涯。

（4）创业团队是高层管理团队基础和最初组织形式。创业团队处在创建新企业的初期或者小企业成长的早期，现实中往往被人们称之为"元老"。而高层管理团队则是创业团队组织形式的继续，在高层管理团队中，既可能还存在着部分创业时期的元老，也可能所有的创业元老都不再存在，但高层管理团队的管理风格在很长一个时期内是很难彻底改变的。从企业成长角度看，伴随着创业团队元老们的离去或者新成员的加盟，由于改变了创业团队人口特征变量的异质性，高层管理团队出现不同于创业团队的管理风格和企业家精神也是必然的。这是因为，如果不能注入新鲜的企业家精神，进而形成不同于创业团队企业家精神的成分，也很难保证企业家型企业的持续发展，所以，高层管理团队形成不同于创业团队的管理风格和企业家精神也是必要的。

4.1.3　创业团队的优势

面对一种更为复杂的创业环境，一支设计良好、功能完善、运作有效的创业团队可以迅速地分析、评价和预测外部变化了的环境对创业成功的影响。并且，创业团队能否长期保持一种积极的团队企业家精神，对企业能否获得持续成长非常关键。所谓"打江山容易守江山难"，很大程度上道出了实现创业团队企业家精神动态延续的困难。

从创业机会的角度来看，创业团队至少可以具有以下优势：

（1）具有较高的创业机会识别能力。对于企业家而言，机会的发现提供了企业家活动的前提。新古典主义均衡假设每个人都能认识到所有的机会，因此，在某一技术变化条件下，不同的人将发现同样的机会，这种观点在当今商业竞争环境下只能是一种理论上的抽象，事实上，每一个人对机会的识别取决于两大因素：一是识别机会的意愿，二是识别机会的能力。对于任何一位名副其实的企业家来说，他始终存在着识别机会的强烈愿望，但是，不同的人识别机会的能力存在着差异。

创业团队是由具有不同机会识别能力的企业家所组成，这是因为，创业团队内的每一位成员具有不同的知识结构、处理信息方法和机会评价的标准。第一，所有的团队成员分别掌握着关于活动的某种特定知识，这些知识结构保证着不同的创业团队成员有可能注意到别人不曾注意或不会去注意的利润机会。尽管知识不能创造出企业家的洞察力和机会敏感性，但一个人的知识结构会影响对机会的把握速度和判断能力。如果创业团队成员间具有异质性，那么，创业团队认知创业机会的能力总体上要比纯粹的个人创业要高得多。第二，不同的人并不可能同时发觉某种机会，这是因为创业机会的存在具有非对称性的信息。在同一时间和地点上，仅仅是部分人率先发现某一机会，而其他人却并没有发现这种机会的存在。客观地说，认知某一机会的必要信息不可能均等地分布在不同的企业家身上。如果采用团队创业模式，那么，创业团队就具有更大的可能性认知某一机会的必要信息。不仅如此，由于创业团队内存在信息分享机制，单个成员具有认知某一机会的必要信息也可以在创业团队内得到分享，从而有效地帮助了创业团队内其他成员共同地认知到创业机会。第三，创业机会的识别还与对机会的评价标准有关。许多发明者并没有看见由于他的重要技术发明而导致的商业机会，却是由其他的创业者发现此项重要技术发明可能带来的机会，这种状况的形成与创业机会的评价标准有关。一些成功的企业家看做是机会的地方，其他人却可能认为它是一种风险，冒险精神强的创业者看做是存在巨大的潜在利润的地方，其他人却可能认为无利可图。此时，采用创业团队模式就要比个体创业模式获得更为科学的评价，并形成一种被创业团队成员所认同的机会评价标准。

（2）具有较高的创业机会开发能力。尽管创业者可能识别到创业机会的存在，但并不一定就愿意去开发这一种机会，或者并不一定就愿意亲自去开发这种机会。但是，如果采用创业团队的模式，就可能在最大程度上避免本应该去开发这种机会但却没有去开发它的遗憾。创业团队对机会的开发受到两大因素的影响：机会的特征、创业团队的能力。

创业机会本身影响到创业团队开发创业机会的愿望，主要取决于创业团队对利润的期望是否足以弥补其他替代的机会成本、时间和金钱投资、忍受不确定性的费用。相对于个体创业而言，创业团队开发创业机会的能力由于是以创业团队成员的异质性为基础，所以，具有更高的开发创业机会的能力。表现在三个方面：一是创业团队能够更为全面准确地比较不同的开发方案，从而有效地避免创业策略失误。二是创业团队具有更加广泛的社会联系，从而可以有效地获得开发创业机会所需要的资源。三是创业团队内部有更多的经验积累，从而可以增加开发成功的可能性。

（3）具有较高的创业机会利用能力。创业机会的利用可以有两种方式：一是自己利用创业机会，充分发挥其规模经济和范围经济优势，通过利用先动优势以获取创业利润；二是把创业机会以一定价格售出，获得利润。

在此，我们重点分析第一种方式在利用创业机会方面的团队优势：一是提供重大决策的时间保证。对于大多数个体创业者来说，他不可能有充足的时间去考虑企业战略、广泛的政策以及管理才能的开发等问题，但是，采用团队模式取代个人主管模式将立刻使企业获得足够多的时间来思考这些重大问题，并且，可以允许团队成员不以损失日常行政管理效率为代价，以维持积极的创业行动方案。二是共商创业之计。特别是在那些董事会功能流于形式、董事成员不够活跃的公司里，处在公司最高层位置的管理者往往十分孤独，他在最困难的时候却得不到可以与其商讨对策的人，他对高层管理人员评价、组织变革甚至包括事关公司发展的政策都具有极强的个人主观色彩，并且，他还不太愿意去与较低层次的公司管理者讨论问题。然而，如果采取创业团队或者高层管理团队形式，那么，这些问题就可能会得到一个相对满意的结果。三是确保创业方案稳定。对于个体创业活动来说，创业者或中高层管理人员的离去都是一种严峻的考验，尤其是在无法事先预测到离去的情况下，寻找一位合格的继任者十分困难，并且，继任者在其就职后的过渡期内要取得满意的业绩也并不是件容易的事。所以说，个人风格的剧烈转变会影响公司发展的动力。然而，如果采用团队创业的方法，则可以最大限度地减少损失和避免因高层管理人员流失而带给企业的负面影响。团队创业模式既可以提供高层主管在政策和方案上的连续性，也能够使创业团队的企业家精神得以延续。

4.2　创业团队人口特征变量的异质性分析

团队创业与个体创业相比，管理上的最大困难莫过于对不同个体成员间的整合。小规模企业采用的个体创业所考虑的是创业者个人能力和创业者个人动机，但是，在团队创业模式下，不同团队成员并不一定就必然会形成"2＋2＞4"的效果。乔恩·卡曾巴赫（Jon R. Katzenbach）曾经指出"高层团队"（team at the top）是个严重被误用的术语，它模糊了"团队实际上能够做什么"和"使团队工作需要做什么"的界限。[①] 不少企业由于过分地强调团队价值观实质在于诸如参与、授权和敏感性，却失去了绩效标准这一核心内容，从而"以团队为基础的组织"也就成为了一个十分危险的概念。我们认为，利用团队力量并发挥团队最大效用的基础在于团队的异质性，从一个相对较长的时期来看，推动企业持续快速成长的关键在于这种团队成员间异质性程度的变化是否与企业内外部环境条件相匹配，是否有助于推动创业团队企业家精神的强化。

4.2.1　创业团队研究的关键变量

谢伦德·维卡那姆（Shailendra Vyakarnam）等学者通过对创业团

---

① Katzenbach,J. R. ,"The Myth of theTop Management Team", *Harvard Business Review*,November-December 1997,pp. 83—91.

队方面的文献整理后发现，值得关注的创业团队关键变量可以分为三类（如表 4.1）：一是立足于创业者个体视角的变量；二是立足于创业团队内部人与人之间的关系变量；三是心理变量。① 我们认为，无论哪一类关键性变量，其背后均体现为创业团队人口特征变量的异质性。离开了对创业团队人口特征变量的异质性分析，无论哪一个研究视角都将失去其价值。

表 4.1 关于创业团队内部关键变量的分类

研究视角	关键性变量
立足于创业者个体	团队规模（Doutriaux 1991,1992；Eisenhardt & Schoonhoven 1990）；团队完整性（Roure & Keeley 1990）；以前共同工作的经验（Roure & Maidique 1986；Roure & Keeley 1989；Eisenhardt & Schoonhoven 1990）；以前的创业经历（Doutriaux 1991,1992）；所有权的分配（Kotkin 1986；Timmons 1979）
立足于创业团队内部人与人之间的关系	团队成员之间的人际关系（Thurston,1986；Bird,1989；Kamm et al.,1990；Kamm & Nurick,1993；Smith et al.,1994；Watson et al.,1995）；对使命和目标的共同理解（Mills,1967；Morris,1989；Timons,1984,1994；Norman & Zawacki,1991；Pavia & Berry,1991；Greenberg & Weinstein,1992；Matthes,1992；Mohrman & Cohen,1994）；对团队结构的共同理解（Shapero,1975；Rooney,1987；Bird,1989）；建设性冲突的创造（Eisenhardt & Bourgeois,1988；Eisenhardt,1989,Shepherd et al.,2002）
心理变量	彼此熟悉（Timmons,1979；MacMillan et al.,1985；Neiswander et al.,1987；Bird,1989）；友谊（Bird,1989；Francis,2000）

资料来源：Vyakarnm,S.,Jacobs,R. and Jari Handelberg.,"Exploring the Formation of Entrepreneurial Teams：The Key to Rapid Growth Business?"，*Journal of Small Business and Enterprise Development*，1999，Vol.6，Issue 2，p.155，以及作者对后来相关学者的研究成果整理而成。

理论界对创业团队的最初研究是立足于创业者个体角度展开的，这种研究视角的缺陷表现在三个方面：一是个体分析把创业者看成是以恒

---

① Vyakarnm,S.,Jacobs,R. and Jari Handelberg,"Exploring the Formation of Entrepreneurial Teams：the Key to Rapid Growth Business?"，*Journal of Small Business and Enterprise Development*，1999，Vol.6，Issue. 2，pp.153—165.

定形式存在的特殊个体，缺乏动态性。二是把所有的企业家都定义为具有某种共同特征的个体是不现实的。三是用个性来解释创业家忽视了文化和环境、学习与教育的作用。①② 所以说，即使是立足于创业者个体视角来研究创业团队，也要以创业团队人口特征变量为基础。

罗伯特·赖克（Robert Reich）于1987年提出集体企业家精神的概念，并把它视为解决国家竞争力的关键。他特别重视"作为英雄的团队"，并认为，"经济的成功源于团队的才能、充沛的精力及团队的承诺"，并不是来源于那些"作为传奇式的创业英雄"们的个体努力。③从此以后，学术界开始借助于其他学科领域的成果，加强了对创业管理的研究，并逐渐掀起了对创业团队研究的高潮。特别是朱迪思·卡姆等学者极力倡导"群体动力问题"的研究，主张加强团队成员间人际关系对团队和整个组织影响的研究。而且，包括从"友谊"等角度的研究也开始出现，如德博拉·弗兰西斯（Deborah H. Francis）认为，以紧密的联系、同等的地位、高度的相互联系为特征的创业团队往往促使团队成员间形成一种友谊，与创建企业相关的压力、困难、高度的个人风险和职业风险又使得他们既屈从于礼俗社会的规则（gemeinschaft），又遵循着法理社会的规则（gesellschaft）。④ 德博拉·弗兰西斯在此基础上，还深入研究了友谊与团队形成、友谊与团队运营、友谊与团队稳定、友谊与创业绩效之间的内在关系。不过，学术界从心理视角对创业团队的研究仍相对薄弱，基于创业团队成员与创业团队相互承诺基础上的心理契约关系的分析较少，本书拟尝试性分析这些方面。

---

① Krueger，N. F.，"Competing Models of Entrepreneurial Intentions"，*Journal of Business Venturing*，Sep-Nov. 2000，Vol. 15，Issue 5—6，pp. 411—432.

② Bruyat，C. and Julien，P. -A.，"Defining the Field of Research in Entrepreneurship"，*Journal of Business Venturing*，March，2001，Vol. 16，Issue 2，pp. 165—180.

③ Reich，R. B.，"Entrepreneurship Reconsidered：The Team as a Hero"，*Harvard Business Review*，May-June 1987，Vol. 65，Issue 3，pp. 77—83.

④ Francis，D. H.，Sandberg，W. R.，"Friendship Within Entrepreneurial Teams and Its Association with Team and Venture Performance"，*Entrepreneurship Theory and Practice*，Winter，2000，pp. 5—25.

4.2.2 高层管理团队与组织绩效间的关系

一家大公司并不一定要采取高层管理团队方式进行重大经营管理问题的决策,但是,在商业竞争越来越激烈的趋势下,这种由某位高层管理者或少数几位高层管理者做出决策的方式,其风险将进一步增大。国内学者姜绪荣通过提炼与归纳,系统地阐述了高层管理者弱性理论。这种弱性是指"高层管理者在对企业经营管理过程中受内外部环境压力和诱因的影响,身体、心理、本能欲望、品德等处在弱性状态,导致对企业经营管理产生不良后果"[①]。进一步分析可知,在这种"高层管理者弱性"驱使下,个体意义上的高层管理者将变得因循守旧、能力失色,甚至可能出现通过非正常的品德表现和非法的手段来满足个体贪婪的利益追求,从而全然失去初始创业时的激情。这在一定程度上也体现了建立高层管理团队并通过高层管理团队企业家精神来提高竞争优势的必要性。

4.2.2.1 高层管理团队对组织绩效影响的基本模型

加里·汉德尔伯格(Jari Handelberg,1999)曾对创业型公司中高层管理团队对组织绩效影响的文献进行过梳理,并把现有研究成果归纳为五大分析模型(如表4.2),包括资源影响模型、结构影响模型、团队过程模型、团队工作的领导模型、个人融入工作的模型。[②]

汉德尔伯格对团队过程模型做出了重点分析。他认为,团队过程模型可以更为直接地反映出团队成员间相互关系对组织绩效的影响。该模型在研究团队过程时,一般采用两种独立的研究方法:一是从社会心理学的角度,重点关注作为衡量团队绩效的关键性预报器——社会整合与沟通问题。虽然社会心理方法也很有说服力,但由于它缺乏对工作活动的关注,所以,并不能直接揭示出研究高层管理团队任务和维持功能的

---

① 姜绪荣著:《高层管理者弱性与企业能动风险控制》,天津人民出版社 2001 年版,第 209 页。

② Handelberg, Jari., "Entrepreneurial Top Management Team Demography, Team Process and Organizational Performance: Five Models on the Impacts of Management Team on Organizational Performance",1999.

本质。① 二是群体理论的方法，主要通过集中于研究任务与团队维持的关系来定义团队过程。

表 4.2 高层管理团队与绩效关系研究的基本模型

模 型	研究的内在逻辑	关键变量
资源影响模型	团队的资源、知识和技能对组织绩效有直接的影响	团队成员以前的产业经验；团队成员以前的工作经历和技能互补性；团队规模；以前共同工作的经历；团队内的任期
结构影响模型	并不是资源本身，而是它们的结构可以用来解释团队与绩效的关系	职能背景的差异性；职能经历的差异性；产业经历的差异性；团队内任期的差异性；团队共同工作经历的差异性
团队过程模型	高层管理团队的过程将直接影响绩效；团队过程可以说明那些无法用人口特征来加以解释的绩效变化；基本原理源于社会心理学的研究成果	社会性整合；沟通（沟通频率与沟通的非正式性）
团队工作的领导模型	如何把资源有效地组织起来以取得特定工作成绩是影响组织绩效的重要因素	团队成员对任务问题可感知的清楚度；团队成员对团队目标的共同理解程度
个人融入工作的模型	团队成员个人对工作的融入程度将导致对绩效的直接影响	团队成员对工作的承诺；团队成员融入工作的程度

资料来源：Handelberg，Jari.，"Entrepreneurial Top Management Team Demography，Team Process and Organizational Performance：Five Models on the Impacts of Management Team on Organizational Performance"，1999。

---

① Ancona，Deborah G. and Caldwell.，D. F.，"Bridging the boundary：External Process and Performance in Organizational Teams"，*Administrative Science Quarterly*，December 1992，pp. 527—548.

团队过程主要包括以下活动功能与范围：一是维持功能，如社会化、凝聚力、冲突解决等，它们规范了团队生活和解决了人际间的关系；二是解决问题的功能，如环境扫描、可选择性方案的形成、方案的选择等，它们是成立团队的目标之所在；三是获得技能的功能，它要求通过获取、开发和延续团队的必需的技能来为问题的解决提供支持。上述三大活动功能和范围贯穿于团队运营的全过程。

根据汉德尔伯格的归纳分析，我们至少可以发现：第一，团队成员的异质性程度是影响绩效的最重要因素。结构影响模型的分析逻辑较为清楚地阐述了团队成员人口特征变量异质性对公司绩效的影响，这些特征变量涉及高层管理团队成员的职能背景、职能经历、产业经历、团队内任期、团队共同工作经历等多个方面，而且，即使在其他的分析模型中，同样也涉及团队成员异质性以及不同异质性的整合。第二，团队结构的变化对公司绩效的影响极为深刻。根据团队过程模型、团队工作领导模型、个人融入工作模型，动态地考察创业团队向高层管理团队的变化过程可能更加有助于认清高层管理团队对组织绩效产生影响的内在机理。其原因在于：创业团队老成员的离开和新成员的加盟势必会带来团队成员间的磨合过程，这种磨合期的长短、磨合的效果将直接影响创业团队企业家精神的延续。第三，正是由于创业团队人口特征的异质性，所以存在着创业团队内部个体成员间的冲突。根据团队过程模型的分析逻辑，可以通过社会性整合、有效沟通（沟通频率与沟通的非正式性）等关键变量来利用认知性冲突和化解情感性冲突，能否通过或者多大程度上通过利用高层管理团队成员间冲突来提高高层管理团队企业家精神将影响到组织绩效。第四，高层管理团队成员与组织间的心理契约关系对组织绩效的高低具有影响作用。从团队工作领导模型、个人融入工作模型所折射出来的分析逻辑看，团队成员对任务问题可感知的清楚度、团队成员对工作的承诺、团队成员融入工作的程度都涉及高层管理团队成员的组织承诺，而团队成员对团队目标的共同理解程度则直接决定着高层管理团队的凝聚力，进而影响到创业团队企业家精神延续的可能性和动态延续的方向。

4.2.2.2　关于高层管理团队人口特征变量研究的基本结论

人口特征变量可以理解为包括诸如年龄、性别、教育程度、服务期限、民族以及其他值得研究的社会变量在内。不少学者[①][②]鼓励通过集中于人口特征变量来研究高层管理团队和其组织产出的关系。一大批管理学者选择高层管理团队人口特征变量开展了广泛而深入的研究，并不断地证实了高层管理团队与组织创新[③]、高层管理团队与战略[④]、高层管理团队与战略性变革[⑤]、高层管理团队与组织绩效[⑥][⑦]等关系。

人口特征指标的可量化性为开展实证研究提供了前提，人口特征变量的视角激发起了众多的研究活动，学术界不断关注特定的人口特征变量和不同结果之间的关系。[⑧] 总体上，包括高层管理团队成员年龄、组织任期、高层管理团队的资历、职能背景、团队规模、CEO 的控制力、

[①]　Hambrick, D. C. and P. A. Mason. ,"Upper Echelon: The Organization as a Reflection of Its Top Managers", *Academy of Management Review*, 1984, Vol. 9, Issue 2, pp. 193—206.

[②]　Pfeffer, J. ,Organizational Demography, In Cummings, L. L. and Staw, B. M. (Eds), Research in Organizational Behavior, Vol. 5, pp. 299—357, JAI Press Inc. ,Greenwich, CN, 1983.

[③]　Bantel, K. A. and Jackson, S. E. , "Top Management and Innovations in Banking: Does the Composition of the Top Team Make a Difference? ", *Strategic Management Journal*, 1989, Vol. 10, Special Issue, pp. 107—124.

[④]　Finkelstein, S. and Hambrick, D. C. , "Top Management Team Tenure and Organizational Outcomes: The Moderating Role of Managerial Discretion", *Administrative Science Quarterly*, September 1990, pp. 484—503.

[⑤]　Wiersema, M. F. and Bantel, K. A. ,"Top Management Team and Corporate Change", *Academy of Management Journal*, March 1992, pp. 91—121.

[⑥]　Eisenhardt, K. M. , and Schoonhoven, C. B. , "Organizational Growth: Linking Found Team, Strategy, Environment, and Growth among U. S. Semiconductor Ventures, 1978—1988", *Administrative Science Quarterly*, September 1990, pp. 504—529.

[⑦]　Hambrick, Donald C. and D'Aveni, Richard A. , "Top Management Deterioration as Part of the Downward Spiral of Large Corporate Bankruptcies", *Management Science*, Oct. 1992, Vol. 38, Issue 10, pp. 1445—1466.

[⑧]　这方面的研究成果非常多，包括以下一批学者的研究成果：Bantel, 1993; Bantel and Jackson, 1989; Haleblian and Finkelstein, 1993; Hitt and Tyler, 1991; Wiersema and Bantel, 1992, 具体请参阅表 4.3 的内容。

教育背景、专业化、工作经历的类型、雇佣模式、性别等人口特征变量，以及它们与组织和群体过程的关系得到了研究。在许多例子中，人口特征变量与战略决策的制定、公司总体绩效、创新之间的关系是这些研究的重点（如表4.3）。

高层管理团队成员在人口特征上的多样性导致了团队不同的异质性程度。而团队异质性将带给不同行业高层管理团队运营模式不同的影响，进而影响到团队绩效与组织绩效。

在卡伦·班特尔（Karen A Bantel）和苏珊·杰克逊（Susan E. Jackson）对银行业的创新研究中，他们（1989）发现，在银行业中，高层管理团队成员具有较高的教育水平，以及由具有不同职能背景成员所构成的团队，往往具有较高的创新水平。而且，高层管理团队成员的平均年龄和组织期限与创新呈负相关关系。[①]

高层管理团队的多样性对战略也产生一定的影响。班特尔（1993）发现，高层管理群体中成员的年龄相似、组织内任期相同以及所受到的教育程度越高，则他们越具有清晰的战略。这种清晰的战略可以定义为"直接追求与内部相一致的一系列竞争策略"。[②] 由具有不同教育背景和不同职能领域内经验的成员所组成的高层管理群体，同样倾向于拥有清晰的战略。由于不同高层管理群体成员能够带来与教育背景、职能领域内从业经验相关的不同特长，所以，他们能够提供多种可供选择的方法和战略形成方案。

[①] Bantel, K. A. and Jackson, S. E., "Top Management and Innovations in Banking: Does the Composition of the Top Team Make a Difference?", *Strategic Management Journal*, 1989, Vol. 10, Special Issue, pp. 107—124.

[②] Bantel, K. A., "Top Team Environment, and Performance Effects on Strategic Planning Formality", *Group and Organization Studies*, 1993, Vol. 18, Issue 4, pp. 436—458.

表 4.3　基于高层管理团队人口特征的理论研究成果

作者	研究的产业	高层管理团队的人口特征	控制变量/调整变量	结　果	结　论
Bantel & Jackson (1989)	银行	教育水平 职能背景 高层管理团队的平均年龄 高层管理团队在公司内平均任期 教育背景 上述特征上的异质性	控制 商业环境 组织规模 团队规模	创新	高水平的创新与高层管理团队成员较高的教育水平、职能背景相关； 低水平的创新与较长的组织内任期、较高的高层管理团队平均年龄相关
Bantel (1993)	银行	教育专业 年龄和组织任期 职能背景与专业教育的异质性	控制 组织规模 公司绩效	战略明晰	战略的明晰与高层管理团队成员年龄的同质性、与教育专业和职能背景相关
Hitt & Tyler (1991)	多个不同产业	高层管理团队成员的年龄 教育背景 工作经验多少？什么类型？ 主管经验的层次 认知的复杂性 风险导向 教育水平	外部变量 产业	战略决策制定；在评价潜在并购过程中所使用的模型	产业的类型、教育背景、工作经验的类型的年龄、职能性工作经验程度，组织中的主管经理次调整着所采用人员在制定战略决策时所采用的标准

续表

作者	研究的产业	高层管理团队的人口特征	控制变量/调整变量	结果	结论
Wiersema & Bantel (1992)	制造业	高层管理团队任期 组织任期 高层管理团队任期 教育水平 教育专业化 教育专业的异质性	以前的公司绩效 组织规模 高层管理团队规模 产业结构	战略变革	战略变革与高层管理团队专业化、低年龄、低的组织任期、高的教育水平和学科领域的专业相关
Haleblian & Finkelstein (1993)	计算机和天然气流通业	CEO统治	环境动荡性和判断力 高层管理团队规模 控制 公司规模 战略的相关性 效率 借贷能力 任期与职能的异质性	公司绩效: 资产回报率 ROS 股权收益率	环境动荡性程度对高层管理团队规模的效果，以及CEO对公司绩效的控制起着调整作用

资料来源：由作者根据以下资料整理而成：Matthews, L. L. , "A Review of Executive Teamwork", Team Performance Management, Vol.4, No. 6,1998, pp.269—285; Bantel,K. A.and Jackson, S. E. , "Top Management and Innovations in Banking: Does the Composition of the Top Team Make a Difference？", Strategic Management Journal, 1989, Vol.10, Special Issue, pp.107—124; Hitt, M.A.and Tyler,B.B. , "Strategic Decisions Models: Integrating Different Perspectives", Strategic Management Journal, July 1991,pp.327—351;Wiersema, M. F. and Bantel, K. A. , "Top Management Team and Corprate Change", Academy of Management Journal, March 1992, pp.91—121; Haleblian, J. and Finkelstein, S. , "Top Management Team Size, CEO Dominance, and Firm Performance: The Moderating Roles of Environmental Turbulence and Discretion", Academy of Management Journal, August 1993, pp.844—863.

与此同时，玛格丽特·威尔塞玛（Margarethe F. Wiersema）和卡伦·班特尔（1992）也分析了像年龄、组织任期、高层管理群体任期、教育水平、专门化教育等人口特征变量，以及它们与战略变革（定义为多样化水平的变化）的关系。他们的研究发现，公司战略变革与团队成员年龄越低、组织内任期越短但高层管理团队资历越深、更高的教育水平、科学领域的教育背景之间具有正相关关系。[①] 与班特尔（1993）的结论相似，由多种专门教育和背景的成员所组成的高层管理群体与战略变革之间具有正相关关系。

杰拉尔·哈勒伯廉（Jerayr Haleblian）和悉尼·芬克尔斯坦（Sydney Finkelstein）发现了人口特征变量与公司总体绩效之间所存在的关系。他们以计算机产业和天然气行业的高层管理群体为例，采用环境类型（稳定的环境，如天然气行业；动荡的环境，如计算机行业）作为可能的调节变量，研究了高层管理群体规模和 CEO 的控制力对公司绩效的影响。其基本结论是：在动荡的环境条件下，如果高层管理群体的规模越大，CEO 的控制力越小，那么，高层管理群体就越具有高利润率；但是，在稳定的环境下，高层管理群体的规模、CEO 的控制力与公司绩效之间并不相关。[②]

另外，根据哈勒伯廉和芬克尔斯坦的假设，主导的 CEO 可能限制或者监测信息向团队中其他成员进行流动，从而使团队更加倾向于集权。在愈加稳定的环境下，这种方式可以通过减少团队成员之间的争论和冲突方法，使其有效运行。然而，他们认为，在更加动荡不安的环境下（如重要的因素快速发生变化的商业环境），信息限制会导致低绩效。处理由动荡环境产生的环境复杂性看起来需要更多的信息共享以及不只是 CEO 的输入，才可能导致有效率。

---

① Wiersema, M. F. and Bantel, K. A., "Top Management Team Demography and Corporate Change", *Academy of Management Journal*, March 1992, pp. 91—121.

② Haleblian, J. and Finkelstein, S., "Top Management Team Size, CEO Dominance, and Firm Performance: The Moderating Roles of Environmental Turbulence and Discretion", *Academy of Management Journal*, August 1993, pp. 844—863.

4.2.3　团队成员人口特征变量异质性与环境类型的匹配关系

如上所述,高层管理团队对组织绩效的影响与环境有关。离开了创业环境的特征,诸如不确定性、动荡性、高速变化等环境条件的影响,简单地主张利用高层管理团队成员的互补性原则或者相似性原则来构建创业团队的做法都是错误的。

特里萨·兰特(Theresa K. Lant)等学者发现,团队异质性增加了在动荡环境条件下的战略性重新定位的可能性。[①] 萨拉·凯克(Sara L. Keck)认为,管理团队对财务绩效的影响是以团队运营的环境为条件的,这一学派的基本思想是公司应当致力于实现团队与其环境的匹配关系。[②]

那种任期更短、具有异质性的团队被认为可以提供应对复杂环境所必需的技能;并且,在动荡环境条件下,异质性的团队往往具有更高的生产效率。这是因为,他们能够提供解决问题的技能,提供形成战略的新观点,提供执行过程的新思想。另外,在一种相对稳定的环境条件下,那种任期较长、具有同质性的团队被认为更具生产率。这是因为,他们有助于促进形成基本的团队维持功能(如社会化、凝聚力等)。所以说,经济上最为成功的公司是那些能够长时间地把团队结构与其环境实现匹配的公司。

萨拉·凯克曾对 56 家水泥企业和 18 家半导体企业的高层管理团队进行了实证研究,其中,水泥行业是一个具有较长历史的、低技术驱动的相对稳定性行业,相反,半导体产业是相对新颖的、高技术驱动的不稳定性行业,在相对较短的时期内发生着多次非连续性的变革。所以,

---

① Lant, T. K. , Milliken, F. J. and Batra, B. , "The Role of Managerial Learning and Interpretation in Strategic Persistence and Reorientation: An Empirical Exploration", *Strategic Management Journal*, November 1992, pp. 585—608.

② Keck, S. L. , "Top Management Team Structure: Differential Effects by Environmental Context", *Organization Science: A Journal of the Institute of Management Sciences*, Mar/Apr 1997, Vol. 8, Issue 2, pp. 143—146.

选择这两大行业做比较分析，可以有效地结合行业环境条件，对高层管理团队异质性与绩效关系做出研究。实证研究表明，第一，在动荡环境条件下，团队成员的职能异质性和团队任期的差异性与公司财务绩效正相关；相反，在稳定环境条件下，团队成员职能异质性和团队任期上的差异性与公司财务绩效负相关。第二，在动荡环境条件下，高层管理团队的波动与公司财务绩效正相关；而在稳定环境条件下，高层管理团队的波动性与公司财务绩效负相关。第三，在动荡环境条件下，低度的层级化（执行权更多地集中于较低头衔的层次上）则与公司财务绩效正相关；相反，在稳定的环境条件下，高度的层级化（执行权更多地集中于较高头衔的层次上）与公司财务绩效负相关。第四，在动荡环境条件下，平均化的团队任期与公司财务绩效负相关；相反，在稳定环境条件下，平均化的团队任期与公司财务绩效呈正相关关系。[①]

4.3　高层管理团队的运营

团队并不是若干个自然人的随机组合，若干个人在一起为同一件事忙碌，也并不意味着是有效的团队合作。高层管理团队的组织运营也同样如此。下面在分析团队组织运营的一般原理基础上，探讨高层管理团队的生命周期问题。

4.3.1　创业团队的组建

朱迪思·卡姆等学者于 1990 年在《创业理论与实践》上共同提出了关于新创建企业中创业团队的研究课题。[②] 1993 年，朱迪思·卡姆和

---

① Keck,S. L. ,"Top Management Team Structure:Differential Effects by Environmental Context",*Organization Science:A Journal of the Institute of Management Sciences*,Mar/Apr 1997,Vol. 8, Issue 2, pp. 143—146.

② Kamm,J. B. ,Shuman,J. C. ,Seeger, J. A. and Nurick,A. J. ,"Entrepreneurial Team in New Venture Creation:A Research Agenda",*Entrepreneurship Theory and Practice*,Summer, 1990,pp. 7—17.

阿伦·纽里克又进一步补充完善形成创业团队的决策模型。① 在综合现有理论研究成果的基础上，我们认为创业团队的组建至少应当经历以下基本四个阶段：

（1）创意形成。一般来说，两个或两个以上的人在一起共同创业，并不意味着他们可能同时拥有创建新企业的创意，或者说是创业点子。创意的形成有两种模式：一是领导型创业者。它是指某位领先型创业者在创办新企业之前已经提供了关于未来企业产品和服务的想法，然后，把这个想法作为组建创业团队的参考依据，并据此做出创业团队组建的相关决策。二是群体创业法。它是指在创意并没有成型之前就先组建起团队，然后，共同产生新的创业活动概念。两者的最大区别在于，比起领导型创业者方法来说，第二种方法中创意形成的根源更加倾向于相互间的关系所可能带来共同利益的感知，并不是源于对完成某种任务的感知，由此看来，团队成员间社会网络关系对选择团队创业的重要性。

（2）获得资源供应。一般地说，新创建企业很难同时获得组织所需要的所有物质、能量、信息和人力资源，而且，新创建企业在某一时点上对获得不同资源的急迫程度也有差异。因此，创业团队组建的第二步重大决策就是应当在什么地方寻找资源。关于资源供应决策可能会有三种选择：一是个体企业家自身提供资源；二是已有的团队成员提供资源；三是寻找新的合作伙伴。不过，如果个体创业者决定由自己来提供资源，并且，有理由认为团队合作或者继续选择新的合作伙伴是不必要的，那么，他就将保持个体创业而不愿意形成创业团队模式。

（3）招募合作伙伴。创业团队合作伙伴的选择对于创业团队生命周期的影响极大，由于在招聘行为发生时，创业者或者既有创业团队成员与拟加盟到创业团队的成员之间存在"败德风险"和"逆向选择"的可能性，如果所招募的合作伙伴并不是创业型企业成长所需要的，那么，它还将影响到创业团队凝聚力，影响到创业团队企业家精神的功能

---

① Kamm, J. B. and Nurick, A. J., "The Stages of Team Venture Formation—A Decision-making Model", *Entrepreneurship: Theory and Practice*, Winter 1993, pp. 17—27.

发挥。

招募合作伙伴需要考虑三大决策问题：一是到哪里寻找合作伙伴（源泉的准则）；二是如何选择最好的合作伙伴（标准的准则）；三是如何能够让新成员信服创业团队（诱因标准）。

从源泉的准则来看，创业团队招募合作伙伴首选的是创业者的朋友、亲戚、从前的雇员或者校友，这里起重要作用的因素是他们之间存在着一种友谊，这种友谊可以降低"败德风险"，本书第8章的创业团队案例将充分证明这一点。不过，现实中还是能够发现寻找合作伙伴时努力超越基于"熟悉"、"友谊"之类源泉的团队创建者。

从标准的准则来看，"当我们非正式地询问创业者，他们是如何决策谁将成为好的新创企业的合作伙伴或者团队成员时，他们自发的反应是'这就像是婚姻'"。[①] 现实生活中，人们总是愿意选择那些具有相同信念和利益，拥有特定能力且值得钦佩的人接近，并可以获得满意的情感回报。理想的伴侣能够同甘共苦，通过亲密无间的关系可以减少焦虑和紧张不安的心情，形成团队合力，从而促进共同目标的实现。所以，相互吸引是个多维度的概念，如果把招募合作伙伴视为"婚姻"的话，"相互吸引"的要求可能比简单的"相似性"或者"异质性"更为准确。

从诱因的准则来看，让满意的新成员加盟到创业团队中也需要给他们一种诱人的条件，以便使他们能够心悦诚服地共同创业。组织理论的研究对诱因做出了多种分类，一般可以分为两类：一是能够直接提供给个人的"专门性诱因（Special Inducements）"，包括物质利益（金钱、商品和其他满意的物质条件），非物质的机会（特殊化、声望、个人权力和达到某个主管位置），满意的工作环境，远大理想的实现（包括与非物质的、未来的或者是利他关系等方面的满意度）；二是并不直接提供给予个人的"一般性激励"，包括由个人与社会间广泛联系所形成的吸引力、扩大参与创业决策的机会等。

---

① Kamm, J. B. and Nurick, A. J., "The Stages of Team Venture Formation—A Decision-making Model", *Entrepreneurship: Theory and Practice*, Winter 1993, pp. 17—27.

另外，把所有权作为加入创业团队的一种激励手段引起了创业理论界和企业家的关注。虽然所有权本身会含有风险，但是，通过增加更多股份能够使股份价值得以稀释，而且，创业决策的垄断性控制权也可能消失，从而在一定程度上可以有效地提高新合作伙伴的积极性，并降低创业风险。所以，让创业者分享决策控制权作为一种激励性手段越来越受到重视。

（4）团队维护管理。让创业团队维持一个相对较长的生命力是推动创业型企业成长的需要。只有当团队成员愿意采取协作进取，并形成向心力和凝聚力时，创业团队企业家精神才可能得到推动和强化。创业团队组建阶段可能会出现三种不同结果：一是团队解散。创业团队没有正式运营就出现解体，那些最初的创业者不得不选择个体创业，或者重新启动新一轮团队组建过程。二是团队成员没有发生变化的情况下，创业团队得到继续维持，新企业的创建获得成功。三是虽然新创建组织得到启动，但创业团队成员发生一定范围的变化。出现上述三种不同结果的关键在于能否实现从个体企业家精神向创业团队企业家精神的转变，能否实现创业团队企业家精神的强化。

4.3.2 团队运营的循环过程

谢霍征（Dean Tjosvold）、陈国权和刘春红认为，一个成功的团队应该善于建立愿景、团队合作、树立信心、深入探索以及总结反省。团队运营是以上五个方面循环往复的过程（如图 4.2）。①

具体地说，建立愿景是指团队成员应当忠实于团队的愿景，清楚地知道自己应该怎样去努力为实现团队愿景和目标服务；团队合作是指团队成员愿意团结在一起，拥有合作性的、一致性的目标和奖励方式，并通过共同努力来获得成功；树立信心是指由于他们拥有足够的技术能力和人际交往能力，并从团队内外获得各种资源，他们对完成任务充满力

---

① Dean W. Tjosvold、陈国权、刘春红著：《团队组织模型——构建中国企业高效团队》，上海远东出版社 2003 年版，第 11 页。

量和自信；深入探索是指他们相互间通过交流和共享信息，公开讨论不同的甚至是完全相反的观点来深入探索解决问题的方法，并提出具体的方案；总结反省是指团队成员能够不断地反省过去，总结经验教训，既能共同分享成功的喜悦，也能向失败和错误学习，从而获得经验和教训。

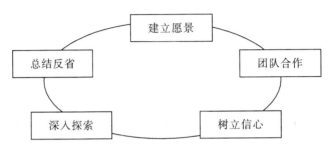

图 4.2　组建团队的循环过程模型

资料来源：Dean W. Tjosvold、陈国权、刘春红著：《团队组织模型——构建中国企业高效团队》，上海远东出版社 2003 年版，第 11 页。

创业团队企业家精神的动态延续体现在创业团队运营的每一次循环过程之中。如果上述五大环节都能有助于形成积极的、健康的团队发展动力，必将有助于强化创业团队企业家精神；相反，则会导致创业团队企业家精神退化。这五大环节也可以作为加强创业团队企业家精神动态管理的突破口。

4.3.3　高层管理团队的生命周期

埃德温·李（Edwin Lee，2004）认为，高层管理团队是一个有生命的组织（如图 4.3）。① 高层管理团队形成之初，其凝聚力和有效性都是低水平的，团队成员具有大量的不确定性和焦虑，他们几乎没有对团队做出任何承诺，他们强烈地受到外界的影响。这一时期内的团队成员努

---

① Lee，Edwin. ，"The Life Cycles of Executive Teams"（Working Paper），EDLEE Executive Workshop，2004.

力使团队学习得以最大化开展，并保持对团队外部世界最大程度的敏感性，也称之为"出生期"。

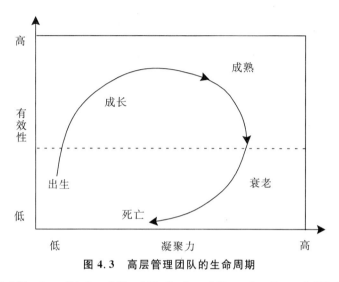

图 4.3　高层管理团队的生命周期

资料来源：Lee，Edwin. ，"The Life Cycles of Executive Teams"（Working Paper），EDLEE Executive Workshop，2004。

当团队成员彼此学习，愿意分享认知并采取协作性行动，团队凝聚力和有效性都将得到提高，从而也增强团队成员的热心程度，促进了成员对团队组织的承诺，这一时期称之为"成长期"；团队组织通过一种积极的反馈循环过程，所获得的成功又进一步提高了凝聚力和有效性，从而又进入了"成熟期"，此时，成功的团队组织实现了既定的战略目标，这一时期具有高度的凝聚力和高度的有效性，是高层管理团队最理想的阶段。

然而，成功和高度的凝聚力也有其负面性：对团队以外的世界或者新加盟的团队缺乏开放性，并且，失去了对有助于事业成功的外部环境所应有的焦虑感和高度的敏锐性，其行为也由此变得程式化。团队还以过去的成功和从前的沟通形成了一种"团队记忆（team memory）"。这种团队记忆界定了每位成员的角色、团队对外部世界的知识以及如何在现实中进行运作等内容，团队记忆能够使团队表现得像富有经验的成年人，能够用过去所学的方法快速地应对挑战。问题是外部环境风云变幻，特别是在市场、竞争者或者技术发生变化时，那种具有高度凝聚力和高效率的团队组织就无法做出反应，他们可能会继续采用团队记忆来看待世界并采取相应的行动，团队也就渐渐地陷入一种群体思维陷阱，并形成某种"组织惰性"，此时，团队组织也进入了"衰老期"。

当团队记忆变得僵化，并且渐渐地远离现实时，团队成员不愿再相互倾听，因为他们已经知道他们所期望的是什么。团队组织或迟或早将制定那些无法满足团队成员所需的决策，或者在变化了的外部环境中导致失败。有效性的损失（以一项或者更多项的错误决策或者方案为代表）最终战胜了对团队凝聚力的过度管理，团队开始逐渐解体，这一时期称之为"死亡期"。当团队进入了死亡期以后，团队成员纷纷地离开了原来的团队，开始考虑选择加盟到新的团队中，重新去恢复他们的热情和业已衰退的学习过程。

根据埃德温·李的研究，高层管理团队从"出生"到"成熟"时期一般为2～3年，从"成熟"到"衰老"时期一般经历2～12年，然而，从"衰老"到"死亡"期的转变却非常快。这一研究结论对创业团队企业家精神的动态管理也极具启发意义。

4.4　构建卓越的创业团队

随着外部环境不确定性的加剧、企业规模的不断扩张、经营领域的延伸，创业团队也需要随之发生相应的变化。学术界对团队成功与否采取的往往是一种静态衡量，如史蒂文·罗宾斯（Stephen P. Robbins）认为，高绩效的团队具有八个特征：一是清晰的目标；二是相关的技能；三是相互的信任；四是一致的承诺；五是良好的沟通；六是谈判技能；七是恰当的领导；八是内部支持和外部支持。[①]

根据上一节关于团队运营阶段性及其生命周期理论的论述，为了更好地发挥创业团队在企业成长各个不同时期的功效，我们应当从以下四个方面着手，以构建起高绩效的创业团队，进而实现从优秀的创业团队

---

①　Stephen P. Robbins, *Organizational Behavior*, 10th Edition, Prentice Hall, 2002.

到卓越的高层管理团队的成功转型。

4.4.1 保证创业团队生产、行政管理、企业家和协调者四种角色间的动态平衡

伊查克·爱迪思认为，管理者要承担四个角色：生产者（P）、行政管理者（A）、企业家（E）和协调者（I）。单独的任何一种管理者，或者说在发挥某一方面优势的同时，忽视其他方面都无法形成充分和有效的管理模式。比如：生产型管理者应当是 Paei，而不是 P——（独行侠）；执行主管应当是 pAei，而不是 A——（官僚）；企业家型管理者应当是 paEi，而不是 E——（玩火者）；整合型管理者应当是 paeI，而不是 I——（随大流者）。①

任何一位创业者都很难始终保证自己能够在企业成长的各个阶段都具备相应的理想角色定位。更多的时候，创业型企业可以考虑借助于团队的力量来不断满足企业成长的角色组合之要求。在伊查克·爱迪思所主张的企业生命周期的十个阶段里，处于上升期直到成熟期的企业靠的是一种动力不断向前（如图 4.4 中的 A 区域），尤其是企业家角色（E）作用的增强，这种向上的动力所体现的是创业团队企业家精神强化的过程。而在其下降期（B 区域），企业运营更多的是依靠惯性力量，企业家角色（E）及其作用渐渐开始消失，这种惯性体现的是创业团队企业家精神不断走向退化的过程。从企业成长角度来看，摆在创业团队面前的一项重要任务就是要防止企业老化，尽力使企业处在一种曲线图的顶端，让企业的稳定期得以延续。我们从图 4.4 中也可以发现，从求爱期一直到成熟期的过程中，企业家型角色一直在发挥着作用，除了第二阶段（出生期）以外，创业团队的企业家精神一直在不断地得以强化。只有这种创业团队的企业家精神能够得以强化，企业生命力才可能持久。相反，从中年期一直到死亡期的退化过程中，企业家型功能却是在不断减弱，直到消失。伊查克·爱迪思还从管理对策角度提了"在企业走下

---

① ［美国］伊查克·爱迪思著，张春煜译：《完美管理者》，华夏出版社 2004 年版，第 81 页。

坡路之前（在最佳期阶段），就必须开始一个全新的生命周期。这个过程应当持续不断地进行"的主张，要求创业团队在 A 区域内，或者说在企业生命周期的前五个阶段就要考虑启动新一轮生命周期的冲动，积极朝完美管理者（PAEI 型）方向努力。所以说，根据伊查克·爱迪思的观点，让企业生命得以延续的关键也在于让企业家角色（E）能够始终发挥其巨大功能，即在努力使企业家精神得以延续的同时，尽力防止企业进入以企业家精神退化为典型特征的 B 区域。

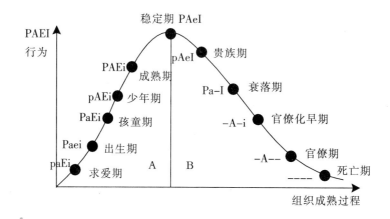

图 4.4 企业生命周期中管理者行为变化过程

资料来源：［美国］伊查克·爱迪思著，张春煜译：《完美管理者》，华夏出版社2004 年版，第 81 页。

单个管理者往往无法行使所有的四个项职能。然而，当某些管理者角色缺乏，就会存在某种管理上的不善。我们发现，一个完美的管理者既是一个企业的绩效创造者，是一个优秀的行政管理人员，也是一个企业家，同时又是一个整合者。PAEI 型管理者是一种完美无缺型，这样的管理者在现实生活中根本就不存在。基于上述这种情况，伊查克·爱迪思认为，PAEI 型管理者应当是人员的整合体，一个"管理者的混合体"，其实质在于强调完美管理团队的问题，特别要重视在生产、行政管理、企业家和协调者之间的相对平衡。

4.4.2　坚持知识、技术、经验的互补性与创业动机相似性的统一

无论是创业初期的创业团队，还是公司规模扩大后的高层管理团队，要让创业团队企业家精神得以延续，应当重视选择优秀的合作创业者或新的高层管理团队成员，并发展与新成员的和谐的工作关系。这里的问题是：究竟是选拔与原先的创业团队成员具有相似性的，还是具有互补性的新成员呢？问题的答案主要取决于你所考虑的维度。

罗伯特·巴伦（Robert A. Baron）和斯科特·沙恩（Scott A. Shane）认为，为了获得创业成功，新企业必须获得丰富的和有价值的人力资源。既要选择那些在知识、技术和经验上与原来的创业团队具有互补性的合作创业者，又要注意所选择的成员在动机方面具有相似性。[①] 尽管在知识、技术和经验等方面具有互补性，但是，如果新加盟的合作创业者或者新加入的高层管理团队成员具有明显相反的动机或目标，那么，他们之间的破坏性冲突几乎肯定会出现。

在知识、技能和经验方面主要关注互补性，而在动机方面则考虑相似性的做法具有这样的好处，它既可以获得新企业所需的、广泛的人力资源，还能够使其与促进创业团队成员把愿景变为现实的工作环境之间谋求良好的平衡关系。从企业成长的过程中，从创业团队演变为高层管理团队的动态管理体现在保证创业团队所有成员创业动机一致性的前提下，通过创业团队成员在知识、技能、经验等方面的组合模式变化，以保证创业团队企业家精神能够强盛不衰。

4.4.3　坚持利用认知性冲突和控制情感性冲突的统一

团队内不同成员之间的互动关系相当复杂，牵涉到个人主观的知

---

① Baron, Robert A. and Shane, Scott A. , "Entrepreneurship: A Process Perspective", Ohio: South-Western, Thomsom, 2005.

觉、客观环境中的沟通渠道、协调过程、合作形态等四个方面。台湾学者蔡树培先生认为，团队互动关系主要面向两个层面：一是工作层面的互动，二是人际关系层面的互动（如图4.5）。①

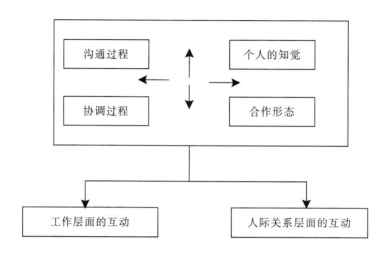

图 4.5　团队内成员间的互动关系

资料来源：蔡树培著：《人群关系与组织管理》，九州出版社 2001 年版，第 186 页。

当我们把上述团队成员间互动关系的理论应用于分析创业团队内的冲突时，就可以准确地把握住形成认知性冲突与情感性冲突的真正原因。其中，一方面，工作层面的互动关系更多的是针对创业机会的识别、创业风险的评估、创业方案的选择、创业方案的实施等方面，创业团队对不同成员在这一层次上持有不同看法是积极鼓励的，从本质上说，它从属于认知性冲突的范围。另一方面，基于人际关系的互动虽然也可能部分地由从认知性冲突转化而来，但更多的时候是由人格的非兼容性所造成的，这种人际间的情感性冲突极具破坏性作用。

---

① 蔡树培著：《人群关系与组织管理》，九州出版社 2001 年版，第 184～187 页。

4.4.4 坚持创业团队成员个体独立和创业团队 集体合作相统一

创业团队成员冷静地、客观地进行自我评估，并充分清醒地认识自我并不是一件容易的事，而通过自我评估以便知道自己拥有什么将有助于决定你需要什么，从而寻找到合适的创业团队新成员。巴伦和沙恩（2005）认为，我们往往并不能直接通过自我反思来判断出许多非常重要的能力和特性。相反，我们只能通过其他人来获得这些信息，这些人的反应为我们提供了有价值的洞察力，让我们知道自己在许多重要维度（如智力、精力、魅力、才能等）上所处的相对位置。[①]

不同的创业团队成员具有不同的人力资本，每一位创业团队个体成员的自我评估内容包括知识基础、专门技能、动机、承诺和个人特性。其中，与工作绩效直接相关的"个人特性"包括五个维度：尽责性、外向性—内向性、友好性、情绪稳定性、经历开放性。这五个维度很难由自我进行评价，必须通过其他人才能得到关于创业团队个体成员的完整印象。

但是，人都是极其社会化的动物。从心理学的角度看，任何一位创业团队成员又都期待团队内获得一种自豪感，人们总是期待自己能够具有一定的社会身份。社会身份与"属于"一个团队有关，与团队成员习惯于用"他们—我们"的眼光看待世界有关。创业团队内的成员往往把自己看成是置身于某个圈子中，而与"他们"区别开来，所以，社会身份在成功的团队和组织管理中是一种强有力的因素，人们会为自己的团队感到骄傲。社会身份的心理作用机制可以成为创业团队成员为团队付出努力的内在动力，并促进创业团队成员具有一种社会表现意识，这种社会表现与"分享"该团队的基本构想和观念有关，随着时间推移，团队中成员逐渐了解彼此的信仰，虽然他们仍然有各不相同的观念和意

---

① Baron，Robert A. and Shane，Scott A.，*Entrepreneurship：A Process Perspective*，Ohio：South-Western，Thomsom，2005.

见，但是，他们往往能够不断进行自我调整，逐渐分享有关工作及工作中的许多信念和构想，进而促进创业团队企业家精神形成。

如果创业团队成员普遍地缺乏一种社会身份的心理作用机制，也缺乏接受创业团队内的团队规范的自觉行为，那么，必然会造成创业团队人心涣散。当创业团队并不能带给其任何积极的自我评价时，创业团队个体成员将会做出两种选择：选择离开这个团队或者与之保持距离，或者选择试图去改变在团队中所从事的工作，最终极有可能使创业团队企业家精神受到抑制或导致退化。

4.5　总结

对创业团队向高层管理团队演变的考察，带来了以下四点总结性的认识：

创业团队是高层管理团队的最初组织形式。从初创时期的创业团队向大公司的高层管理团队演变，团队内部将发生成员构成上或多或少的变化，高层管理团队的管理风格和企业家精神也将随之发生改变。从创业机会的角度看，相对于个体创业模式而言，创业团队的优势体现在以下三个方面：较高的创业机会识别能力、较高的创业机会开发能力、较高的创业机会利用能力。

创业团队人口特征变量的异质性是研究创业团队企业家精神的基础。理论界就高层管理团队人口特征变量异质性与绩效关系的研究非常广泛，并得出了一些富有价值的研究结论。但是，由于大多数的研究成果往往忽视对由异质性团队成员所构成的创业团队内部运营过程的分析，所以，有时候会得出不同的甚至完全相反的结论。我们认为，如果对此不加以改进，这种研究缺陷将同样会存在于对创业团队企业家精神动态延续的研究过程之中。本书在后面的章节中将有针对性地选择能够体现团队运营过程特征的变量，着力揭示影响创业团队企业家精神的冲突和心理契约变量，并且，冲突与心理契约这两大变量是始终伴随企业成长全过程的。

创业团队组建和运营的模式最为直接地为创业团队企业家精神的功能发挥提供着组织保障。创业团队的组建包括创意形成、获得资源供应、招募合作伙伴、团队维护管理等四个基本阶段，尤其是团队维护管理阶段，如何通过形成团队向心力和凝聚力是推动创业型企业成长的重要工作。团队运营体现为一个从建立愿景、团队合作、树立信心、深入探索到总结反省的循环过程，一般地说，在螺旋式上升过程中，创业团队企业家精神将得以强化，但是，根据高层管理团队生命周期理论，创业团队成长过程中也要防止过高的团队凝聚力可能引发的"团队记忆"。当团队记忆变得僵化时，创业团队成员将充满思维惰性，并导致团队进入衰退期，最终使创业团队企业家精神走向退化。

构建卓越的创业团队既是保证企业持续成长的需要，也是强化创业团队企业家精神的需要。实践过程中，要在保证创业团队内生产、行政管理、企业家和协调者四种角色实现动态平衡的同时，注意坚持团队成员创业动机相似性和知识、技术、经验互补性的统一，坚持利用创业团队内认知性冲突积极作用和控制情感性冲突消极影响的统一，坚持创业团队个体成员的创业精神与创业团队的集体合作行动的统一。

5 创业团队企业家精神动态延续的模型设计与实证分析

创业型企业的成长目标可以分为三个层次：在时间上努力追求企业长寿；在规模上追求企业资本量的扩张；在质量上树立生命有机体概念，努力追求企业健康。通过前面的分析，我们不但可以深刻地体会到从个体创业向团队创业发展的必要性，而且，如果我们不能根据创业团队形成过程的一般规律，对企业成长全过程中的团队进行有针对性的动态化管理，那么，即使最初充满创业团队企业家精神，也难以实现创业型企业对成长目标的追求，甚至会退化成为企业成长的阻力。在这一章里，我们从企业动态成长的角度，重点考察创业团队企业家精神在实现阶段性转换和克服企业成长障碍中的功能，并在尝试提出创业团队企业家精神维度的基础上，构建起关于创业团队企业家精神动态延续的理论模型。

5.1 企业成长阶段及其阶段转换

企业成长阶段模型的基本思路是把企业成长过程分为若干不同阶段，对每一阶段加以研究，并形成一定的模式。哈佛大学教授拉里·格雷纳（Larry E. Greiner）指出，企业成长的历史往往能够为未来管理活动提供有价值的线索，许多成功的线索就在企业自身以及在企业发展的阶段之内，且这种线索有可能成为取得未来成功的关键。[①] 通过企业成

---

① Greiner,Larry E. ,"Evolution and Revolution as Organizations Grow", *Harvard Business Review*,July-August 1972,pp. 37—46.

长阶段的研究，可以帮助企业识别影响企业成长的不同要素，帮助企业分析、预见和防范企业成长过程中可能出现的问题。[①] 与此同时，充分认清企业成功地实现向下一阶段转换的本质，将有助于把握企业家精神的巨大作用。

5.1.1　企业成长阶段理论

许多学者在各自的研究领域提出了关于企业成长阶段性的成果，包括劳伦斯·斯坦梅茨（Lawrence L. Steinmetz）的四阶段理论[②]、尼尔·邱吉尔（Neil C. Churchill）和弗吉尼亚·刘易斯（Virginia L. Lewis）的五阶段理论[③]、伊查克·爱迪思（Ichak Adizes）在《企业生命周期》中提出的两大阶段十个时期模型、厄威克·弗莱姆兹的七阶段理论等等。我们在此重点分析拉里·格雷纳以及杰弗里·蒂蒙斯在企业成长阶段理论，试图比较分析企业成长各阶段的不同特点，并寻求具有不同特点阶段间成功转换的可能性。

5.1.1.1　企业成长中的"演化"与"变革"阶段

格雷纳认为，企业成长是"演化"与"变革"阶段相互交替的过程。其中，"演化"是指组织成长的持久时期，这一时期的组织实践并没有发生重大的变化；而"变革"则用来描述组织生命中大量骚动性事件发生的时期。当公司经历过每一个演化发展阶段后，必将带来自己的变革。每一个演化阶段的典型特征是具有一种主导的管理风格，以便实现其成长，而每一个变革阶段的典型特征是具有一种占主导的管理问题，并且，这一管理问题在成长能够持续之前必须加以解决（如图5.1）。那些在快速成长产业内的公司往往更快速地经历过这五个阶段，而那些缓慢成长产业内的企业

---

① 张玉利、任学锋著：《小企业成长的管理障碍》，天津大学出版社2001年版，第52页。

② Steinmetz, L. L., "Critical Stages of Small Business Growth: When They Occur and How to Survive Them", *Business Horizons*, February 1969, Vol. 12, Issue 1, pp. 29—36.

③ Churchill, N. C. and Lewis V. L., "The Five Stages of Small Business Growth", *Harvard Business Review*, May-June 1983, Vol. 61, Issue 3 pp. 30—39.

在许多年内只是遇到两个或者三个阶段。需要注意的是，每一个阶段既是前一阶段的结果，也是后一个阶段的原因。

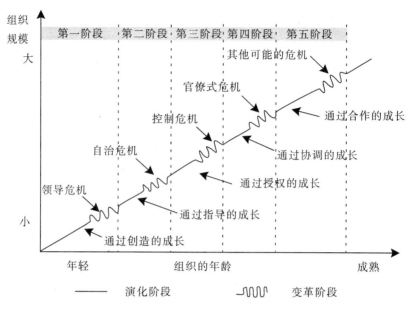

图 5.1　格雷纳的组织成长阶段转换

资料来源：Greiner，Larry E.，"Evolution and Revolution as Organizations Grow"，*Harvard Business Review*，July-August 1972，p.41。

"创造"是企业成长的第一阶段。创造阶段往往处在组织成长的早期阶段，重点是强调产品和市场两个方面的创造。创造性演化阶段有以下特征：一是公司的创建者往往是技术导向或者是创业导向的，轻视别人的管理活动，他们的体力和精力全部投入到了制造和销售新产品上。二是雇员间的沟通是经常性的和非正式的。三是长时间工作所获得的回报是适度的薪水和所有权收益的承诺。四是管理活动源于市场反馈，管理行为是对顾客的反应。

第一阶段内最大的管理问题是领导危机。伴随着公司成长，更大规模的生产需要生产效率方面的知识，雇员数量的扩大致使企业难以有效地借助非正式沟通来进行管理，而且，也很难对新雇员注入一种强烈的奉献精神，进而达到激励的效果。除了必需获得的资本以外，还需要新会计程序以便进行财务控制。所以，创建者发现自己开始承担着他们无法想象到的责任。他们渴望回到"过去的好日子"中去，仍旧试图以过去的方式来行动。此时，领导者危机就发生了，也是变革阶段的开始。

究竟由谁来带领公司摆脱混乱，解决所面临的管理问题呢？十分明显的是，需要一位强有力的领导者，他应当拥有引入新方法所需要的知识和技能。即使创建者从气质上的确不适合做管理者，但他们憎恨退让。所以，这就产生了第一次关键性的发展选择——继续留任还是引入一位强有力的企业管理者。国内许多企业职业经理人与创业者之间的冲突都源于这种矛盾的历史性沉淀。

"指导"是企业成长的第二阶段。在这一演化阶段，企业具有的典型特征包括：一是职能性组织结构导入到企业，从而把制造与市场营销活动相分离，工作安排变得更加专门化；二是导入了库存和买卖的会计制度；三是采用了激励、预算和工作标准；四是等级制使沟通变得更加正式化和非私人化；五是新管理者以及他的下级重要管理者把他们的多数责任实现制度化指导，低层次的管理者更像是职能性专家而不是自主决策的管理者。

这一阶段易出现的管理危机是自治危机。尽管新的指导性办法能够引导员工更有效率地投身于成长，但他们最终对一个更大的、多样化的复杂组织控制变得不太合适。低层次的雇员觉得他们受到了一个令人讨厌的集权等级体系的约束。如果他们比处在上面的领导拥有更多的关于市场和生产的直接知识，那么，他们就会在遵循规定程序和自由采取行动之间经常性地举棋不定，甚至深感气愤。

因此，当部分低层管理者产生了越来越大的自治需要时，新一轮危机又开始出现，而这种危机意味着进行第二次变革的必要性。多数公司采纳的办法就是授权。然而，对于高层管理者来说，要求他们放弃以前能够进行成功指导的职权，也是件困难的事。而且，低层管理者可能也并不一定就习惯于自己做决策。结果，许多公司在这一变革时期艰难地挣扎于集权与自治的"两难选择"之中。

"授权"是企业成长的第三阶段。通过成功地执行分权，企业表现出以下特征：一是更多的责任给予了工厂管理者和市场领域内；二是利润中心和资金制度被用来激发下级管理层的动机；三是总部的高层管理者把他们的工作局限于例外管理，是以各部门的定期性报告为基础的；四是管理活动集中于制定新的并购方案，这种并购与其他分权组织是并列的；五是来自高层管理的正式沟通并不经常性发生，通常高层管理者会选择通过信件、电话或者简短的实地访谈来了解企业生产经营的进展情况。

授权阶段对于通过对低层管理者动机的高度激发有利于获得企业扩张的机会。分权式的管理者具有更多的责任和动力，能够以更为积极的姿态去洞察更大的市场机会，并对顾客做出更快速的反应和开发新产品。

这一阶段易出现控制危机。一方面，高层管理者感觉到他们正在失去对高度多样化领域运营的控制；另一方面，处在自治领域的管理者倾向于自己独立运营，他们并不考虑与组织内计划、资金、技术、人力资源等其他部门的协调。如果不能对此加以有效的协调，高度的自治也会悄悄地埋下视野狭窄的种子。

当高层管理者试图重新获得对公司发展和经济运营的控制权时，第三阶段的变革也开始出现。一些高层管理者试图重新回到集权式的老路上去，但是，由于所面临的宽泛的运营范围往往超过了高层管理者的掌控能力，所以，重回集权的模式大多都以失败而告终。那些能够继续推动企业向前发展的公司找到的是特定的协调方法。

"协调"是企业成长的第四阶段。在这一阶段里，演化时期的典型特征是采用能够更好地促进协调的正式制度，由高层管理者来承担这些新制度付诸实施和进行行政管理的职责。企业内部往往表现出如下特征：分权化的单位合并成产品群组；建立并精心修订正式的计划程序；雇佣人事管理人员以便发动公司范围的控制和对直线经理人员的调整；每一个产品群组作为一个投资中心；日常运营决策仍旧采用分权模式；采用股票期权与公司范围的利润分享制方案；等等。如果高层管理者或高层管理团队能够通过对企业有限资源富有效率的配置，并能使管理层和公司雇员明白协调方法有价值，那么，公司内实际部门的管理者视野将会不断超越本部门局限，树立起一种全局意识和整体观念。

但是，在企业直线主管和雇员之间、总部与分部之间渐渐地也会产生缺乏信任感的现象，它将阻碍公司制度的贯彻落实，延缓公司方案不折不扣地得以执行的过程。在协调阶段容易滋生官僚式危机。简言之，组织规模变得越来越大，通过正式的程序和严格的系统所进行的管理更加复杂化，企业内部开始出现这样的态度：程序先于问题的解决，创新不再得到支持。于是，要推动企业继续成长，就得进入到第五阶段。

"合作"是企业成长的第五阶段。在以前的研究成果中，一个可以观察到的最后阶段强调的是人际间的合作，以便克服官僚式危机。第四个阶段更多的是通过正式制度和程序来进行管理，而第五阶段则强调以更大的自发性，通过团队或者面对面讨论不同点的方式来进行管理活动。社会控制和自我约束取代了正式控制。

纵观拉里·格雷纳的企业成长阶段演变与变革相互交替的历程，我们发现最初那种由个体创业者独自掌控企业发展的模式变得越来越不适应。公司规模扩大后，从创造、指导、授权、协调到合作的管理转型，潜在地体现着由个体创业转向团队管理的必然性，由独裁转向民主的必然性，由资源控制转向信息分享的必然性。所以，即使最初并不采取团队创业模式，但是，随着企业成长阶段性转换，企业采取高层管理团队的决策模式也十分自然，并且，由此形成的创业团队企业家精神还将成为企业成长的重要基础。

5.1.1.2 三种创业的核心管理模式

杰弗里·蒂蒙斯把初创企业的成长划分为起始阶段、高速成长阶段、成熟阶段和稳定阶段四个时期。他认为，起始阶段风险最大，其特点体现在领头创业者和一两个关键团队成员竭尽全力地直接驱动公司前进，他们需要付出巨大的精力和具备相当的创业能力。对原始创业者来说，最困难的挑战发生在高速成长阶段，它要求初始创业者对一些关键性决策放弃他一直曾拥有的权力和控制。对于创立企业的创业者或

CEO 来说，最富有挑战的工作是处理企业成长过程中的管理模式转型。这些核心管理模式包括三种："自己做"、"管理企业"、"管理各经理人"。① 对于核心管理模式的创业转型比较如表 5.1。

表 5.1　蒂蒙斯基于核心管理模式的创业转型

模式/阶段	自己做	管理企业	管理各经理人
销售额（美元）	0～300 万	300 万～1000 万	1000 万以上
雇员数（名）	0～30	30～75	75 以上
转换	特点：创始人驱动的创造力不断变化，有明显的模糊性和不确定性；时间紧缩；非正规交流；反直觉决策和构建；相对经验不足	可能危机：创始人创造力侵蚀；角色、职责和目标界定含糊引起的混乱；要求分权，要求自治并掌握控制力	可能危机：无法让他人效仿创始人；协作减少和特殊化；权力、信息和影响力的作用形成对比；对实施控制力和掌握公司运行机制的需要；创始人之间的矛盾突出

资料来源：［美］杰弗里·蒂蒙斯著，周伟民译：《创业者》，华夏出版社 2002 年版，第 47 页（稍作修改）。

　　表 5.1 清楚地描绘了成长型企业可能遇到的各种危机，包括创始人和团队创造力的侵蚀；角色、职责和目标界定含糊不清所引发的混乱或怨恨情绪；无法让他人效仿创始人；协作的减少和特殊化；对自治权和控制权的强烈欲望；对运行机制和控制的需要；创始人和新团队成员之间所萌生的矛盾；等等。这些也是从个体创业向团队创业转型的障碍。

5.1.2　组织变革中的高层管理团队

　　拉里·格雷纳在提出关于"演化"与"变革"的组织成长阶段转换理论之前，曾经在《哈佛商业评论》上提出了一种用以解释成功组织变革的动态模型（如图 5.2）。他把变革过程分解为六个阶段，包括从压力到觉醒、从干预到再定位、从诊断到重新认知、从发现到承诺、从试验到寻找、从巩固到接受，并且，这六个阶段紧密相连，可以视为一个

---

① ［美］杰弗里·蒂蒙斯著，周伟民译：《创业者》，华夏出版社 2002 年版。

整体。下面我们以拉里·格雷纳成功组织变革模式理论与前述的企业成长五阶段理论为基础，试图分析高层管理团队的形成，以及创业团队企业家精神延续对支撑企业持续发展的重要作用。

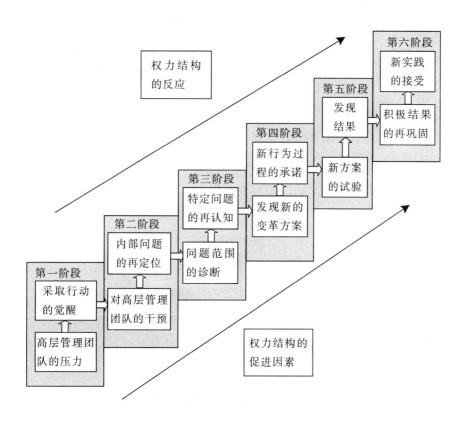

图 5.2　成功组织变革的权力结构动态变化过程

资料来源：Greiner，Larry E.，"Patterns of the Organization Change"，*Harvard Business Review*，May-June 1967，p.126。经作者修改而成。

5.1.2.1　成功组织变革的六个阶段

第一阶段，从压力到觉醒。成功组织变革模式认为，高层管理责任范围内的巨大压力可能迫使他们高度关注组织变革。企业原有高层管理团队成员所感受到的压力可能来自两个方面：①严重的环境因素，如较低的销售量、股东的不满意、竞争者的突破等；②内部事件，如联合罢工、低生产效率、高成本、部门间的冲突等。这种情况将迫使高层管理团队不断认识到进行组织变革的必要性。

第二阶段，从干预到再定位。尽管高层管理团队成员在权力结构方面拥有优势，可以对企业管理实践产生强大压力，但是，基于原有权力结构的压力并不能自动提供组织变革的保障，并不能保证让高层管理者看清组织问题的本质特征，并不能足以有效地采取行动来解决它们。此时，高层管理团队可以考虑让外部人员进入到组织之内，重新策划新的变革方案。新来者进入组织高层管理团队之后，可能会因其改善组织绩效的实践能力而备受尊敬。作为一个新来者，他可以以一种超然的态度较为客观地评价组织，并有机会进入组织的高层管理团队，可以更方便地接触那些影响组织发展的决策制定者。

第三阶段，从诊断到重新认知。这一过程始于调整后的高层管理团队，然后再通过组织层级逐渐地向下转移。多数情况下，高层管理团队可以在由不同层级的管理人员共同参加的会议中得到相关信息，也可以通过实地调研的方式来诊断企业成长中的问题。

第四阶段，从发现到承诺。一旦高层管理团队认识到问题之所在，另一项关键的活动是设计有效的解决方案，并获得实施这种方案的承诺。一般情况下，依赖原有的高层管理团队，试图形成革命性的变革方案非常困难，尤其是在组织内传统的实践和方案还保持一定有效性的前提下，更是如此。然而，由于有新成员的加盟，高层管理团队则往往可以有效地设计出更富有创造性的决策方案，并容易得到对这种方案表示支持的态度转换和行为选择，从而形成有效的组织承诺。

第五阶段，从试验到寻找。每一项成功的组织变革都应当经历这一阶段，它要求在大规模变革引入之前进行必要的"可行性测试"。尤其是组织变革方案涉及权力结构的变革时，试验性的氛围和行动就更有必要。一方面，低层管理者毫无疑问关心高层管理团队提出组织变革决策方案是否会继续支持他们的行为，或者关心在多大程度上改变既有的决策模式。如果低层管理者感觉到新的组织方案要求他们的行为做出重大改变，那么，他们的职业就可能受到威胁。另一方面，由于高层管理团队承担着公司生存和发展的重大责任，如果他们看不到试验过程中所带来的有形的进步，那么，他们也可能转而维持现状或者寻找其他的变革方法。

第六阶段，从巩固到接受。如果高层管理团队所策划的每一项成功变革都获得了组织绩效的改进，而且，有迹象清楚地表明，组织变革的方案已经获得来自组织不同层次的支持。显然，这种积极的变革实践具有强烈的巩固效应。也就是说，人们获得了收益并鼓励继续变革实践，甚至扩大他们正在变革实践的范围。随着越来越多的问题得以识别以及越来越多的人参与到问题的解决过程中来，我们不但将看到创业团队企业家精神强化的过程，而且，还能感受到创业团队企业家精神通过创造性的变革实践活动，正在逐渐扩散成为公司企业家精神。

5.1.2.2 高层管理团队管理风格的变化

尽管格雷纳关于企业成长五阶段理论仍然只是"粗略性的（approximations）"，但是，这种研究思路启发着后来的学者结合不同产业和不同文化背景，对企业动态成长过程中的组织结构、控制、奖惩和管理风格等发展过程做出深入探讨。

我们较为关注的是在企业演化与变革相互交替的动态成长过程中创业团队管理风格的变化。根据格雷纳关于五个阶段组织实践的总结（表5.2），高层管理团队也从第一阶段充满"个性化的或者是创业型的"管理风格，先后经过了"指导"、"授权"、"监控"和"参与"等变化。通过高层管理风格的变化，我们可以深刻体会到，企业成长越往高一阶段发展，越需要采用高层管理团队组织，越需要高层管理团队发挥作用。从"个性化"的创业模式到"团队式"创业模式转换是企业实现演化与变革相互交替的必然，而其中创业团队企业家精神的发挥更是决定了企业成长的质量。

表 5.2   高层管理风格变化及其组织实践

分类	第一阶段	第二阶段	第三阶段	第四阶段	第五阶段
高层管理风格	个性化的或者创业型的	指导	授权	监控式	参与式
管理重点	制造和销售	运营效率	市场扩张	组织巩固	问题的解决和创新
组织结构	非正式的	集权化和职能性的	分权化和地域性的	直线管理和产品群组	团队的矩阵
控制系统	市场结果	标准化和成本中心	报告和利润中心	计划和投资中心	多重目标设置
管理报酬的重点	所有权	薪水和价值增加	个人薪金	利润分享和股票期权	团队奖励

资料来源：Greiner，Larry E.，Evolution and Revolution as Organizations Grow，*Harvard Business Review*，July-August 1972，p.66。

值得关注的是，第五个演化阶段要求通过建立更加灵活的行为方式来进行管理。格雷纳认为，这一阶段具有以下特征：第一，重点是通过团队行动尽快地解决问题；第二，任务小组活动中的团队由跨部门的人构成；第三，总部人事专家成员在数量上得以减少，重新安排，与跨部门的团队相结合，成为部门单位的顾问；第四，经常性地采用矩阵式组织结构以组建合适的团队，解决专门性问题；第五，以前的正式系统被简化并被并入单一的多目标系统中；第六，建立了主要管理者参加的会议制度，以便于集中解决重大的问题；第七，采用培训项目，训练员工在更好地执行团队和解决冲突中的行为技巧；第八，实时信息系统与日常性决策相结合；第九，经济报酬更多地与团队绩效而不是个体绩效相挂钩；第十，组织内的新实践性试验得到鼓励。①

---

① Greiner，Larry E.，"Evolution and Revolution as Organizations Grow"，*Harvard Business Review*，July-August 1972，pp.37—46.

格雷纳认为，许多美国大公司处在组织成长的第五阶段。尽管没有明显的证据，但这一变革将以雇员的"心理饱和（psychological saturation）"为中心，这些雇员消耗了大量的精力和体力，他们在团队的紧张工作和创新方案的巨大压力中成长。格雷纳做出了大胆的预测，第五阶段的变革将通过新的组织结构和允许雇员获得阶段性的休息、反省和重新恢复精神的方案来加以实现。格雷纳由此认识到公司的双重性组织结构：一是"习惯性"的结构，用以安排日常性的工作得以完成；二是"沉思性"的结构，用以拓展视野和扩大个人智慧。在他们的精力消失和重新恢复过程中，雇员可以来回地穿梭于两种组织结构之间。

这些带有前瞻性的思考至少带给我们这样的启示：一是企业成长越往高级阶段发展，规模越大，执行人性化管理模式可能是一种发展趋势，它可以最大程度地使每一个部门和每一位具有企业家精神的管理者发挥更大作用；二是高层管理团队在规划和设置了多重目标的控制系统后，可以保证公司各事业部单位或者是以公司内部跨部门的方式组建类似于创业团队，并且可以获得公司高层的鼓励性态度；三是企业在经历了每一次变革阶段后，管理重点、组织结构、控制系统和组织报酬设计等都将发生根本性的改变，这种组织实践上的变化反过来也要求公司高层管理团队发生必要的变化，要么高层管理团队成员通过一种学习型机制快速地把握团队企业家精神的内涵变化，要么高层管理团队成员进行必要的调整，组建新型的高层管理团队，以保证高层管理团队企业家精神能够满足促进企业成长的需要。

5.1.3 权力再分配对团队企业家精神的影响

5.1.3.1 组织变革中的内部权力再分配

"权力"是正式职权的核心，其影响力主要在于高层管理者或者高层管理团队。"再分配"意味着在决策过程中对所采用的传统权力结构的显著改变。每一次从演化到变革的阶段性转变，离不开高层管理团队创新性的变革实践，离不开高层管理团队能够以一种超前行动的方式，事先预计到下一个演化阶段可能出现的管理困境，然后采取大胆地组织变革。事实上，权力的再分配贯穿于企业成长的全过程。

格雷纳特别关注领导者或者高层管理团队在"权力分布"连续体中所处的位置。他提出了权力再分配连续体的三种表现：第一，一端是"单边的职权（unilateral authority）"，组织变革是通过一个人在公司中所处的层级位置的权力来实施，所遇到的问题界定和解决方案往往由高层梯队详细说明，并通过正式的、非人性的控制机制对下级进行指挥；第二，更多的处在称之为"权力分享"的中间位置，组织变革采取是团队决策方式和团队解决问题的方式；第三，与单边的职权相反的一端是"授权"。① 虽然拉里·格雷纳并没有结合成功组织变革的六阶段学说，对权力再分配连续体的三种表现形式做出实证性的研究结论。但他还是通过有限度地比较成功与失败企业的管理实践，得出了初步的结论：成功的案例比较多地采用"权力分享"法。然而，不太成功的组织变革实践所采用的方法更多地接近于权力连续体的极端。并且，不成功的企业中没有一家采用"权力分享"方法。

企业成长的五个阶段必然多次夹杂着权力再分配的活动，每一次权力再分配的结果又不断地推动着企业成长的下一次阶段性变革实践。所以说，高层管理团队企业家精神的发挥需要组织内权力的再分配，而且，这种权力再分配方式和权力再分配结果决定着高层管理团队企业家精神发挥作用的形式和环节。

5.1.3.2 高层管理团队内权力再分配对创业活动的影响

格雷纳把领导者或者高层管理团队的"权力分布"视做连续体的思路很有其实践价值。尽管他只分析了三种特殊情形，而且，他也注意到这种再分配行为越来倾向于采用"权力分享"的方法。但是，无论是小企业的创业团队还是大企业中的高层管理团队，一般而言，高效的管理团队倾向于由功能互补的团队成员构成。权力再分配活动在不同功能背景的团队成员之间进行，如果这些权力是以一种平均分配的方式进行，显然不利于提高高层管理团队成员参与决策的信心和愿望，进而会降低高层管理团队的决策质量，并直接影响到创业活动类型的选择。理想的

---

① Greiner, Larry E., "Patterns of the Organization Change", *Harvard Business Review*, May-June 1967, pp. 119—130.

情况应当是，根据企业类型、成长阶段、所处行业环境因素、团队构成等因素，进行科学的权力再分配，以保证创业活动能够有助于企业快速成长的需要。

5.1.3.3　高层管理团队成员变化模式对创业团队企业家精神的影响

从成功的权力再分配的要求出发，我们发现，在正式发动组织变革之前，组织绩效和士气往往都处于一个较低的水平上，高层管理者或者高层管理团队都正在充分考虑减少外部环境和内部条件带来的负面影响，似乎在摸索一种解决问题的方案。

在现实的组织变革形成过程中，我们发现高层管理团队本身也在悄悄地发生成员上的变化，如果一位新来者处在高层团队中较为理想的位置，他就往往可以通过鼓励高层管理人员重新反省他们过去的实践和目前遇到的问题，可以对组织进行重新定位以解决其内部问题，这位新来的团队成员俗称"空降兵"。问题的关键是，企业成长到哪一个阶段或者组织发展出现何种征兆时，企业应当引进何种"空降兵"到高层管理团队中来难以做出正确决策。虽然拉里·格雷纳比较倾向于引入"空降兵"的方式来提高决策质量，但高层管理团队成员变化对创业团队企业家精神的延续意义深远，究竟采取何种高层管理团队成员变化模式或者何时导入高层管理团队的新成员，都是需要做深入分析的现实课题。

5.2　企业成长与企业家精神延续

从前一节的分析中，我们可以发现，企业成长不可能是以风平浪静的方式向前推进。在"演变"之后必然需要一种"变革"，而这种变革对创业者或创业者团队来说是极为痛苦的管理困境，打破这种困境需要一种企业家精神。从这个角度看，实现企业成长需要企业家精神的延续，并且，这种企业家精神至少能够达到足以推动企业成长的需要。

5.2.1　创业型企业成长的驱动力分析

当一家创业型企业度过了创始人驱动并以创始人为主的生存期限之后，

创业者或者创业者团队就将面临创业者与经理人合二为一的压力。①

与霍华德·史蒂芬森②、派·戴维森及其团队③的观点一样，杰弗里·蒂蒙斯也认为，无论创业型企业刚刚形成还是处在成长或成熟期的企业，都存在着传统管理与创业管理两种方式以一定比例的相互融合。杰弗里·蒂蒙斯把企业发展阶段（上轴）、传统管理（底轴）、创业管理（左轴）、变化与不确定性（右轴）结合起来，动态地比较了主要企业模式的差异性（如图5.3）。

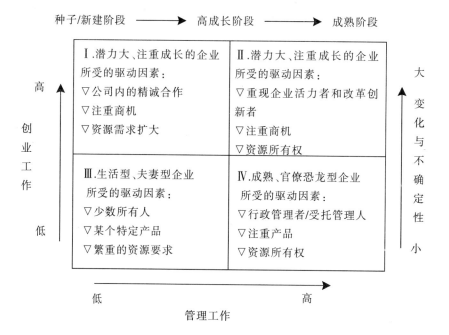

图5.3　创业型企业成长的动态考察

资料来源：［美国］杰弗里·蒂蒙斯著，周伟民译：《创业者》，华夏出版社2002年版，第42～43页（略有修改）。

---

① ［美国］杰弗里·蒂蒙斯著，周伟民译：《创业者》，华夏出版社2002年版，第40～43页。

② 霍华德·史蒂芬森：《创业精神的六个面向》；［英国］苏·柏莉、［加拿大］丹尼尔·穆兹卡编，黄兰岚、黄君慧译：《创业精神与管理》，培生教育出版社股份有限公司2004年版，第39～46页。

③ Davidsson Per and the PEG research team, "A Conceptual Framework for the Study of Entrepreneurship and the Competence to Practice it", 2000.

　　传统的观点认为，好的创业者通常不是一名好经理，因为他缺少必需的管理技能和经验。同样，一名好经理也不会是一个好的创业者，因为他缺少从事开始创建企业所需的一些极强的个人素质和市场定位能力。杰弗里·蒂蒙斯在统计分析的基础上认为，那些把繁荣期延续到初创阶段以后并发展成为极具雄厚实力的新兴成功企业，它们的领导人可以实现创业者和经理人的合二为一，它兼有创业者和优秀经理人的双重优势。

　　处于不同阶段的企业，其变化和不确定性程度也不相同，因而表现出或多或少的创业特征或管理特征。当一家企业处于萌芽期或者初创期，并且处于充满变化和不确定的条件时，即处于图 5.3 中第 I 象限时，这些公司往往属于具有高度企业家精神和充满创业激情的企业：它往往由一支团队领导，受创始人个人的价值观、责任承诺以及对机遇的认知所驱动。伴随着企业成长的进程，创业型企业将努力从第 I 象限发展到第 II 象限，此时，根据企业主要驱动力的变化情况，创业者或者创业团队需要做两项工作：一是从"公司内的精诚合作"转向"重现企业活力者和改革创新者"。它要求企业重视创业团队内不同个体成员的积极性和创造性，重视通过塑造创业团队凝聚力来维持和提高创业团队企业家精神的水平。二是从"资源需求扩大"转向"资源所有权"。它意味着要妥善处理创业型企业非人力资本与人力资本的关系，并据此确定所有者权益。

5.2.2　以企业家精神为主导与专业化管理的比较

　　通过对创业型企业从成功走向失败，和那些又能从失败边缘摆脱出来且再度走向繁荣的经典案例剖析，厄威克·弗莱姆兹认为，一个公司的增长可以分为七个阶段，即新建企业、扩张、专业化、巩固、多元化、一体化、衰落或复苏。公司增长的第一阶段和第二阶段共同构成了企业发展中以企业家精神为主导的阶段，而第三阶段和第四阶段则构成了专业化管理阶段。[①] 这两个阶段是有本质不同的（如表 5.3），前者倾向于以不规范的、

---

　　① ［美国］厄威克·弗莱姆兹著，李剑锋译：《增长的痛苦——通过规范管理战胜企业增长中的危机》，中国经济出版社 1998 年版。

缺乏系统和一种自由化的精神为标志，而后者则倾向于更为正规、更加完善的系统，且以利润为主要目标。企业增长的痛苦主要表现在，当新创企业发展到一定的时期，它必将面临必须实现从以企业家精神为主导的企业向一个由企业家创造的专业化管理的公司转变。

表 5.3　以企业家精神为主导的管理和专业化管理模式的比较

关键的领域	以企业家精神为主导	专业化管理
利润	利润被看做是一种副产品	以利润为目标，利润是一个明确的目标
计划	不正式的混乱的计划	正式的、系统的计划（战略计划、经营计划和应变计划）
组织	不规范的重叠的组织并且没有对责任的规定	对各部门的任务有规范、明确、详尽的规定，且部门之间分工明确、相互合作
控制	不公正的、混乱的控制，很少使用正规的衡量标准	正规的、有计划的组织控制系统，包括明确的目标、衡量标准、评价和奖励
管理开发	无计划的开发，主要是通过岗位培训进行	有计划的管理开发（确定需求、设计方案）
预算	预算不明确，没有对变动的应变措施	根据标准和变动状况进行管理
变革	倾向于大变革，愿意承担大的风险	倾向于可带来增长的变革，愿意承担可计算的风险
领导	从非常直接到放任主义之间的各种风格	协商参与式的风格
文化	无明确定义的"家庭式"文化	完善的文化

资料来源：［美］厄威克·弗莱姆兹著，李剑锋译：《增长的痛苦——通过规范管理战胜企业增长中的危机》，中国经济出版社 1998 年版，第 41～42 页。

厄威克·弗莱姆兹还把专业化管理阶段之后的多样化、一体化、衰退与复苏这三个阶段视为管理增长的更高阶段，这些阶段所遇到的问题与第一到第四阶段即从以企业家精神为主导到专业化管理的转变过程中所遇到的问题有很大的区别。

多样化阶段往往出现在公司最初的产品或生产线达到成熟状态，无法继续推动企业未来的充分发展，是市场饱和的一种必然结果，这一阶段的中心问题就是要努力让公司开始经营多样化,这种多样化经营的新产品可以与原来的产品属于同一业务,也可以并不是属于同一业务。在多样化阶段里,企业家精神再次变得特别重要,而且,这种企业家精神的新思维已经不能再沿袭开创基业时的那种逻辑。

在设计一体化阶段的管理系统时,需要特别强调的是在公司与各部门之间实现集中统一与分散权力的平衡。集中统一过度可能会导致形式重于实质的官僚化以及企业家精神僵化,权力分散过度则又可能导致难以整合公司内部各事业部单位的经营战略和文化模式。

由于市场竞争、领导方式和管理技能的退化、公司内部的骄傲自满情绪等原因,任何企业都可能出现衰退的迹象,凡是谋求持续成长的企业必然会考虑如何复苏的问题,这就意味着企业进入增长的第七阶段。这一阶段最为主要的任务是彻底重组企业,它需要公司再一次成为以企业家精神为主导的公司。

从上面对以企业家精神为主导的管理模式和专业化管理模式所做的对比性描述来看,两种类型各有长处和局限性,不同的管理模式适用于企业发展的不同阶段。以企业家精神为主导的企业在向专业化管理转变时,一些管理方法不可避免地要失去,同时,还要增添许多新的管理理念与管理方法。也只有这样,创业团队企业家精神才能得以延续下去,企业竞争优势才可能被得以继续体现。诚如厄威克·弗莱姆兹所类比的那样,"就像一株在盆里生长得很好的植物,为了持续健康地成长,必须要被移植一样。一个规模超过了其基础和风格的企业也必须实行转变,否则就会导致很多问题"①。

5.2.3 企业家心态、经理心态与技术专家心态

每一个人都具有许多个性和心态,办企业的人具有"三位一体"的特点,即他的头脑兼有企业家、经理和技术专家三种心态。迈克尔·格

---

① [美国]厄威克·弗莱姆兹著,李剑锋译:《增长的痛苦——通过规范管理战胜企业增长中的危机》,中国经济出版社 1998 年版,第 44 页。

伯曾把这三种心态人格化，分别称之为"企先生"、"经先生"和"技先生"，并对办企业的人所具有的三种心态进行了比较研究(如表5.4)。

表5.4　企业主的三种心态

比较项目	企先生	经先生	技先生
思维焦点	未来的世界	过去的世界	现实的世界
角色定位	预言家、梦想家	良好秩序的维护者	实干家
生活状态	梦想	烦恼	专注
功能定位	变革的催化剂	伺候企先生，发现管理问题	稳扎稳打地工作，独行其道者
心理偏好	创造性，善于处理未知和不确定性，渴望主宰	墨守成规，渴望秩序，务实主义	喜欢直感，喜欢方法，怀疑崇高的想象和抽象的概念

资料来源：[美国]迈克尔·格伯著，洪允息译：《企业家迷信——多数小企业不成功的原因及对策》，新华出版社1996年版，第8～18页。此表由作者整理而成。

企先生能够把无关紧要的小事转化为难得的机遇，是点燃未来之火的想象力的化身，实力强劲的企先生总是充满着一股主宰事物的强烈欲望。经先生讲究实际，他喜欢秩序，他总是喜欢把一切东西都安排得井井有条；经先生总是伺候企先生，甚至在为企先生收拾烂摊子。技先生则是典型的实干家，他的信条是"要事情办得好，符合要求，就得自己动手"；对于技先生来说，除非一个人所思考的是一件需要做的工作，否则思考是徒劳的，思考并不是工作，思考妨碍工作。①

迈克尔·格伯曾主张，具有非凡能力的人应当是那些在头脑中有企先生、经先生和技先生的影子，而且，在他们的头脑里三种心态是旗鼓相当的人。此时，企先生可以放手开拓他感兴趣的新领域，经先生可以不断地巩固经营据点，技先生可以专心致志地做他的专业技术工作。而且，每一位都因为从事了他能做得最出色的工作，并为整体做出了最有

---

① [美国]迈克尔·格伯著，洪允息译：《企业家迷信——多数小企业不成功的原因及对策》，新华出版社1996年版，第8～18页。

效的贡献而获得最大的满足感。

迈克尔·格伯主张优秀的企业主应当同时具有上述三种不同角色和心态，这种理想化的、能够实现三种心态平衡的企业主在现实中很难发现。包括迈克尔·格伯自己也发现，在典型的小企业主头脑中，只有10%企先生的身影、20%经先生的身影和70%技先生的身影。

我们认为，既然这三种人格化的心态很难集于一身，那么，我们可以将其置身于创业团队之内，使其分属于不同的创业团队成员，即创业团队内有的成员倾向于企先生，有的倾向于经先生，还有的倾向于技先生，那么，由不同成员所构成的创业团队则具有不同的团队特质。另外，结合拉里·格雷纳的分析，还可以进一步推断，在企业成长的不同阶段，最佳的创业团队应当存在着企先生、经先生和技先生不同比例的心态组合，并不一定始终是旗鼓相当的。不同比例组合所形成的创业团队将具有不同程度的创业团队企业家精神，这种创业团队企业家精神的变化反过来又对企业成长速度和经营业绩产生巨大影响。

5.2.4 企业"增长的痛苦"的实质

厄威克·弗莱姆兹关于企业"增长的痛苦"的观点至少可以给予我们研究企业成长过程中的企业家精神延续问题以下三个方面的启示：

5.2.4.1 以企业家精神为主导的企业向专业化管理的模式转变并不意味着企业家精神在专业化管理阶段就变得可有可无

以企业家精神为主导的新建企业在扩张阶段，涉及市场定位、产品创新、资源获取以及与之相关的经营系统等四大主要问题，这些活动显然需要企业家个体或创业团队的企业家精神，而且，主要是以面向企业外部所进行的创业思维。在专业化管理阶段，企业的主要问题不再是市场、产品和资源等方面的创新与冒险，"专业化"和"巩固"阶段以高度规范化为特征，侧重于转向建立管理系统和创建企业文化。企业的快速成长需要一种规范化的计划、组织、激励、领导和控制等管理活动来加以支撑，但是，这些活动同样需要个体企业家或企业家团队的企业家精神，只不过，此时的企业家精神重心开始转向企业内部。

我们认为，专业化管理的公司同样需要企业家的创新与冒险，需要他致力于积极进取的创造性工作，相比较于企业家精神为主导的模式下那种"手把手"的管理者或者是实干家来说，专业化管理的确带给创业者部分控制能力的丧失，特别是创业者将逐渐失去对公司日常运营的部分直接控制权，但管理开发、组织变革、企业文化建设同样需要一种以创新、冒险、积极进取为导向的企业家精神。这一观点与后来派·戴维森及其研究团队关于行政型管理与创业型管理相融合的主张是完全一致的。①

5.2.4.2 与企业成长过程相伴而随的企业家精神作用方式的变化

根据第二章关于企业家精神的回顾，我们可以发现，企业家精神的基本维度包括：创新、冒险、自治、超前行动、进取性竞争。企业家精神的五个维度可以体现在多个方面的管理实践之中，比如，熊彼特主张的企业家精神核心思想在于"破坏性的创造"，它可以体现在引进新产品、引入新生产方法、开辟新市场、发现新供应来源以及在产业内执行新组织形式等方面。我们也发现，厄威克·弗莱姆兹在分析组织增长不同阶段时，其企业家精神的作用方式各有侧重（如表5.5）。特别是组织成长的第一、第二阶段里，基本上涵盖了熊彼特所提的"破坏性创造"的前四项。在组织成长的第三、第四个阶段里，虽然厄威克·弗莱姆兹强调的是实现专业化管理，但究竟选择何种新组织形式对企业家精神来说影响极为深远，并且，按熊彼特的观点，执行新组织形式也可以称之为是一种创新。所以，从第一到第四阶段里，企业家精神始终是需要的，所不同的只是企业家精神的作用方式发生了变化，进而带来的是企业家精神的不同维度在企业成长不同阶段上的重要性程度差异。而到了组织增长的第五阶段以后，公司继续依赖那些曾经为公司带来最初成

---

① Davidsson and the PEG research team，"A Conceptual Framework for the Study of Entrepreneurship and the Competence to Practice it"，2000.

功的技能显然已经不合时宜，公司必须重新转向以企业家精神为主导的管理，努力使其保持创业初期一样的企业家精神。

表 5.5　企业成长中企业家精神的功能分析

阶段	特征	关键性发展领域	企业家精神的作用方式
一	新建企业	市场和产品	（1）成功地发现尚未开发的新市场 （2）识别并确定新产品
二	扩张	资源和经营系统	（1）获得资源，并尽可能地控制资源渠道 （2）建立一个更加复杂的、高效运营的经营系统
三	专业化	管理系统	（1）计划和制定战略的能力 （2）规范化的计划、组织、领导、激励、控制等体系 （3）重要的是如何不过分扼杀个体企业家精神
四	巩固	企业文化	（1）建立以价值观、信念、规范为内容的企业文化 （2）保证第二代领导人能够延续上一代创业者的企业家精神 （3）重要的是如何保证让个体企业家精神转化为公司企业家精神
五	多样化	新产品：重复第一到第四阶段	（1）放弃以前的产品经营，并着手开发并生产更新的产品 （2）在原有产品基础上的相关多元化或者非相关多元化战略的选择 （3）重构公司组织结构和管理体系
六	一体化	不同业务单位的一体化	（1）设置相关事业部单位 （2）公司购并与资产重组 （3）企业文化的重构

续表

阶段	特征	关键性发展领域	企业家精神的作用方式
七	衰退与复苏	企业增长前述阶段中各方面的复苏	(1) 超前行动以避免进入产业衰退阶段 (2) 创建新的组织结构 (3) 重新思考公司产品经营和市场定位 (4) 重新设计资源获得渠道和资源控制模式

资料来源：[美国]厄威克·弗莱姆兹著，李剑锋译：《增长的痛苦——通过规范管理战胜企业增长中的危机》，中国经济出版社 1998 年版，第 45 页。由作者整理而成。

尤其是在面临复苏的第七阶段里，公司面临市场复苏、产品复苏、资源复苏、经营系统复苏和管理系统复苏的重任，公司必须培养一批具有企业家精神的管理者。具有企业家精神的管理者不同于开创基业的创业者，他们是这样的一种人：他们的思维方式更像是一个创业者，而不是职业管理者。职业管理者在企业发展的前六个阶段是非常需要的，但在第七阶段里，企业更需要的是具有企业家精神的管理者。

5.2.4.3 避免"增长的痛苦"关键在于使企业家精神能够不断得以强化而不是退化

厄威克·弗莱姆兹认为："一个公司能从发展的第一到第四阶段始终保持企业家精神只是一种理想和愿望，在现实中，它总会在一定程度上丧失这种企业家精神，现在的公司必须努力重新恢复它。"我们认为，这才是组织增长的痛苦症结之所在。企业在从以企业家精神为主导向专业化管理模式的转换中，企业家精神强度也在发生着变化，由于正式的、系统的计划取代了原先不正式的、自发的计划模式，分工明确的组织架构和严格的控制系统取代了原先不规范的组织架构和非正式的控制体系，一种行政官僚化倾向正在不断强化，从而压制了企业家个体创新的冲动，延缓了企业家创新的速度。同时，创业初期的冒险程度随着企业成长也在下降，从原来愿意承担较大的风险转变成了只愿意承担可以计算的风险。所以说，从企业家精神强度的角度看企业增长，避免增长的痛苦关键在于使企业家精神能够不断得以强化而不是任其退化。

我们认为，从第一阶段向第四阶段的变化过程中，致命的打击可能在于企业家精神的退化。在厄威克·弗莱姆兹阐述企业增长的后三个阶段时，我们也能体会到，如果这种企业家精神退化的趋势不能得到纠正，则意味着企业的衰败。同时，企业要从多样化、一体化发展到更高的阶段，迫切希望能够重新恢复企业家精神，而且，原本的创业者可能没有时间或精力来"以创业者的眼光"考虑产品更新和市场重新开拓，也不一定具有当初创业时的热情，所以，厄威克·弗莱姆兹主张聘用或者培养具有企业家素质的管理者来帮助企业度过增长的痛苦。

在公司内部既要做到强化企业家精神，又要做到防止企业家精神衰退，一项重要的任务是努力创建内部企业家精神（intrapreneurship，也可译成内企业家精神）。理论界关于内部企业家精神的研究脱胎于公司企业家精神的研究框架，目前正在形成独立化的研究领域。[①] 创业型企业的持续成长必然要求内企业家（intrapreneur）们以不同于创办一家新公司的方式，在业已建立的企业中形成新的业务、创立新的组织结构、重构新的管理体系、整合企业文化，只有这样，才能避免增长的痛苦。内企业家理论的基本假设在于公司现有的体系和结构限制了员工主动性的发挥，组织内部需要一批具有实干的梦想家来以创业方式进行创新冒险活动。"企业组织可以视为内部企业家精神的连续体（Antoncic & Hisrich，2003）"，成长型公司需要长期做的一项工作是建立相应的经营管理系统和企业文化，用以支持内部企业家精神发挥最大化作用。这同样是一种企业家精神强化的过程。[②]

---

① 陈忠卫、李晶：《内部企业家精神理论研究述评》，载《经济学动态》2005 年第 1 期，第 85～89 页。

② Antoncic, B. and Hisrich R. D., "Clarifying the Intrapreneurship Concept", *Journal of Small Business and Enterprise Development*, 2003, Vol. 10, Issue 1, pp. 7－24.

5.3　创业团队企业家精神的维度

　　企业家精神的维度反映了创业行为的典型特征，也是衡量研究个体或者组织是否具有创业型导向的判断标准。学术界对个体企业家精神和公司企业家精神维度的分析和归纳相对较多，但缺乏对创业团队企业家精神维度的关注，这也是制约创业团队企业家精神理论向纵深方向推进的一个重要原因。

　　丹尼·米勒较早地提出了企业家精神的基本维度。他认为，企业家型企业往往"致力于产品市场的创新，承担一定程度的风险，最先启动超前行动式的创新，并给予竞争对手沉重的打击"[1]，所以，企业家精神可以概括为三个基本维度：创新、冒险、超前行动。至今为止，多数学者仍然采纳丹尼·米勒最初所提出的企业家精神维度，并以此为理论依据开展了广泛的实证性研究。如第 2 章所述，G. T. 伦普金和乔治·德斯则采用了自治、创新、冒险、超前行动、竞争性扩张等五个维度来评价公司企业家精神。[2] 乔治·德斯等学者则把公司企业家精神的表现形式归纳为四种：持续再生、组织恢复、战略更新、范围再定义。[3] 其中，持续再生是指公司通过创建文化、设计过程和组织结构来支持和鼓励持续不断地引入新产品到当前的市场中，或者使现有产品进入新市场。组织恢复则是指公司试图通过对价值链所涉及的内部过程、结构和能力进行改进，从而提高执行战略的能力。战略更新的重点在于通过改变竞争方式，从而使公司在利用产品和市场机会方面变得更加有

---

　　① Miller，D.，"The Correlates of Entrepreneurship in Three Types of Firms"，*Management Science*，Vol. 29，No. 7，July 1983，p. 771.

　　② Lumpkin，G. T. and Dess，Gregory G.，"Clarifying the Entrepreneurial Orientation Construct and Linking to Performance"，*Academy of Management Review*，1996，Vol. 21，Issue 1，pp. 135—172.

　　③ Dess，G. G.，Ireland，R. D.，Zahra，S. A.，Floyd，S. W.，Janney，J. J. and Lane，P. L.，"Emerging Issues in Corporate Entrepreneurship"，*Journal of Management*，2003，Vol. 29，Issue 3，pp. 351—378.

利可图。"它既可以通过利用现有竞争优势，也可以通过开发可能带来未来成功的竞争优势来实现。"① 范围再定义是指公司采取超前行动的方式，积极寻找竞争对手尚未发现的、关于产品和市场的新定位。

我们认为，创业团队企业家精神具有既不同于个体企业家精神的内涵，也具有与公司企业家精神相区别的表现形式。而且，创业团队企业家精神对创业绩效的影响程度不能与公司企业家精神相提并论。创业团队企业家精神维度可以根据团队成员对创业决策的行为方式和影响能力来加以整理，总体上说，创业团队企业家精神包括四个维度：集体创新、分享认知、共担风险、协作进取。

5.3.1　集体创新

一般地说，创业团队并不是一群散兵游勇式成员的简单集合体。它与群体的最大区别在于团队内成员间具有相互依赖和密不可分的联系，而群体则没有这种特征。但是，作为具有团队企业家精神的创业团队组织还应当具备更高的标准，一是要求创业团队内部能够正确对待个体成员之间所发生的冲突，二是要求团队内部个体成员与组织之间能够在相互信任关系基础上形成有利于企业成长的心理契约关系。在此基础上，创业团队可以凝聚全体团队成员的力量，并通过这种团队成员对团队组织的向心力来推动创新方案的形成和创业决策方案的执行。所以，集体创新是创业团队企业家精神的首要维度。

"集体创新"维度的第一层含义是指，要允许创业团队内存在冲突，并采取有效措施利用好具有建设性功能的认知性冲突，积极控制对企业成长具有破坏作用的情感性冲突。在创业团队内部，具有集体创新意识的创业团队成员能够积极地参与到共同分析创业机会、共同探讨创业资源获取、共同研究化解企业成长危机的创造性方案中，并能够共同采取创造性行动方案来寻求快速成长。

---

① Ireland，R. D.，Hitt，M. A.，and Vaindyanath，D.，"Alliance Management as a Source of Competitive Advantage"，*Journal of Management*，2002，Vol. 28，Issue 3 ，pp. 413—446.

　　创业团队成员能够自觉地区分认知性冲突和情感性冲突，他们无论在思想意识上还是在个体行为上，都会积极而坦诚地就创业决策问题各抒己见，善于在团队内部形成具有积极功效和建设性作用的认知性冲突，并自觉地接受民主集中制的决策模式。与此同时，他们能够充分认识到情感性冲突可能具有的危害性，极力避免情感性冲突的发生。相反，如果，创业团队内部缺乏团队企业家精神，那么，创业团队内部必然表现出团队领袖或者个别团队成员的独断专行，他既不愿意看到认知性冲突的存在，也不愿意推动认知性冲突的形成，甚至在创业团队成员之间到处弥漫着情感性冲突，团队成员处在极度恐慌的关系紧张状态。

　　"集体创新"维度的第二层含义是指，在明确团队成员与团队组织之间相互的责任和义务的前提下，心理契约与组织承诺向着良性方向发展。事实上，如果个体团队成员与团队组织就心理契约的理解产生分歧，或者创业团队成员感到团队组织出尔反尔甚至故意违约，这时将使创业团队成员对心理契约关系遭受破坏产生愤怒的情绪，诱发非合作性的个体行为，甚至会破坏业已形成的集体创新模式。富有企业家精神的创业团队能够对心理契约关系破裂问题建立有效的预警机制，不但能够事先察觉企业成长过程中心理契约破坏的可能性，而且能够采取有效措施及时修正心理契约，采取有效的补救办法使心理契约关系朝良性的方向发展，并最终形成员工的组织承诺。相反，那种缺乏团队企业家精神的创业团队往往是在心理契约破裂之后没有及时采取补救措施，致使创业团队成员形成对心理契约违背后的情绪体验和随后的行为反应，甚至导致创业团队分崩离析，使创业团队企业家精神不断走向退化。所以，我们认为，创业团队企业家精神的"集体创新"维度的实现至少具备以下三个条件：一是团队目标与个体成员目标的有机结合；二是团队整体利益和团队成员个人的有机结合；三是团队内部竞争原则与合作原则的有机结合。

5.3.2　分享认知

　　创业机会可以视为企业家精神的逻辑起点。这种创业机会可以理解为通过创业者对资源的创造性组合来满足市场需求，并为自己获得超利润的一种可能性。① 问题是离开了具有异质性的创业者或者创业团队对创业机会的认知，这种创业机会也就毫无价值。创业者个体对创业机会的认知受三个因素影响：一是基于创业者个体的先前知识、独特个性所形成的"警觉"性；二是创业者个体对创业风险—收益的个人评价；三是创业者个体具有较好的先赋性社会关系，或者借助于各方面条件构建起良好的获致性社会关系。②

相较于个体创业来说，采用团队方式可以极大地提高对创业机会的认知水平。这是因为：首先，不同的个体成员具有不同的先前知识和多种个性特征，从而可以通过集体意义上的综合"警觉性"，更为有效地保持对外部客观存在的创业机会的认知；其次，团队内具有异质性的成员可以选择不同的角度对创业风险和创业收益进行更为科学的评价，从而获得更为理想的创业租金（表现为组织建立、配利行为、企业成长等多种方式）；最后，通过不同个体创业者所具有的社会关系间的整合，将有助于形成复杂的社会网络系统，从而为团队接近于创业机会和获得所需创业资源奠定基础。国内学者石秀印的研究成果还表明，"在我国存活下来的私有企业家中，获致性社会关系比先赋性社会关系更多地指向企业所需资源的掌管者"③。据此，我们还可以进一步推断的是，相比较于个体创业者而言，创业团队方式可能具有更为广泛的先赋性社会关系和更为丰富的获致性社会关系。这一切社会关系网络可以使创业团队更有机会发现、开发、利用创业机会。需要引起注意的是，富有企业家精神的团队不但具有一定程度的人口特征变量的异质性程度，而且，认知分享可以毫无拘束地发生在这种具有异质性的不同团队成员之间。相反，如果团队缺乏具有企业

---

① 汪良军、杨蕙馨：《创业机会与企业家认知》，载《经济管理》2004 年第 15 期，第 24～29 页。

② 石秀印：《中国企业家成功的社会网络基础》，载《管理世界》1998 年第 6 期，第 187～196、208 页。

③ 石秀印：《中国企业家成功的社会网络基础》，载《管理世界》1998 年第 6 期，第 191 页。

家精神，那么，其认知分享的范围则十分有限，甚至出现团队成员之间不愿意分享个体的创业认知或者出现群体思维惰性。所以说，分享认知可以作为确认和评价团队企业家精神水平的一个重要依据。

5.3.3 共担风险

早期企业家精神方面的研究文献往往把冒险作为个体创业者区别于一般雇员的典型特征。个体创业者需要独自面对外部不确定性并承担风险，而雇员则并不必须承担风险，他们所获得的是个人的薪金收入。创业者必须认真加以测量与承担的风险主要来源于三个方面：一是对临时发生的事件的可感知性；二是对事件发生的结果的可感知性；三是所发生事件的严重程度的可感知性。

创业总是与风险密不可分，但是，不同的个体创业者对待风险的态度并不相同。西姆·斯特金（Sim B. Sitkin）和埃米·帕波罗（Amy L. Pablo）在比较分析了风险感知、风险偏好和风险倾向三者关系的基础上认为，风险倾向是风险偏好和风险行为的调节变量，关于回避或者追求风险的愿望（即风险偏好）并不决定特定的风险行为，而只是影响到个体把存在多大程度风险的方法（即风险倾向）作为风险行为的可能性。[①] 基于这一观点，在管理团队中，团队成员的异质性将对冒险因素产生两方面的影响（如图5.4）：一是团队成员异质性影响到团队整体的风险偏好；二是团队成员的异质性影响到风险感知。

作为一支富有企业家精神的创业团队，在共担风险维度上至少具备这样的特征：一是具有异质性的创业团队成员可能具有不同的风险偏好，创业团队中既可能有极端的风险爱好者，也有可能存在极端的风险厌恶者，更多的创业团队成员可能处在风险连续统一体中的某一点。如果不同的团队成员能够就同一事件发生的风险偏好最终达成共识，那么，冒险成功的可能性就会加大。二是利用团队成员的异质性，不同的

---

① Sitkin, S. B. and Pablo, A. L. , "Reconceptualizing the Determinants of Risk Behavoir", *Academy of Management Review*, 1992, Vol. 17, Issue 1, pp. 9−38.

团队成员可以从自身的知识视野认知、分析和评价风险，如果就不同的风险感知能够得到有效整合，那么，对风险正确感知的可能性就会得到提高，进而可以做出更为有利可图的冒险行为。总体上说，团队企业家精神要求具有异质性的创业团队成员能够以一种积极的姿态共同判断事件发生的可能性风险，并采取共同承担风险的方式以减缓由个体成员独自承担风险所带来的巨大精神压力和经济损失的压力。

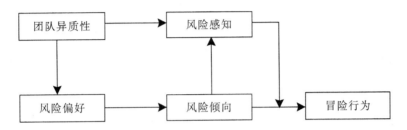

图 5.4 基于团队异质性的风险共担机理分析

资料来源：作者整理。

5.3.4 协作进取

传统的观点认为，企业家精神的繁荣是由于那些有思想的人能够独立地离开较为安全的职位，并努力把新的创意或冒险行为推向市场，而不再受限于组织的管理者或程序。[①] 这种对新创企业活动的推动力是不受约束的，所以，关于企业家精神的研究一般都把"自治"作为创业导向的重要维度。自治意味着个体或者团队能够在形成创意或愿景，以及实施这种创意的活动中采取独立的行动。我们认为，这种观点在分析个体企业家精神时特别合适，但盲目地套用"自治"的维度来研究创业团队企业家精神是不合适的，这也是个体企业家精神与创业团队企业家精神的重要区别。

---

① Lumpkin，G. T. and Dess，Gregory G. ，"Clarifying the Entrepreneurial Orientation Construct and Linking to Performance"，*Academy of Management Review*，1996，Vol. 21，Issue 1，pp. 135—172.

　　如果创业团队成员更愿意独立工作，而不愿意从繁忙的工作中抽出时间来与团队内的其他成员进行协调，那么，这样的创业团队仍缺乏团队企业家精神。只有那些创业团队内成员不但能够认识到在一定范围内坚持自治原则的重要性，而且还能够充分相信采取协作方式能够更好实现自我价值的创业团队，才称得上是具有创业团队企业家精神。因此，协作进取是衡量创业团队企业家精神的重要维度。

　　个体企业家精神的"进取"维度建立在"自治"维度基础上，但是，团队企业家精神的进取力量则是建立在协作基础上，这是团队企业家精神与个体企业家精神的重要区别之一。这种"协作进取"的创业团队企业家精神维度体现在三个方面：一是团队成员在知识、能力、角色等方面的互补性。具有异质性特点的团队可能会形成仁者见仁、智者见智的观点分歧，但协作进取的愿望能够使大家通过有效的观点争辩来达成共识，最大程度地避免在不确定环境下的创业决策失误。二是团队内充满学习型氛围，个体成员之间愿意就创业决策过程的不同观点进行深度会谈，进而在团队功能最大化的过程中达到个体团队成员的价值实现。三是团队内具有创业型的组织文化。这种创业型的团队文化能够始终向团队成员展示创业团队成立之初所坚持的创新意识、冒险精神、积极进取的创业行为，并且，不会因为团队规模的扩大或者团队成员的进进出出而影响到团体协作进取的愿望和行为。相反，有效的创业型团队文化能够在承认个体企业家精神的基础上，融入"协作进取"的成分，从而使个体企业家精神转化为创业团队企业家精神。

5.4　创业团队企业家精神动态延续的概念性模型

　　如上所述的企业成长理论显然已经都注意到创业团队重要性。如格雷纳就曾关注到组织在演化与变革的相互交替中，企业家发挥着不可或缺的作用。特别是在分析其企业成长理论的第五阶段时，他已经注意应当实现从个体创业精神向团队企业家精神的转变问题。格雷纳还特别指出了权力再分配对组织变革的重大影响，与其说他是在关注权力再分配与组织变革的关系，还不如说他已经注意到这种权力再分配对高层管理团队的影响，进而将直接对高层管理团队企业家精神产生深刻的影响。弗莱姆兹在分析组织成长七阶段的基础上，十分清楚地阐述了实现以企业家精神为主导向专业化管理的模式转变，他同时还指出，企业一旦进入增长的第七阶段，可能面临两种选择：一是高层管理团队企业家精神慢慢消失，进而企业走向衰退；二是对企业进行彻底的重组，但这又需要公司再一次成为以企业家精神为主导的公司。爱迪思则进一步剖析了管理团队如何才是最完美的问题。他指出，任何个人不可能承担在企业动态发展过程中的所有角色，每一种角色都有着其独特的行为模式。在企业成长的某一时点考察，不同角色之间存在冲突，而从企业成长持续成长的角度看，不同角色在完美的管理团队中所发挥的功能也是不同的，其所处地位也有所不同。所以，我们还可以进一步认为，一成不变的创业团队无法永久地维持企业快速成长，高层管理团队企业家精神也不应当是创业团队企业家精神的简单翻版。

5.4.1 创业团队企业家精神动态延续的概念性模型

在进一步综合前三章对企业家精神、创业团队与高层管理团队分析的基础上，结合企业从小到大的动态成长过程，我们特别提出关于创业团队企业家精神动态延续的理论性模型（如图5.5）。

5.4.1.1 模型设计的总体依据

第一，团队成员变化是该模型研究的前提。虽然从企业成长的角度看，即使创业团队没有随着企业规模扩大或时间推移而发生任何团队成员结构上的变化，由于内部权力斗争和利益分配而引发的创业团队成员继续创业的态度和行为也会发生微妙的变化，进而影响到创业团队企业家精神的强度，但这并不是该模型考察的重点。该模型分析的前提是，随着企业规模的扩大、商业竞争复杂程度的提高和创业型经营领域的拓

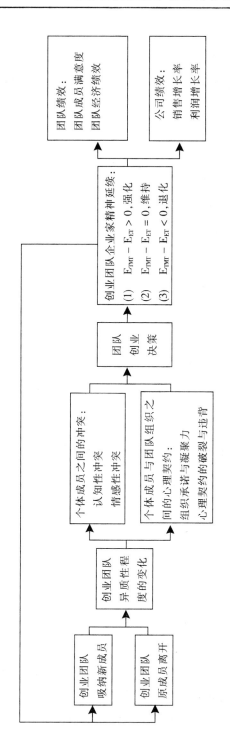

图 5.5　创业团队企业家精神动态延续的概念性模型

注 : E_{TMT} 表示高层管理团队企业家精神 ; E_{ET} 表示创业团队企业家精神。

资料来源 : 作者整理。

展，创业团队所面临的创业决策难度也在加大，创业团队成员的变化也就成为一种必然。这种创业团队成员变化的原因是多方面的，主要包括：一是创业团队的元老们因为身体等不可抗力因素而被迫离开原先的创业团队；二是创业团队的老成员因为无法接受内部竞争和承受外部市场竞争所带来的巨大压力而选择离开原先的创业团队；三是创业团队成员自身能力的提高和外部诱人的创业机会，使个别创业团队成员主动地选择离开原先的创业团队；四是个别成员从创业型企业内部提升到了高层管理团队之中；五是从创业型企业外部引进新成员，让其加盟到创业团队之中。

第二，创业团队人口特征变量异质性程度的变化是该模型的研究基础。无论是原创业团队成员的离开还是新成员加盟到高层管理团队之中，都将对唐纳德·哈姆布里克和菲利斯·玛森所研究的创业团队内各种"心理的"和"可观察的"特征变量[①]异质性程度产生影响，将对德博拉·格拉德斯泰恩所考察的包括技能组合、组织任期、任务任期等在内的"团队构成"变量和包括角色分工、目标说明、任务控制、正式领导等在内的"团队结构"变量[②]产生影响，而这种创业团队内各种变量异质性程度的提高将影响到创业团队运营过程，影响到以创业者个体企业家精神为主导的管理模式向由企业家创造的专业化管理模式的转变。这种创业团队人口特征变量异质性程度的变化将会影响到创业团队企业家精神的四个维度：集体创新、分享认知、共担风险、协作进取，从而影响到创业决策过程。所以，我们把创业团队人口特征变量的异质性程度的变化作为研究的基础。

第三，冲突和心理契约是影响创业团队企业家精神动态延续的两个关键性变量。该模型认为，创业团队内异质性程度的变化对创业团队企

[①] Hambrick，D. C. and P. A. Mason.，"Upper Echelon: The Organization as a Reflection of Its Top Managers"，*Academy of Management Review*，1984，Vol. 9，Issue 2，pp. 193－206.

[②] Gladstein，Deborah L.，"Groups in Context: A Model of Task Group Effectiveness"，*Administrative Science Quarterly*，December 1984，pp. 499－517.

业家精神动态延续的影响可以从两个方面得到较为合理的解释：一是创业团队内个体与个体之间冲突。结合杰弗里·蒂蒙斯创业团队模型中的三项重要因素，即使从一个相对较短的时期来看，由于创业团队成员异质性的存在，他们对创业机会的识别、创业资源的获取乃至创业团队自身的运营管理方法都可能持有不同的看法，冲突不可避免地存在着。如果从一个相对较长的时期来考察，创业团队内个体与个体之间所存在的冲突还存在着相互转化的可能，曾经被遏止的内部矛盾有可能被激化，认知性冲突范围的事件也会诱发情感性冲突，同时，也有些冲突和矛盾也会随着时间推移而得以化解。两种不同类型的冲突对创业团队企业家精神延续的影响效果并不相同，本书第 6 章将对此做出详细分析，这是其一。

其二是个体成员与创业团队组织之间的心理契约关系。研究创业团队企业家精神，除了考虑创业团队内部个体成员之间的冲突关系以外，还要重点分析个体成员与创业团队组织之间的心理契约关系。从心理契约的角度看，个体对团队组织存在着一定程度的组织承诺，而这种组织承诺直接影响到个体成员是否愿意心甘情愿地维护团队声誉，是否愿意默默地为团队组织贡献自己的力量，是否愿意以一种积极的势态投身于团队创业决策过程中。从根本上说，组织承诺决定着个体对创业团队的向心力，而所有个体成员对创业团队组织的向心力之和就形成了创业团队凝聚力。一般情况下，创业团队凝聚力水平越高，则创业团队体现出来的企业家精神越强，反之亦然。

企业成长过程中，无论是创业团队老成员还是新加盟的创业团队成员，都必然会与创业团队之间形成某种心理契约。但是，不管是同一时期加入到创业团队内的成员，还是不同时期加盟到创业团队内的成员，他们对于创业团队或者公司总部的期望并不一样。如果创业团队成员感到他们为组织的付出得不到某种属于心理契约范畴内的回报时，创业团队个体成员的心理契约关系将面临破裂的危险。此时，创业团队成员可能会逐渐降低自己的付出程度，在外部条件许可的情况下，甚至可能会主动选择离开原来的创业团队，这些表现可称之为心理契约违背及其所采取的反应性行为。

所以说，创业团队成员与创业团队组织之间的心理契约关系对创业团队企业家精神的动态延续具有双重的功效：一是有助于创业团队企业家精神的强化；二是导致创业团队企业家精神的退化，甚至出现高层管理团队的瓦解，本书第7章将对此做出详细分析。

第四，创业团队企业家精神延续的结果对创业团队稳定性具有反作用。虽然本书通过冲突和心理契约关系两个理论研究视角，重点放在创业团队成员异质性程度的变化对创业团队企业家精神动态延续的影响上。但是，我们从一个相对较长的时期来分析，创业团队企业家精神延续的三种不同结果对创业团队本身的稳定性也会产生影响。具体地说，(1) 如果创业团队企业家精神得以强化并促进了团队绩效与公司绩效的提高，那么，由于创业团队在集体创新、分享认知、共担风险、协作进取等维度上表现出不同程度的积极形象，这一切以及由此所带来的组织绩效通过广泛的社会传播和示范效应，必将进一步增强创业团队的凝聚力，并能吸引到更多的优秀成员加盟到创业团队来。(2) 如果创业团队企业家精神得以退化，往往表现为集体创新能力的下降、创业团队陷入群体思维的陷阱、团队成员间出现相互推卸责任、不愿意采取合作性行为等症状，加上创业团队和公司绩效的下滑，创业团队内部成员将逐渐丧失原先创业初期所表现出来的创业激情，最终将导致创业团队成员的流失，引发创业团队的不稳定感。(3) 如果创业团队企业家精神始终维持在一个相对稳定的水平上，则表明创业团队在集体创新、分享认知、共担风险、协作进取等维度上的表现能够满足企业成长的需要，此时，虽然创业团队成员可能会发生结构性变化，但并不会导致创业团队企业家精神的大起大落现象。

5.4.1.2 创业团队企业家精神动态延续的结果分析

笔者所提出的创业团队企业家精神动态延续的概念性模型，以创业团队人口特征变量异质性程度的变化为基础，通过冲突与心理契约两个研究视角，提出了创业团队企业家精神动态延续的三种可能性结果：强化、维持和退化。

创业团队企业家精神强化是指伴随着创业团队成员的结构变化，经由创业团队内成员间相互联系所形成的团队层次企业家精神得到增强，并且，这种创业团队企业家精神足以推进企业实现快速成长的一种趋势。

创业团队企业家精神维持是指伴随着创业团队成员的结构变化，经由创业团队内成员间相互联系所形成的团队层次企业家精神能够保持在基本上满足企业平稳发展所需水平的一种现象。

创业团队企业家精神退化是指伴随着创业团队成员的结构变化，经由创业团队内成员间相互联系所形成的团队层次企业家精神不断下降，并且，这种创业团队企业家精神将导致企业停滞不前甚至经营业绩下滑的一种趋势。

下面我们重点对创业团队企业家精神强化与创业团队企业家精神退化的两种情形做出比较（如表 5.6）。

表 5.6　创业团队企业家精神强化与创业团队企业家精神退化的比较

项目	创业团队企业家精神强化	创业团队企业家精神退化
对待风险的态度	创业团队的成功源于风险承担	创业团队的成功源于对风险的回避
预期与成效的关系	创业预期超过创业成效	创业成效超过创业预期
功能与形式的关系	团队功能重于团队形式	团队形式胜于团队功能
对待问题的态度	视问题为机会	视机会为问题
创业关注的重点	创业行为的原因和内容	做事的方式和过去是由谁完成的
团队与企业关系	创业团队驱使企业发展	企业驱使创业团队发展
创业团队作用方式	团队协作和积极的组织承诺	由群体思维陷阱所引发的组织惯性，心理契约关系破裂所引发的违背性行为
对创新的支持	支持创业团队的价值创造	政治上的小动作左右创业决策

资料来源：作者整理。

从表 5.6 中，我们可以比较创业团队企业家精神强化与创业团队企业家精神退化时企业的不同行为表现，其显著差异体现在八个方面：一是对待风险的态度。前者认为创业成功源于承担风险，而后者却认为创业成功源于风险回避。二是创业预期与创业成效的关系。前者往往是创业预期超过创业成效，从而使创业团队有一种永不满足的追求目标；而后者却往往是创业成效高于创业预期，从而使创业团队成员对团队表现和绩效有一种满足感。三是前者强调团队功能胜过团队形式，而后者却过分强调团队形式。四是前者把问题视为创业机会，而后者却把机会视为问题。五是前者强调创业行为发生的原因和创业决策内容，而后者却强调做事的方式和过去是由谁完成的问题。六是前者主张是创业团队驱动企业成长，而后者却主张是企业发展驱动着创业团队的发展。七是在创业团队企业家精神强化过程中，创业团队的行为倚重于团队协作的力量和团队成员积极的组织承诺；而在创业团队企业家精神退化的过程中，创业团队却往往迷恋于组织惯性，并导致创业团队群体思维陷阱和心理契约关系的破裂现象。八是对创新的态度。在创业团队企业家精神强化的企业里，对创业团队的创新行为和价值创造给予充分肯定和支持，而在创业团队企业家精神退化的企业里，组织内部的政治斗争往往左右着团队创业决策的制定，对创新方案并不一定表现出支持的态度和行为。

5.4.2 创业团队企业家精神动态延续模型的学术价值

虽然我们构建起了创业团队企业家精神动态延续的概念性模型，并且，与以前的研究成果相比，该模型更加关注在企业成长过程中创业团队成员变化所引发的创业团队成员人口特征变量异质性程度的变化，以及这种变化对创业团队企业家精神的影响，更加重视分析"团队结构—团队运营—绩效"这一传统研究框架内中间变量的影响机理。这一概念性模型的学术价值体现在以下三个方面：

第一，从冲突管理的角度解释创业团队企业家精神的延续和动态管理问题。重点研究创业团队内的认知性冲突和情感性冲突是如何通过影响创业团队的创业决策活动，进而导致创业团队企业家精神强化和退化的内在机理，并从创业团队成员个体间可能存在的冲突关系入手，提出了推动创业团队企业家精神强化和防止创业团队企业家精神退化的政策建议。

第二，从心理契约角度解释创业团队企业家精神的延续和动态管理问题。重点研究创业团队内个体成员与团队组织之间所形成的心理契约关系，以及如何通过个体对组织承诺表现出较高水平的创业团队凝聚力，进而推动创业团队企业家精神强化的内在机理。与此同时，值得研究的问题还包括当创业团队成员与创业团队组织间的心理契约关系破裂并引发心理契约违背的情况下，创业团队成员随后的行为表现（如"跳槽"等）又将以怎样的方式导致创业团队企业家精神的弱化。从构建创业团队成员与创业团队之间积极的、健康的心理契约关系入手，推动创业团队企业家精神的强化，既是未来企业成长理论的研究方向，也是未来企业家精神理论的研究方向。

第三，通过实证调研国内创业团队企业家精神变化及其对创业绩效的影响，修正并完善该模型，进而使该模型具有更大的推广价值。

本书在第8章虽然选择了合肥思飞公司和安徽意发集团两家具有典型性的创业型企业作为研究对象，剖析了创业团队形成及其创业团队企业家精神的动态延续问题，但是，对创业团队成员频繁变化以及由此引发的创业团队企业家精神动态管理问题的研究才刚刚开始。与创业团队企业家精神动态延续相关的主题仍值得深入探索：一是突发性危机所引发的继任者选择问题；二是企业成长过程中的家族制模式变迁问题；三是创业者与职业经理人之间的冲突与信任关系问题。上述三大主题均涉及创业团队成员的变化，而这种变化表现面看是创业团队人口特征变量异质性程度的变化，而其背后的实质是创业团队企业家精神动态延续问题。

5.5　实证分析及其相关结论

本实证部分采用问卷调查法，所有数据均为截面数据，使用社会统计学软件 SPSS15.0 对数据进行统计分析，其中的自变量是创业团队企业家精神的四个维度：集体创新、分享认知、共担风险、协作进取；因变量是团队绩效和公司绩效。各变量的测量均采用李克特 5 级量表（Likert-5point），要求问卷填写者根据问题陈述和企业实际情况的符合程度进行评分，采用正向评分，即完全不符合该陈述时选择"1"，完全符合时选择"5"。

5.5.1　样本的描述性统计分析

本次调查的对象是创业团队的成员，本问卷所界定的创业团队（高管团队）包括处于企业中高层职位，有机会参与公司重大问题决策，并能分享企业经济性收益的所有成员。本次调查采取了大量发放问卷与访谈相结合的方式，具体操作是先与企业家做访谈，让其了解问卷调查的目的，消除其顾虑保证问卷填写得真实性，大量发放问卷的主要目的就是通过有计划的调查取样，获得充足的数据进行实证分析。

问卷发放方式有两种，一是调查者亲自到企业，首先与企业董事长或总经理等访谈，由他们确定符合条件的创业团队人员，然后恳请创业团队人员填写问卷；二是利用 MBA 班及其他高层领导培训的机会，介绍问卷内容并发放，由符合条件的创业团队成员填写。在问卷调查收回后，陆续对回收的问卷进行整理，并逐笔检视以剔除无效问卷，之后对每份问卷赋予编号。

本次调查共发放问卷 283 份，回收 236 份，对漏答个别问题的问卷打电话询问后，然后剔除无效问卷，得到有效问卷 179 份，总体平均回收率和有效回收率分别为 83.39% 和 75.85%。本次样本覆盖北京、广州、浙江、安徽、山东、山西、江西等省市，包括国有企业、民营企业、合资/合作企业和外商独资企业等。

对样本的结构特征，我们运用 SPSS15.0 软件对样本公司的成立时间、规模和所处发展阶段以及企业家的性别、年龄和教育水平等变量进行了描述性统计分析，具体结果见表 5.7。可以看出公司的成立时间以 1～5 年的时间段最多，其次是 6～10 年；公司的相对规模，以中型企业偏多；公司的发展阶段，以处在成长阶段的占绝对优势，这说明我们调查的样本公司中较多的是较年轻的处于成长阶段的中型企业。企业家的背景信息显示，样本的年龄主要分布在 31～50 岁之间，占全部样本的 71％；在教育水平方面，以大学本科最多，占 45.3％，其次为大专。在性别方面，男性占 79.3％，女性占 20.7％。

表 5.7　样本描述性统计（N＝179）

公司背景	分类	样本数（个）	样本所占百分比（％）	企业家信息	分类	样本数（个）	样本所占百分比（％）
成立时间	1 年以下	2	1.1	年龄	30 岁或以下	30	16.8
	1～5 年	59	33.0		31～40 岁	68	38.0
	6～10 年	49	27.4		41～50 岁	59	33.0
	11～20 年	29	16.2		51 及以上	22	12.3
	20 年及以上	40	22.3				
相对规模	大型	49	27.4	教育水平	高中以下	19	10.6
	中型	67	37.4		大专	49	27.4
	偏小型	32	17.9		大学本科	81	45.3
	小型	31	17.3		硕士及以上	30	16.8
发展阶段	初创阶段	29	16.2	性别	男	142	79.3
	成长阶段	118	65.9		女	37	20.7
	转型阶段	32	17.9				

5.5.2　问卷的效度和信度

效度是指研究工具能正确测量所欲测量特性的程度，主要包括内容效度和建构效度。内容效度是指概念衡量题目是否能够充分涵盖所要探讨的概念程度。为了确保问卷的科学有效，本研究在基于文献探讨的理论性推论基础上，初步设计出问卷以后，在课题组内多次以团队形式进行了讨论，并且征求了企业家们的意见对问卷进行修改，删除不适当的题目，并修改语意不通顺的词句，使得衡量题目能真实反映出想要研究的内容。其次进行小规模的测试，以小规模发放问卷的方式进行，主要目的是改进提问方式，尽量减少问题的歧义，使被调查者明白无误地理解问题的含义，并尽可能提供真实的答案，并根据预测阶段的问卷分析结果对问卷进行了修改。因此本研究工具的发展具有内容效度。建构效度是指研究工具能够测量到理论概念或者特性的程度，本研究运用因子分析来验证研究工具的建构效度。对建构效度进行评定，首先必须对项目的结构、测量的总体安排以及项目之间的关系做出说明，然后运用因子分析等方法从若干数据中离析出基本建构，以此来对测量的建构效度进行分析。从因子分析结果来看，提取的 4 个因子所包含的 12 个测量条款的共同度，最低的测量条款为 0.549，也超出了有关学者所建议的共同度在 0.50 以上的临界水平，体现了问卷设计具有较高的建构效度。

收敛效度是指测量同一概念不同问项之间的相关度。本研究使用平均变异抽取量（Average Variance Extracted，AVE）来测量，AVE 是计算潜在变量的各测量问项对该潜在变量的平均解释能力。钱（Chin，1998）认为，AVE 值应该大于 0.5，这意味着解释了问项 50% 以上的方差。本研究的 AVE 值介于 0.557～0.678 之间，超过了 0.50 的临界要求，可见，所设计的问卷具有良好的收敛效度。区别效度的衡量，爱斯宾（Espinoza，1999）认为，各构面的 AVE 须大于各成对变量之间的相关系数平方，才能称得上具有区别效度。本研究样本的两两变量相关系数平方介于 0.311～0.549，低于最小的 AVE（0.557），故推估本研究设计的量表在四个维度之间具有良好的区别效度。

信度是指可靠度，即研究工具衡量结果的内部一致性程度。内部一致性系数反映了每个因子中的项目是否测量了相同或相似的特质，是重

要的同质性信度指标（王重鸣，1990）。本研究是以各因子的克隆巴赫
（Cronbach's α 值）系数来检验各因子衡量问项之间内部一致性。农纳
利（Nunnally，1967）指出，在初步研究中，克隆巴赫系数只要在 0.5
至 0.6 左右就可以接受。邱吉尔（Churchill，1979）认为，在基础研究
中，克隆巴赫系数达到 0.7 较为理想，如果达到 0.5 以上可以接受，如
果低于 0.35 则应该拒绝。

我们把有效问卷编号，数据录入以后对问卷项目做因子分析，对创
业团队企业家精神的 4 个因子分别进行信度分析，这 4 个因子的名称分
别是协作进取、分享认知、共担风险和集体创新，它们的克隆巴赫系数
依次为 0.779、0.696、0.626、0.628，总体的克隆巴赫系数为 0.837，
这 4 个因子的内部一致性系数 α 值都大于 0.5，符合统计要求，通过变
量的内部一致性检验，具有较高的信度。采用同样的方法，对绩效进行
分析，其中团队绩效和公司绩效的克隆巴赫系数分别是 0.637 和 0.872，
他们也通过了内部一致性检验，具有较高的信度。

5.5.3　创业团队企业家精神的因子分析

对问卷调查获得的 179 个有效样本，运用 SPSS15.0 软件进行因子
分析，采用主成分分析法提取共同因子，选取特征值（Eigenvalue）大
于 1.0 以上的共同因子，旋转使用极大方差法（Varimax）。样本充足
度的 KMO（Kaiser-Meyer-Olkin）测试系数为 0.855，完全符合凯泽
"Kaiser" 建议的 0.80 以上适合进行因子分析的判断准则。样本分布的
球形 Bartlett 检验卡方值为 590.582，自由度为 66，显著性水平 Sig. 值
为 0.000，表明样本数据适合进行因子分析。经过对在两个因子中载荷
接近和载荷小于 0.5 的测量条款予以删除，最终提取包含 12 个测量条
款的 4 个共同因子，这 4 个因子的方差总解释率达到 64.166%。

因子分析结果如表 5.8，因子 F1 由 4 个问项构成，是由原构思中
协作进取 5 个问项中提取出来的，命名为协作进取，其中去掉的一个问

项是因为其在因子 F1 和因子 F2 上的载荷很接近。因子 F2 由 3 个问项构成，是由原构思中分享认知 4 个问项中提取出来的，命名为分享认知，其中去掉的一个问项是因为其在因子 F2 和因子 F4 上载荷接近。因子 F3 由 3 个问项组成，是由原来构思中共担风险的 5 个题目中提取出来的，命名为共担风险，去掉的 2 个问项是因为其载荷小于 0.5。因子 F4 由 2 个问项构成，是由原构思中 4 个问项中提取出来，去掉的一个问项是因为其载荷小于 0.5，另一个问项是因为其进入因子 F1 中，这可能与问项的提问方法有关，在企业家填写时引起歧义，这个问项与原构思不符，故去掉。

表 5.8　创业团队企业家精神的因子分析结果（N＝179）

因子名称	项目内容	因子 F1	因子 F2	因子 F3	因子 F4
	Cronbach's α 系数	0.779	0.696	0.626	0.628
协作进取	比同行业竞争对手往往能率先抓住市场机会	**0.792**	0.072	0.077	0.235
	能够对外部环境的动态变化保持敏感性	**0.756**	0.206	0.212	−0.162
	比同行业竞争对手更加重视市场机会开发	**0.728**	0.121	0.363	0.180
	一致性地认同追求卓越的标准	**0.555**	0.356	0.060	0.348
分享认知	愿意采纳高管团队成员所提供的有价值的新观点	0.113	**0.809**	0.060	0.202
	拥有关于决策所需的新知识愿意主动让大家分享	0.176	**0.719**	0.192	−0.012
	对所讨论的问题拥有新观点愿意积极地与大家分享	0.140	**0.693**	0.187	0.219
共担风险	项目实施出现挫折高管团队成员愿意一起来分析原因	0.044	0.247	**0.768**	−0.001
	成员愿意就新项目的成本与收益进行深入讨论	0.279	0.127	**0.670**	0.073
	项目没有取得预期收益各成员也不会相互指责	0.203	0.050	**0.663**	0.309

续表

集体创新	多种资源获取方案的选择往往采用集体决策法	0.068	0.133	0.041	**0.844**
	公司喜欢以集体智慧来完善市场开发方案	0.203	0.225	0.296	**0.691**
	特征值	2.267	1.989	1.830	1.614
	方差解释率(%)	18.892	16.573	15.251	13.450
	累计方差解释率(%)	18.892	35.465	50.716	64.166

注：采用主成分提取法，旋转方法是极大方差法（Varimax with Kaiser Normalization），旋转收敛于 5 次。

5.5.4 创业团队企业家精神与绩效的回归分析

5.5.4.1 描述性统计及简单相关性分析

表 5.9 总结了本研究中各变量的描述性统计分析及简单相关分析，包括各研究变量的平均数与标准差，并运用皮尔逊相关分析方法来检验各变量之间的相关程度与显著水平。

表 5.9 因子的描述性统计及简单相关系数 （N＝179）

	均值	标准差	协作进取	分享认知	共担风险	集体创新	团队绩效
协作进取	3.7449	0.5947					
分享认知	4.1844	0.4859	0.457**				
共担风险	3.7877	0.6268	0.504**	0.418**			
集体创新	3.7598	0.7331	0.404**	0.409**	0.375**		
团队绩效	3.8054	0.5486	0.608**	0.367**	0.485**	0.314**	
公司绩效	3.5428	0.8775	0.474**	0.281**	0.415**	0.200**	0.542**

注：** $p < 0.01$。

由表5.9可以看出创业团队企业家精神的四个因子中以分享认知得分最高，其均值为4.1844，其标准差也最低，说明受试者对这个因子打分普遍较高。其次均值大小依次为共担风险、集体创新和协作进取，而标准差最大的是集体创新，这说明集体创新这个因子离散程度较大，受试者对这个因子认识偏差较大。团队绩效的均值略大于公司绩效的均值，受试者对高管团队绩效的评价好于对整个公司绩效的评价，可能是创业团队企业家精神对团队绩效的作用比对公司绩效作用效果更直接、更明显，这在下面的分析中也得以体现。

创业团队企业家精神的四个因子之间在0.01置信度水平上都是显著相关，其中以协作进取和共担风险相关系数最高，达到0.504；协作进取与分享认知的相关系数也很高为0.457，这说明了创业团队企业家精神中共担风险与分享认知都要以协作进取为基础，这两个维度与协作进取关系密切，没有整个团队的协作进取精神，很难进行分享认知和共担风险。另外共担风险与分享认知的相关系数也较高，这说明二者之间关系也密切，在充分分享认知基础上的共担风险才是科学有效的。

创业团队企业家精神的四个维度与团队绩效、公司绩效在0.01置信度水平都显著相关。这四个维度与团队绩效的相关系数都明显高于四个维度与公司绩效的相关系数，这说明了创业团队企业家精神对团队绩效的作用更直接。其中协作进取与团队绩效、公司绩效相关系数最高，其次是共担风险、分享认知和集体创新，这可能与我国转型时期的经济环境有关。

以团队绩效作为控制变量进行创业团队企业家精神与公司绩效的偏相关分析，结果如表5.10，可以看出创业团队企业家精神的四个维度中有两个维度：分享认知和集体创新对公司绩效在0.01水平上不再显著相关，虽然另外两个维度还是显著相关，但是相关系数比没有加入控制变量时下降明显，这说明自变量对因变量的作用，一定程度上是通过中介变量团队绩效起作用的。

表 5.10　加入中介变量的偏相关系数 （N＝179）

控制变量		协作进取	分享认知	共担风险	集体创新
团队绩效	协作进取				
	分享认知	0.316**			
	共担风险	0.302**	0.295**		
	集体创新	0.282**	0.333**	0.269**	
	公司绩效	0.217**	0.105	0.207**	0.038

注：** 　p＜0.01。

5.5.4.2　创业团队企业家精神与团队绩效的回归分析

相关分析可以说明各因素之间是否存在关系以及关系的紧密度与方向，回归分析则可进一步指明关系的方向，可以说明因素之间是否存在因果关系。为了更进一步探索创业团队企业家精神对团队绩效的预测情况，本部分采用多元线性回归分析，对前后因果关系进行验证。

多元回归分析是研究因变量与多个自变量之间相关关系的一种统计方法，以创业团队企业家精神的四个维度为自变量，以团队绩效为因变量进行多元回归分析，创业团队企业家精神的四个因子采用因子得分值来参加回归分析。回归分析采用 Enter 进入方式，使得所有自变量全部进入回归方程。本研究中回归分析不存在多重共线性，多重共线性是指自变量之间存在相关性，共线性的测定通常可以利用方差膨胀因子 （variance inflationary factor，VIF） 来判断，VIF 值就是容忍度 （tolerance） 的倒数。海尔、安迪森和布莱克 （Hair，Anderson and Black，1998） 建议以 VIF 值为 10 当做判断是不是多重共线性的标准。一般当 VIF 大于 10 时认为存在多重共线性。同时，他们也指出，研究者可以自行决定多重共线性的判断标准。本研究采用因子得分值来参与运算，其各个因子之间不相关，其 VIF 值为 1，所以不存在多重共线性。另外回归分析的杜宾—瓦特森检验统计量 （Durbin-Watson） 为 2.104，杜宾—瓦特森检验统计量 DW 是一个用于检验一阶变量自回归形式的序列相关问题的统计量，DW 在数值 2 附近，说明模型无序列相关。

结果表明，F＝30.075，Sig.＝0.000，由于概值非常小，因此，可以认为在 5％水平下多元回归的效果显著，这说明创业团队企业家精神的四个维度对团队绩效有显著影响。创业团队企业家精神与团队绩效的回归系数见表 5.11，创业团队企业家精神的四个维度全部进入回归方程，其中协作进取对创业团队企业家精神的作用最大，所占荷重为0.480，其次为共担风险、分享认知和集体创新，这与前面的分析是一致的，协作进取对团队绩效的作用最明显。

创业团队企业家精神的四个维度与团队绩效的标准多元回归方程为：

团队绩效＝0.480×协作进取＋0.216×分享认知＋0.310×共担风险＋0.188×集体创新

表 5.11　创业团队企业家精神与团队绩效的回归系数（N＝179）

项目	回归系数	标准差	标准回归系数	T 值	显著性水平	R^2
常数项	3.805	0.032		119.319	0.000	0.409
协作进取	0.263	0.032	0.480	8.236	0.000	
分享认知	0.118	0.032	0.216	3.698	0.000	
共担风险	0.170	0.032	0.310	5.325	0.000	
集体创新	0.103	0.032	0.188	3.231	0.001	

注：因变量是团队绩效。

5.5.4.3　创业团队企业家精神与公司绩效的回归分析

以创业团队企业家精神的四个维度为自变量，以公司绩效为因变量进行多元回归分析，创业团队企业家精神的四个因子采用因子得分值来参加回归分析。回归分析采用 Enter 进入方式，使得所有自变量全部进入回归方程。本研究中回归分析中各个因子之间不相关，其 VIF 值为 1，所以不存在多重共线性（原因同上面分析）。另外回归分析的杜宾—瓦特森检验统计量（Durbin-Watson）为 1.534，说明模型无序列相关。

　　结果表明，F＝14.463，Sig.＝0.000，由于概值非常小，因此，可以认为在5％水平下多元回归的效果显著，这说明创业团队企业家精神的四个维度对公司绩效有显著影响。创业团队企业家精神与公司绩效的回归系数见表5.12，进入回归方程的创业团队企业家精神的四个维度中协作进取对公司绩效的作用最大，所占荷重为0.350，其次为共担风险、分享认知和集体创新。这与前面的分析保持一致，协作进取对绩效的作用最明显，而且其他三个维度的顺序也是一直保持不变。这可能与我国转型时期的经济环境有关。特别是在市场体系和运行机制不健全的条件下，很需要协作进取、共担风险的创业团队行为特征，所以这两个维度对公司绩效贡献很大。

　　创业团队企业家精神的四个维度与公司绩效的标准多元回归方程为：

　　公司绩效＝0.350×协作进取＋0.149×分享认知＋0.294×共担风险＋0.136×集体创新

表5.12　创业团队企业家精神与公司绩效的回归系数　（N＝179）

项目	回归系数	标准差	标准回归系数	T 值	显著性水平	R^2
常数项	3.543	0.057		61.649	0.000	0.250
协作进取	0.307	0.058	0.350	5.329	0.000	
分享认知	0.131	0.058	0.149	2.271	0.024	
共担风险	0.258	0.058	0.294	4.474	0.000	
集体创新	0.119	0.058	0.136	2.069	0.040	

注：因变量是公司绩效。

5.5.4.4　团队绩效的中介作用回归分析

　　巴伦和肯尼（Baron and Kenny，1986）的研究显示，严格意义上来讲，一个关系模型构思中的变量为中介变量（mediator），它必须同时满足以下三个条件：

　　（1）自变量 A 对因变量 C 具有显著的解释力；

　　（2）变量 B 对因变量 C 有显著的解释力；

　　（3）当 A 和 B 同时出现在模型中时，原来存在显著关系的 A、C

之间关系不再显著，若 A、C 之间直接的关系变为 0，这时 B 具有最强的中介作用。

根据这一思路，我们在以上一般多元线性回归分析的基础上，针对已经获得揭示的构思之间的关系，再进行回归分析，来进一步考察相关变量的中介作用。对团队绩效在创业团队企业家精神与公司绩效之间的中介作用进行分析，采用三步回归分析来进行验证：第一步(Step 1)，我们只让自变量创业团队企业家精神的四个因子进入回归方程；第二步（Step 2），我们只让中介变量—团队绩效进入回归方程；第三步（Step 3），我们先让自变量进入方程，然后再将中介变量放入方程，以此来考察先前自变量与因变量之间关系的变化。整个过程回归采用 Enter 强行进入回归的办法。

分析结果如表 5.13，由表可以看出当自变量和中介变量全部进入回归方程以后，自变量和因变量之间的显著关系并没有完全消失，二者依然显著相关，这并不完全符合巴伦和肯尼（1986）提出的中介变量的条件，但是四个因子的 $\Delta\beta$ 值依次为 0.233、0.115、0.155 和 0.101，其对公司绩效的解释力下降了，可以说明团队绩效有一定的中介作用，只是作用不是很大。也就是说创业团队企业家精神对公司绩效的作用一部分是通过团队绩效传递给公司绩效，还有一部分是创业团队企业家精神对公司绩效的直接作用。

表 5.13　团队绩效作为中介变量的回归分析（N＝179）

a	协作进取			分享认知			共担风险			集体创新		
	Step1	Step2	Step3	Step1	Step2	Step3	Step1	Step2	Step3	Step1	Step2	Step3
b	0.350		0.117	0.149		0.034	0.294		0.139	0.136	0.542	0.035
c		0.542	0.485		0.542	0.534		0.542	0.498		0.293	0.535
R^2	0.12	0.29	0.30	0.02	0.29	0.29	0.09	0.29	0.31	0.02	73.45	0.29
F	24.70	73.44	38.39	4.21	73.45	36.71	16.72	73.45	39.68	3.33	0.000	36.72
Sig.	0.000	0.000	0.000	0.046	0.000	0.000	0.000	0.000	0.000	0.07		0.000
$\Delta\beta$			0.233			0.115			0.155			0.101

注：a 代表预测变量；b 代表预测变量的 β 值；c 代表团队绩效对公司绩效的 β 值；$\Delta\beta$ 代表 Step 3 的 β 值减去 Step 1 的 β 值。

5.6 总结

创业团队企业家精神的动态延续问题必须放在企业成长的角度研究才更有针对性，才能得出富有学术价值的研究结论。通过本章分析，可以得到以下四点总结性认识：

企业成长是一个"演化"与"变革"不断交替的过程。并且，最初那种由个体创业者独自掌控企业发展的模式将会变得越来越不适应，特别是在公司规模扩大后，从创造、指导、授权、协调到合作的管理转型本身就意味着由个体创业向团队创业转型的必要性。所以，除了最初就采用了团队创业模式的小企业以外，业已建立并运营的企业在经历了一段时期以后，同样可能会采用团队方式进行继续创业的活动。

无论是格雷纳关于企业成长阶段转换中的五次危机、蒂蒙思关于核心管理模式的创业转型中遇到的危机、格伯关于"企先生"、"经先生"和"技先生"三种心态的均衡等，它们都与弗莱姆兹所提出的"增长的痛苦"有异曲同工之巧合。企业家精神主导的企业在向专业化管理模式转变时，管理重心的转移将可能引发企业家精神的丧失，在企业成长过程中试图努力恢复并强化企业家精神才是企业"增长的痛苦"本质所在。所以说，避免企业"增长的痛苦"的关键就在于使企业家精神能够不断得以强化而不是任其退化。这一观点同样适用于创业团队的成长以及创业团队企业家精神动态管理的研究。

本书首次创造性地提出了创业团队企业家精神的四大基本维度，包括集体创新、分享认知、共担风险、协作进取。值得引起注意的是，创业团队企业家精神具有既不同于个体企业家精神的内涵，也具有与公司企业家精神相区别的表现形式，它对创业绩效的影响程度也不能与公司企业家精神相提并论。创业团队企业家精神四大维度的提出，可以为今后学术界开展对创业团队企业家精神的理论研究和实证研究提供有价值的切入点，并指明了创业团队企业家精神研究的基本方向。

在本章中，笔者尝试性地构建起了创业团队企业家精神动态延续的概念性模型。该模型的基本特点在于：团队成员变化是研究创业团队企业家精神动态延续的前提，创业团队人口特征变量异质性程度的变化是其研究基础，冲突和心理契约是影响创业团队企业家精神动态延续的两个关键性变量，创业团队企业家精神动态延续包括三种可能性结果：强化、维持和退化。

　　本章还在科学地开发问卷的基础上，对创业团队企业家精神及其对绩效的关系进行了实证研究。通过初步研究表明，创业团队企业家精神对团队绩效的作用更为直接，多元回归分析还进一步表明，团队绩效可以作为中介变量，对创业团队企业家精神与公司绩效的关系产生影响。不过，这种实证研究尚处在起步阶段，结合创业团队异质性、创业团队成员间冲突、创业团队成员与创业团队组织间心理契约关系的变量的研究，均有待深化。

6 基于冲突视角的
创业团队企业家精神

　　冲突在企业成长过程中是不可避免的行为。加强对创业团队内部成员变化可能引发的冲突管理，以及这种创业团队个体成员间冲突对创业团队企业家精神动态延续的影响，既是创业团队应对外部动态复杂的创业环境的需要，也是通过改善创业过程决策质量，进而提高组织绩效（包括团队绩效和公司绩效两个层次）的需要。在企业成长过程中，创业团队内部会因自然原因或其他原因导致原有创业团队成员的离开，也可能根据企业发展需要吸纳新的团队成员加盟到高层管理团队来，在此过程中，创业团队人口特征变量的异质性程度将发生改变，由此将引发创业团队的内部冲突。认知性冲突和情感性冲突对创业团队决策的影响效果是不同的，在两种不同类型的冲突相互交织影响下，既可能促进创业团队企业家精神的强化，也可能导致创业团队企业家精神退化。所以说，如何在企业成长过程中，通过加强冲突管理，确保小规模企业的创业团队企业家精神能够顺利地实现向大型企业高层管理团队的动态延续，已经成为决定创业型企业能否持续、健康、快速发展的关键。

6.1 认知性冲突与情感性冲突

　　冲突的发生是企业内外部某些关系不协调的结果，表现为冲突行为主体之间的矛盾激化和行为对抗。[①] 艾伦·阿马逊（Allen C. Amason）

---

① 邱益中：《国内外学者对企业组织冲突问题的研究》，载《外国经济与管理》1996 年第 5 期，第 3～6 页。

等学者把团队内的冲突分为两大类，即认知性冲突与情感性冲突。① 有效的团队知道如何进行冲突管理，从而使冲突对组织绩效的改善产生积极贡献。在无效或低效的创业团队中，团队成员在一起总是极力避免冲突的形成，并默认或者允许冲突对团队有效性和组织绩效的提高形成一种消极的影响。在此，我们首先对这两种冲突做出概念上的界定，然后，再对理论界关于这两类冲突对创业团队决策影响的研究成果做出简要归纳。

6.1.1 认知性冲突

认知性冲突（Cognitive Conflict）是指团队成员对有关企业生产经营管理过程中出现的，与问题相关的意见、观点和看法所形成的不一致性。从本质上说，只要是有效的团队，这种团队成员之间就生产经营管理过程的相关问题存在分歧是一种正常现象，而且，在一般情况下，这种认知性冲突将有助于改善团队决策质量和提高组织绩效。

当团队成员分析、比较和协调所有不同的意见或看法时，认知性冲突就会发生。这一过程对于团队形成高质量的方案起着关键性作用，而且，关于认知性冲突的团队方案也容易被团队成员所理解和接受。正是因为如此，认知性冲突有助于改善团队有效性。

认知性冲突是有益的。因为它与影响团队有效性的最基本的活动相关，集中于经常被忽视的问题背后的假设。通过推动不同选择方案的坦率沟通和开放式的交流，认知性冲突鼓励创造性的思维，促进创造性的方案。作为冲突管理的一种结果，认知性冲突将有助于决策质量的提高。事实上，没有认知性冲突，团队决策不过是一个团队里最能自由表达的或者是最有影响力的个别成员的决策。

除了提高决策质量以外，认知性冲突能够促进决策本身在团队成员中的接受程度。通过鼓励开放和坦率的沟通，以及把团队成员的不同技

---

① Amason, A. C., Hochwarter, W. A., Thompson K. R. and Harrison A. W., "Conflict: An Important Dimension in Successful Management Teams", *Organizational Dynamics*, Autumn 1995, pp. 20—35.

术和能力加以整合，认知性冲突必定会推动对团队目标和决策方案的理解，增强对团队的责任感，从而也有助于执行团队所形成的创业决策方案。

6.1.2 情感性冲突

冲突有时候也是极其有害的。当创业团队内的冲突引发团队成员间产生个人仇恨时，冲突将极大地降低决策质量，并影响到创业团队成员在履行义务时的投入程度，影响对决策成功执行的必要性的理解。与那些基于问题导向的不一致性相关的认知性冲突不同，基于人格化、关系到个人导向的不一致性往往会破坏团队绩效，冲突理论研究者共同地把这类不一致性称之为"情感性冲突（affective conflict）"。

由于情感性冲突会在成员间挑起敌对、不信任、冷嘲热讽、冷漠等表现，所以，它会极大地降低团队有效性。这是因为，情感性冲突会阻止人们参与到影响团队有效性的关键性活动，团队成员普遍地不愿意就问题背后的假设进行探讨，从而降低了团队绩效。情感性冲突培养起了冷嘲热讽、不信任和回避，因此，将会阻碍开放的沟通和联合。当它发生时，不只是方案质量在下降，而且，团队本身的义务也在不断地受到侵蚀，因为团队成员不再把他们与团队活动相联系起来。

有效的团队能够把团队成员的多种技能结合起来。相反，那些团队成员间彼此相互不信任或者冷嘲热讽的，就不会愿意参与到那些必须整合不同观点的讨论中，结果势必会造成在集体创新、分享认知、共担风险、协作进取等创业团队企业家精神方面的压制，从而创业团队逐渐变得保守起来，创业决策质量也大受损失。

同样的，那些敌对的或者是冷漠的团队成员不可能理解，也很少对那些他们并没有参与的决策履行相关的义务。因此，在多数情况下，团队成员也不会很好地执行决策，因为他们没有很好地理解决策，在最坏的情况下，由于这些团队成员甚至不愿意按照创业团队所设计的思路去执行决策，从而降低团队在未来有效运作的能力。

综合上述分析以及学术界对冲突的其他研究结论，我们对认知性冲突与情感性冲突做出简要比较（如表 6.1）。对于团队绩效来说，冲突既可能是有益的，也可能是有害的，主要取决于它是认知性冲突还是情感性冲突。认知性冲突可以通过改善决策质量和提高成功地执行决策的机会，进而提高团队绩效。然而，情感性冲突却降低了决策质量，破坏了对成功执行决策的理解，甚至不愿意履行作为团队成员的义务，进而导致团队绩效下降。

表 6.1　认知性冲突与情感性冲突的比较

认知性冲突	情感性冲突
较好的决策	破坏性冲突
增加的承诺	放慢进展
提高了凝聚力	较为糟糕的决策
提高了执著程度	减少承诺
增强了理解	降低了凝聚力
	减少执著

资料来源：作者整理。

6.1.3　两类冲突对创业团队决策的影响

6.1.3.1　认知性冲突对团队决策的影响

艾伦·阿马逊和戴维·施韦格（Amason and Schweiger，1994）认为，认知性冲突具有功能性的特征，以任务为导向，它集中于如何最好地实现共同目标的判断性差异。[①] 认知性冲突在高层管理团队中是不可避免的，因为处在不同的位置可能看到不同的景象，这种感知上的多样性导致了对如何更好地完成组织目标的冲突。[②③] 认知性冲突有助于决策质量，因为通过不同

[①]　Amason，A. C. and Schweiger，D. M.，"Resolving the Paradox of Conflict，Strategic Decision Making and Organizational Performance"，*International Journal of Conflict Management*，1994，Vol. 5，pp. 239—253.

[②]　Astley，G. W.，Axelsson，R.，Butler，J.，Hickson，D. J. and Wilson，D. C.，"Complexity and Cleavage：Dual Explanations of Strategic Decision-making"，*Journal of Management Studies*，Oct. 1982，pp. 357—375.

[③]　Wiersema，M. F. and Bantel，K. A.，"Top Management Team Turnover as an Adaptation Mechanism：The Role of the Environment"，*Strategic Management Journal*，Oct. 1993，pp. 485—504.

角度的争论所产生的合成性观点，一般会比个体的角度更好些。①

认知性冲突的存在可以增强团队成员间的彼此了解，共同理解创业决策方案的形成过程，也能够导致创业团队成员主动地承担其相应的义务。当团队成员对他们的观点进行争论时，他们在决策过程中有机会充分表达自己的主张，因此，他们对决策执行也能够承担起义务。因此，由于创业团队成员能够有机会发表自己的看法，他们也会自觉地接受这种团队决策，并心甘情愿地为决策的执行做出自己的努力。

6.1.3.2　情感性冲突对团队决策的影响

学术界一般认为，情感性冲突是功能障碍性的，并且，集中于个人之间的不相容性或者矛盾性冲突。当认知的不一致性被看做是对个人的批评时，情感性冲突就可能相伴而生。伯恩特·布雷姆（Burndt Brehmer）主张，这样的误解可能会导致"纯粹的认知性不一致将转变为一种全面的情感性冲突"。② 例如，原本只是认知性冲突所必需的批评和争论，但此时就可能被理解为政治上的"博弈（gamesmanship）"关系③，团队成员会努力地以牺牲他人为代价获得自身的影响力。在这种情况下，相互间的不信任将引发为个人的、情感的全面冲突，养成了愤世嫉俗和回避态度，或者是试图做出相反的努力，并会导致降低对创业态度一致性和情感性接受的程度，危及决策质量，最终导致创业团队企业家精神的分裂或者退化趋势。

综合上面的分析，我们可以得到这样的结论，冲突一方面可以改善决策质量，另一方面，它也可能会削弱团队成员在一起工作的能力。基于认知性冲突具有建设性效果，而情感性冲突具有功能障碍性效果的观点，全面而准确地理解冲突对创业团队战略决策制定的总体影响变得更

---

　　① Schweiger,D. M. and Sandberg, W. R. ,"The Utilization of Individual Capabilities in Group Approaches to Strategic Decision-making",*Strategic Management Journal* ,Jan/Feb. 1989,pp. 31—43.

　　② Brehmer,B. ,"Social Judgment Theory and the Analysis of Interpersonal Conflict", *Psychological Bulletin* ,Vol. 83， Issue 6, 1976, pp. 985—1003.

　　③ Eisenhardt,K. M. and Bourgeois,L. J. ,"Politics of Strategic Decision Making in High-velocity Environments:Toward a Midrange Theory",*Academy of Management Journal* ,1988, Vol. 31, Issue 4, pp. 737—770.

加重要。当高层管理团队利用认知性冲突来进行创业决策时，他们也能不经意间引发情感性冲突，这种突变将产生一种矛盾的困境。如果说在认知性冲突可能产生高质量决策的前提下，由于情感性冲突而导致的对创业决策方案的情感性接受程度较低，那么，即使是高质量的决策方案在执行过程也会大打折扣。换言之，认知性冲突带给组织的满意效果也可能在不经意间被情感性冲突变得朦胧化或者弱化起来。

布朗（1983）认为，冲突后果是受冲突的长期性影响。在一个组织内冲突激烈程度过高或者过低，都会导致冲突的消极效果，只有维持在一定范围的激励程度之内，这种冲突才是有益的、积极的（如图6.1），由此形成了关于冲突激烈程度与冲突后果之间的关系模型。[①]

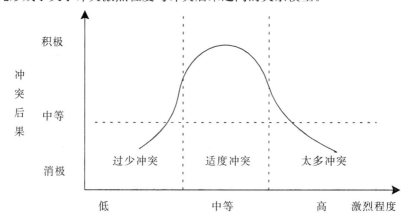

图 6.1 冲突激烈程度与冲突后果的关系

资料来源：转引自彼得·康德夫著，何云峰等译：《冲突事务管理：理论与实践》，世界图书出版公司 1998 年版。

撇开对认知性冲突和情感性冲突的本质差异，仅就两类冲突相互转化、相互衍生的角度看，如何才能让冲突带给创业团队企业家精神一种积极的影响就是一门管理艺术。自 20 世纪 70 年代以来，学术界就开始注意到，过少或过多的冲突都可能导致组织功能不良型，冲突与绩效之间也存在一个倒"U"型的关系。所以说，布朗的观点对创业团队内适当控

---

① 转引自彼得·康德夫著，何云峰等译：《冲突事务管理：理论与实践》，世界图书出版公司 1998 年版，第 7～19 页。

制内部冲突的激烈程度极具启发意义。

6.2　冲突对创业团队企业家精神延续的影响机理

冲突对创业团队企业家精神的影响是通过创业团队运营过程表现出来的，而创业团队运营过程则集中体现在创业决策上。无论是小规模企业初始创业团队还是大型企业高层管理团队，他们制定创业型战略的决策质量将影响到组织绩效。由于团队成员间的一致性有助于推动决策的执行，一致性也影响到组织绩效。另外，为了维持他们产生和执行战略决策的能力，高层管理团队必须维持团队成员间良好的情感关系。因此，决策质量、一致性和情感接受程度一起构成了企业可持续发展和高绩效的必要条件。但是，不同的冲突类型对创业决策的影响并不相同。

6.2.1　冲突对创业团队决策的影响

创业团队内部构成上的异质性是形成团队冲突的基础。这种创业团队人口特征变量异质性表明，不同的创业团队成员具有不同的认知能力，他们在参与团队决策的过程中，往往会倾向于采用各不相同的认知分享方法，从而导致创业决策制定过程中形成认知性冲突和情感性冲突。并且，这两类冲突对创业团队决策的影响效果也不相同，进而影响到创业绩效。我们在艾伦·阿马逊关于冲突对战略决策影响过程的基础上，稍加修正，提出了关于两类冲突对创业团队决策的影响模型（如图 6.2）。①

6.2.1.1　冲突影响创业团队的决策质量

创业团队所面临的决策活动往往涉及组织资源的复杂性和许多模棱两可的环境因素，影响创业团队决策质量的两个主要前提是：创业团队的认

---

① Amason, Allen C. , "Distinguishing the Effects of Functional and Dysfunctional Conflict on Strategic Decision Making: Resolving a Paradox For Top Management Teams", *Academy of Management Journal*, Feb 1996, pp. 123－148.

知能力、团队形成决策的相互作用过程。创业团队的认知能力与创业团队成员分享认知的意愿和行为表现有关。创业团队成员的异质性意味着提供了多种能力混合的可能性，这种混合的能力可以在团队制定复杂决策时加以利用。例如，卡伦·班特尔和苏珊·杰克逊主张，"当需要解决复杂的、非常规性的问题时，由具有不同的技术、知识、能力和观点所组成的群体更为有效"。[①]　而且，具有多样化能力构成的高层管理团队能够比那些没有多样化能力组成的团队更富有创造性、具有更高质量的决策。

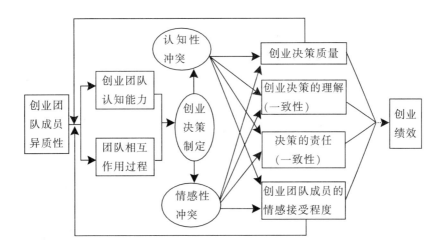

图6.2　冲突视角的创业团队异质性对创业绩效的影响

资料来源：此图受以下研究成果启发（Amason，Allen C.，"Distinguishing the Effects of Functional and Dysfunctional Conflict on Strategic Decision Making：Resolving a Paradox For Top Management Teams"，*Academy of Management Journal*，Feb. 1996，p. 128），经作者修改整理而成。

　　除了认知能力以外，与它同样重要的是团队用来形成决策的相互作用过程。根据卡伦·班特尔和苏珊·杰克逊的分析，由于战略决策代表多样化的技术、知识、能力和观点的独特结合，决策质量将严重地依赖

---

　　①　Bantel，K. A. and Jackson，S. E.，"Top Management and Innovations in Banking：Does the Composition of the Top Team Make a Difference？"，*Strategic Management Journal*，1989，Vol. 10，Special Issue，pp. 107—124.

于实际利用团队的决策过程。在识别与合成那些技能和观点的基础上，创造性地设计出让不同观点相互联系的方法，将推动创业决策质量的改善和提高，并提供把不同的冲突性选择整合成单一决策的方法。在现实的团队决策过程中，创业团队如果能够重视对不同观点，甚至是相反的观点进行必要的合成，把冲突的激烈程度控制在适度的范围内，从而将有助于提高团队决策质量。但是，情感性冲突对创业决策质量的提高往往有害，所以，一定要防止情感性冲突在创业团队内的任意蔓延。

6.2.1.2　冲突影响创业决策的一致性理解和一致性的责任承担

即使形成了高质量的创业决策方案，如果这种方案没有得到创业团队成员乃至所有组织成员的支持，最终也无法带来组织的高绩效。因为它还要受到创业团队成员在决策执行过程中是否能够协作进取的影响。这种协作进取所体现的一致性，表现为对决策方案的一致性理解和对决策责任的共同承担。因此，也有学者认为，比起那些并不能推动一致性的决策过程，能够促进团队成员间一致性的决策过程会更加有效地提高组织绩效。①

然而，这种一致性并不是试图让所有创业团队成员都能做到高度一致，为了促进决策的执行，只要保持一定程度的一致性即可。这种协作进取十分重要，因为任何创业决策很少能够对决策执行的所有细节都阐述得十分清楚，加上创业环境本身又具有不确定性，我们所强调的是，个体成员的行为方式在保持总体意图的情况下，能够共同克服不确定性带来的不利影响，表现出自觉地共担风险的行为。为了有效地通过运营性细节的复杂网络来展开决策活动，团队成员必须比简单地同意决策或者妥协于决策要做得更多，他们必须既能理解决策，又能为决策有效执行承担责任，还能在一定权限范围内创造性地开展工作。

---

① 类似的观点可以参阅 Bourgeois，L. J.，"Performance and Consensus"，*Strategic Management Journal*，Jul-Sep 1980，Vol. 1 Issue 3，pp. 227－248 以及 Dess，G. G.，"Consensus on Strategy Formulation and Organizational Performance：Competitors in a Fragmented Industry"，*Strategic Management Journal*，May-June 1987，pp. 259－277。

如果创业团队成员能够充分认识到认知性冲突存在的必要性和认知性冲突的积极作用,他们就会理解各自所存在的观点分歧,而且,只有这样,才能达成高质量的创业决策方案,创业团队成员就会乐意把经过讨论的决策方案付诸行动,并自觉地做出努力。另一方面,创业团队成员能够承担责任的一致性也非常重要。威廉·古思和伊恩·麦克米伦认为,承担责任的一致性理解可以减少把特定的决策变成愤世嫉俗的,或者说是对目标具有对抗性努力的可能性,从而有助于控制情感性冲突对创业决策执行的不利影响,共同克服外来抵抗性或者反对力量。①

6.2.1.3　冲突影响创业团队成员的情感接受程度

肯尼思·克洛克等学者认为,"团队经验的核心是能够全身心地投入到工作中,将自己的能力拓展到极限,并以我们的工作关系为乐趣"②。相反,如果团队成员之间所存在的情感性冲突使团队进行创业决策时弥漫着消极情绪,创业团队成员不愿意积极主动地参与到创业团队决策方案形成和决策执行的全过程时,创业团队成员长时期地保持这样一种低调的、非合作性的姿态,那么,必将破坏创业团队企业家精神的形成,引发创业团队低绩效,并且,反过来还会影响到未来创业团队的稳定性,影响到创业团队企业家精神延续。

艾伦·阿马逊通过把团队成员的多样化认知能力及其相互作用的过程统一起来考虑制定团队决策,并认为决策质量、一致性和情感上的接受程度使决策副产品的观点极具理论价值。因为这种思路在"团队结构—团队过程—绩效"的研究逻辑中,选择的是团队过程这一中间变量,从而可以更为清晰地揭示出团队结构异质性对绩效影响的关系。不过,把这一理论应用于分析冲突对创业团队决策的影响时,需要进行必要的改进:一是创业团队决策相对于一般团队而言,更加强调创业团队成员异质性对创业团队决策的影响。二是动态地考察创业团队决策,过去的或者是现有的创业

---

① Guth,W. D. and MacMillan,I. C.,"Strategy Implementation versus Middle Management Self-interest",*Strategic Management Journal*,July-August 1986,pp.313－327.

② [美国]肯尼思·克洛克、琼·戈德史密斯著,王宏伟译:《管理的终结》,中信出版社2004年版。

团队决策质量会反过来影响未来的创业团队认知能力和相互作用的过程。过去高效的决策质量会激发起创业团队成员利用团队积极性，强化创业团队企业家精神，相反，过去失败的创业团队决策也会给继续利用创业团队模式蒙上一层阴影。三是创业团队成员情感接受程度的历史性积累也会反过来影响到创业团队未来的认知能力和相互作用过程。

需要注意的是，决策质量、一致性、情感接受程度并不必然具有完全互补性，而且，在许多时候，它们之间往往是矛盾的。从企业动态成长的角度看，研究冲突对创业团队决策的影响应当从决策质量、一致性、情感接受程度分别做出科学评价，才能准确理解冲突对创业团队决策影响的实质，理解冲突对创业团队企业家精神延续的影响机理。

6.2.2　冲突对创业团队企业家精神延续影响的模型设计

根据上面分析可知，冲突是把"双刃剑"。它在提高决策质量的同时，也可能削弱一致性和情感接受程度。艾伦·阿马逊根据认识性冲突与情感性冲突的不同特征，探讨了两者对创业团队决策的不同影响。[①]由于认知性冲突和情感性冲突通常同时发生作用，并且，还经常出现相伴而生、相互交叉的情形，所以，它们在决策制定过程中将出现对决策质量、一致性和情感接受程度的复杂影响，甚至有时候是完全相反的影响。我们认为，把艾伦·阿马逊关于冲突对创业团队决策的影响模型应用到研究创业团队企业家精神动态延续中，至少应当避免原有模型中的两大模糊之处：一是团队认知能力与团队相互作用过程是密不可分的，人为地把它们割裂开来加以分析是不合适的。团队相互作用的过程可以表现为团队内个体成员之间、团队内个体成员与团队组织之间的相互作用，而这两方面都直接影响着团队内个体认知能力和团队整体的认知行为。二是没有从根本上指出引发冲突的根源。虽然说导致冲突的原因可

---

① Amason, Allen C., "Distinguishing the Effects of Functional and Dysfunctional Conflict on Strategic Decision Making: Resolving a Paradox for Top Management Teams", *Academy of Management Journal*, Feb. 1996, pp. 123—148.

能是多方面的，但是，从创业团队内部来说，引发冲突的组织基础在于创业团队内部成员的异质性。离开了对创业团队异质性的关注去探讨不同类型的冲突与创业决策制定乃至与组织绩效之间的关系并不合适。据此，我们从认知性冲突与情感性冲突的视角设计了创业团队企业家精神的动态延续模式，从而有助于更为全面、系统、准确地理解创业团队内冲突对创业团队企业家精神延续产生影响的内在机理（如图6.3）。

在此，我们对该模型设计做出如下说明：

6.2.2.1　引发创业团队内冲突的组织基础

现有研究成果表明，创业团队人口特征变量的异质性水平对创业绩效有直接或间接的影响（参见第4章内容）。围绕创业团队异质性研究的一个共同假设是，创业团队人口特征变量的变化意味着潜在的、无形的认知变化过程。从这个角度看，多样性显然将对团队和组织绩效产生重大影响。[①]目前，越来越多的学者采用人口特征变量来预测和解释认知变量，如安妮·突思（Anne S. Tsui）等学者（1992）主张，采用诸如年龄和民族等人口特征分类来定义心理群体的做法能够强化自我身份。[②] 国内学者樊富珉等学者（2003）认为，人际冲突是一种复杂的社会互动行为，性别、年龄、人格特质、文化传统、情境等都可能影响人际冲突的来源、处理策略和冲突行为。[③] 马丁·基尔达夫（Martin Kilduff）等学者则认为，团队人口特征变量上的多样性，通过像年龄、性别和民族等显而易见的变量来测量，已经被证明是一种对团队成员是如何分享共同的态度、价值观和标准的准确反映。[④]

[①]　Martin Kilduff ,Reinhard Angelmar,Ajay Mehra,"Top Management Team Diversity and Firm Performance:Examining the Role of Cognitions",*Organization Science* ,2000,Vol. 11, Issue 1, pp. 21—34.

[②]　Tsui ,A. S. Egan,T. D. and C. A. O'Reilly,Ⅲ,"Being Different:Relational Demography and Organizational Attachment",*Administrative Science Quarterly*,December 1992,pp. 549—579.

[③]　樊富珉、张翔：《人际冲突与冲突管理研究综述》，《中国矿业大学学报》（社会科学版）2003年第3期，第82~91页。

[④]　Martin Kilduff ,Reinhard Angelmar,Ajay Mehra,"Top Management Team Diversity and Firm Performance:Examining the Role of Cognitions",*Organization Science*,2000,Vol. 11, Issue 1, pp. 21—34.

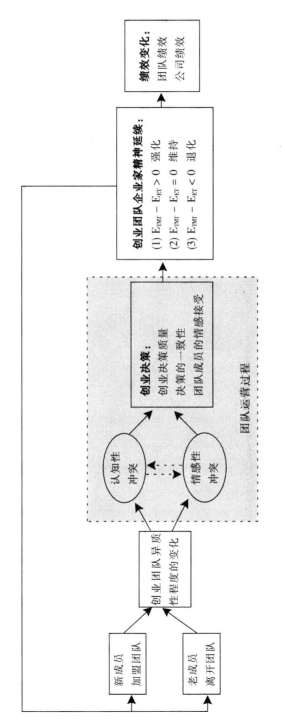

图 6.3 冲突对创业团队企业家精神延续的影响模型

注：E_{ET} 代表创业团队企业家精神；E_{TMT} 代表高层管理团队企业家精神。

资料来源：作者整理。

6.2.2.2　冲突影响创业团队决策

本书所设计的模型是沿着艾伦·阿马逊关于冲突对创业团队决策影响的思路开展下去的。但是，需要指出的是，我们特别注意到了不同类型冲突相互转化、相伴而生的现实可能性。第一，在任何时候，认知性冲突和情感性冲突都必然存在于创业团队之中。那种所谓的"一团和气"更多的是表面现象，其背后可能潜藏着较大的情感性冲突，只不过这种冲突并没有转化为看得见的消极行为。一般情况下，两种冲突相互交织、相互转化，最终共同影响到创业团队的决策活动。第二，创业团队吸纳新成员或者流失创业团队中老成员都会改变既有的冲突格局，引发创业团队或者高层管理团队内每一位个体成员参与创业决策的态度和行为方式的改变，引发创业团队成员与其他成员之间一致性执行创业决策态度的改变和对共同承担责任的态度改变，甚至还会导致个体成员对创业团队组织本身的态度变化。

本书所提出的模型指出，正是因为无论是创业团队成员的离开还是新成员加盟到创业团队之内，都将造成创业团队人口特征变量的异质性水平发生变化，进而增加了冲突数量，甚至改变冲突的性质，进而影响到创业团队企业家精神延续的结果。不过，肯·斯密思（Ken G. Smith）等学者对这种基于人口特征变量的研究模式提出过疑问，他们认为，"团队人口特征、团队过程与组织绩效之间的关系并不是笔直的，或者说像以前学者所相信的那么简单"。[1] 如一项对于来自同一所大学的、接受过三年制基础教育的学生（所有的女性均在 30 岁以下）的调查研究表明，她们对潜在工作的态度却存在着惊人的巨大差异。显然，在人口特征指标上具有同质性的人们之间可能存在个体认知风格上的广泛差异。[2] 我们认为，造成这种结果

[1]　Smith, Ken G., Smith, Ken A., Sims Jr., Henry P., O'Bannon, Douglas P. and Scully, J. A., "Top Management Team Demography and Process: The Role of Social Integration and Communication", *Administrative Science Quarterly*, September 1994, pp. 412—438.

[2]　Martin Kilduff, Reinhard Angelmar, Ajay Mehra, "Top Management Team Diversity and Firm Performance: Examining the Role of Cognitions", *Organization Science*, 2000, Vol. 11, Issue 1, pp. 21—34.

的原因可能在于：一是所选择的样本中，个体成员间并不存在根本性的利害冲突，与其说是团队，还不如说是群体组织；二是在团队成员异质性与组织绩效关系上的矛盾性结论，与团队运营过程的不同表现（如冲突管理）有关；三是仅仅用冲突变量来解释团队人口特征变量与组织绩效关系可能是不全面的。本书第 7 章还将从创业团队个体成员与创业团队组织间的心理契约关系做出进一步分析。

6.2.2.3　创业团队企业家精神延续的三种可能性

从创业团队动态变化角度看，创业团队成员的变化导致创业团队人口特征变量异质性程度的变化，这种人口特征变量异质性程度的改变又将影响到认知性冲突和情感性冲突的结构状况，两类冲突的变化直接影响到创业团队决策过程和决策质量。在创业团队决策过程中，通过创业团队成员的相互联系和相互影响，决定着创业团队企业家精神动态延续的变化方向。它既可能向积极的方向转化，从而导致创业团队企业家精神的强化，又可能向消极的方向转化，从而导致创业团队企业家精神的退化。当然，也可能使创业团队企业家精神并没有发生太大的改变，维持在一种相对稳定的水平上。

从创业团队企业家精神的维度看，这种创业团队企业家精神的动态延续结果表现为：

一是集体创新。如果创业团队内的认知性冲突所引发的创业决策质量得以提高，创业团队成员出于共同目标的追求而愿意就创业决策达成一致性的理解，并自觉地承担起创业决策的责任，并且，创业团队内情感性冲突被控制在有限的范围，那么，创业团队就可能具有高度的集体创新氛围，创业团队企业家精神就得以强化。相反，如果情感性冲突在创业团队内盛行，而具有建设性功效的认知性冲突却受到排挤或遏制，那么，创业团队的集体创新能力就将受到限制，创业团队企业家精神就出现退化迹象。

二是分享认知。在创业团队企业家精神得以强化的团队内，人们普遍地认识到认知性冲突存在的必要性，并愿意坦诚地就创业决策过程进行意见交流，以便修正、补充、完善创业决策方案，采取更有效的措施实施创业方案，而且，创业团队成员会主动地控制情感性冲突的蔓延势头。相反，在创业团队企业家精神不断退化的创业团队内部，即使创业团队成员有着独到的认知，并且，比其他成员更早地预见到了创业机会或创业风险，他们也不愿意与其他团队成员共同分享意见，那么，创业团队将无法利用认知性冲突，甚至可能会恶化创业团队成员间的私人感情。

三是共担风险。如果创业团队成员能够自觉地把个人利益与团队利益实现有机结合，把个人目标与团队目标实现有机结合，那么，创业团队成员普遍地将参与到创业决策过程中，通过利用认知性冲突形成富有建设性的创业决策方案，而且，他们会高度地关注创业决策方案的执行过程，愿意分担创业方案可能遇到的风险，创业团队内部这种"同甘共苦"的风险分担机制渐渐地强化了创业团队企业家精神。与之相反，如果创业团队成员间普遍地存在较为严重的情感性冲突，那么，创业团队成员不但不愿意发挥认知性冲突的功效，而且，他们更多的时候会把认知性冲突看成是一种情感性冲突，从而创业团队内部滋生派系争斗，"同甘不共苦"的心理使得创业团队成员不愿意实现风险分担，久而久之，创业团队企业家精神将出现退化的趋势。

四是协作进取。相对于个体企业家精神而言，创业团队可以通过协作进取的方式利用创业机会和获得创业所需资源，协作的精神使创业团队可以在一个更加广泛的范围内做出创业决策。如果创业团队成员能够充分利用认知性冲突，则创业团队的协作力量要远远大于个体企业家力量之和，并且自愿地融入到创业团队协作活动中去，此时，创业团队企业家精神将得以强化。如果创业团队成员并没有正确区分认知性冲突与情感性冲突，总是倾向于回避冲突，那么，协作进取的功能就无法达到最优化，创业团队企业家精神将处在一个相对稳定的状态。如果创业团队内部情感性冲突大大多于认知性冲突，甚至普遍地把认知性冲突也视为情感性冲突，那么，创业团队企业家精神就将趋向退化。

我们设计该模型的目的在于试图从冲突角度，揭示出影响创业团队企业家精神延续的内在机理。即使在创业团队成员没有发生任何改变的情况下，每一位创业团队成员对创业风险和创业机会的认知能力在改变，创业团队成员相互之间的冲突状况也在改变，对创业团队的运营模式和重大经营管理决策的执行态度也在改变，这一切都将影响到创业团队企业家精神延续的结果。

如果从企业成长的角度看，考虑到创业团队内部成员进进出出的变化可能导致创业团队人口特征变量异质性程度的改变，那么，它既可能激化或平息原先创业团队内部个体与个体之间所发生的情感性冲突，也可能改变创业团队内认知性冲突的表现形式，进而导致创业团队企业家精神的改变。所以，当我们把创业团队企业家精神放在一个相对较长的企业成长过程中加以分析时，冲突与冲突管理视角的研究价值将更加充分地得到体现，也能够更加科学地解释创业团队人口特征变量与绩效之间的关系。

6.3　团队协作与创业团队企业家精神强化

美国学者弗兰克·拉夫斯托和卡尔·拉森认为：区分团队成员高效或者低效的因素分为两类（如图 6.4 所示），一是工作知识要素，包括团队成员的工作经验和解决问题的能力；二是协力要素，包括团队成员拥有开放的态度、充满互助的精神、具有较强的行为能力以及积极的个人行事风格四项要素。①

由于团队内不同个体成员具有不同的工作知识要素水平，团队内的冲突将不可避免。如前所述，冲突也可能具有积极作用。这种观点最为明显地体现在冲突的两大正向功能：一是凝聚功能。通过冲突可能使组织内部消除分歧、统一认识、协调行动，从而增强成员的归属感，也可以实现冲突双方或多方的互动，从而使各自都更趋完善。二是激活功能。通过冲突管理，可以使成员的信仰、观念、情感、工作热忱和干劲得以激活，从而产生一种振作、活跃、向上、同心协力的为实现组织目

---

① ［美国］弗兰克·拉夫斯托、卡尔·拉森著，邹琪译：《最卓越的团队合作》，上海财经大学出版社 2001 年版。

标而奋斗的良好气氛。① 弗兰克·拉夫斯托和卡尔·拉森对协力因素也做出了深刻的分析。他们认为，开放的心态是团队成员的基本要素，具有开放心态的成员总是乐于处理各种问题，懂得营造一种开放的氛围让其他人畅所欲言，以促进彼此间的交流；互助的精神是指把团队的目标置于个人的目标之上，乐于一起工作并帮助他人取得成功；较强的行为能力是指具有马上采取行动的倾向，知道下一步将要做什么。同时，它意味着乐于设计行动路线，愿意进行尝试，做一些与众不同的事情；个人行事风格是指人与人之间所存在的积极和消极的态度。②

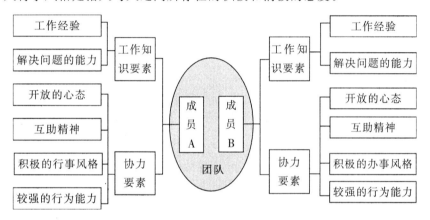

图 6.4　有效团队内个体成员的素质结构

资料来源：［美国］弗兰克·拉夫斯托、卡尔·拉森著，邹琪译：《最卓越的团队合作》，上海财经大学出版社 2001 年版，第 6～44 页（经作者修改而成）。

　　在创业团队或者高层管理团队中，虽然团队成员的"工作知识"可能都非常丰富，即充满丰富的工作经验和广泛的解决问题能力，工作知识要素的组合对创业团队的创业决策也可能起着决定性作用。但是，我们认为，通过弗兰克·拉夫斯托和卡尔·拉森关于高效团队成员要素结构，真正促进创业团队企业家精神能够随着企业成长而不断得以强化的

---

　　① 周振林：《凝聚与激活：管理冲突的两大正向功能》，载《理论探讨》2004 年第 6 期，第 84～86 页。

　　② ［美国］弗兰克·拉夫斯托、卡尔·拉森著，邹琪译：《最卓越的团队合作》，上海财经大学出版社 2001 年版。

关键在于创业团队"协力要素"的组合上。如果创业团队每一位个体成员所具有的"协力因素"都表现得异常活跃，或者说，能够真正创造出"团队协力"，达到团队协作力大于每一个体所表现出来的个体力量之和，那么，创业团队企业家精神就可能有效地获得放大效应，进而促进创业团队企业家精神强化。

影响这种团队协作形成的因素是多方面的，其关键在于：

6.3.1　开放的沟通

有效的创业团队比无效的创业团队拥有更多的开放式沟通。有效的团队喜欢这样一种文化——允许团队成员自由地发表看法，能够挑战其他成员观点及其相关的前提，不存在那种愤恨、憎恶、报复等威胁。开放的沟通是获得团队成员真诚参与的前提，它将提高决策质量，强化创业团队成员对创业决策理解的一致性和情感的接受程度。而在无效的或者低效的创业团队里，团队成员提供的只是一种警惕性的反应，往往害怕表达真实的意见。通常情况是，在无效团队内的成员感觉到对他们的意见需要一种政治上的敏感性，而这将导致缺乏沟通和团队运营的低效率。

开放的沟通强调以团队有效性为中心，认知性冲突是维持开放沟通的前提条件。在高层管理团队中，具有生产管理知识的成员可能更多地从质量管理角度发表看法，具有营销专业背景的团队成员则更多地从消费者需求角度发表看法，而具有研发背景的团队成员则更多地从研发投入与研发可行性角度来发表观点。这种基于不同专业、知识背景的团队成员通过彼此间相互质疑、相互挑战相关假设来克服单一职能背景的局限性，将有效地推动理解决策的本质所在，避免有缺陷的逻辑和明显的错误。

如果团队成员能够认识到认知性冲突是以任务为导向，那么，这种冲突将会有助于改进总体效率，他们往往会对此做出积极的反应。只有当冲突表现出有不健康动机时，它才会开始减少团队沟通。当创业团队成员在决策理解上具有不一致性时，并且，这种不一致性看起来是在为自我服务，是以牺牲别人利益为代价来换取个人利益时，团队成员将会采纳一种防卫性立场，进而阻碍开放的、诚实的沟通。

由此看来，当创业团队成员都能够做到以团队利益为中心而不是以自我利益为中心，努力去发现创业问题，并创造一种能够使大家放心大胆地参与创业决策的团队环境时，这样的创业团队就"已经成功了一半，因为它已经具备了最基本的竞争力"。[①] 或者说，这样的创业团队已经充满了集体创新、分享认知的团队企业家精神维度。

形象地说，开放的沟通和认知性冲突是一枚硬币的两个面。开放的沟通显然有助于信息透明化，能够管理好冲突的团队往往同时能够保持一种开放的沟通。开放的沟通在一定程度上，还能使情感性冲突得到有效的控制，从而使创业团队企业家精神可以在最大程度上得到强化，推动团队绩效和企业绩效的提高。

6.3.2　互助的作风

如果创业团队内的成员能够竭尽全力地帮助团队获得成功，形成相互关心团队成员的气氛，那么，每一位团队成员都将敢于分担风险，勇于接受挑战，能够具有较强的行动能力，能够以一种积极协作的姿态面对创业团队可能遇到的困难，那么，此时的创业团队在共担风险、协作进取的创业团队企业家精神维度上表现得极为活跃，这将有助于强化创业团队企业家精神。

相反，如果创业团队普遍具有封闭性心态，团队成员羞涩内向，对团队内其他成员怀有一种戒备心理，或者说具有防卫心态，同时，在缺乏互助精神的创业团队里，更多的团队成员主要关心的是个体意义上的"自己"而不是团队意义上的"我们"，甚至部分团队成员还会以牺牲他人的利益来换得个人利益的实现。随着时间的推移，缺乏互助作风的创业团队往往会表现出较弱的行为能力，总是期待他人来处理手头上的

---

① ［美］弗兰克·拉夫斯托、卡尔·拉森著，邹琪译：《最卓越的团队合作》，上海财经大学出版社 2001 年版，第 6～44 页。

事，如果团队中的某些人还表现得愤世嫉俗，对团队内其他成员的行为总是喜欢泼冷水的话，团队成员在构成协力的四个要素上都将表现出消极被动的状态，此时，创业团队企业家精神就会不断地退化，直到创业团队解体，甚至会使企业走向衰退之路。

6.3.3　鼓励在冲突中学习

莱斯利·德丘奇（Leslie A. Dechurch）和米歇尔·马克斯（Michelle A. Marks）认为，那些"基于任务的（task-based）"或者"与任务相关的（task-related）"的冲突往往有助于提高组织绩效。[①] 这种绩效的提高取决于包括团队在内的组织中所存在的认知性冲突被控制在一个合理的范围，这种合理的范围可以保证团队成员的自我发展、自知之明和自我学习，并且，这种在冲突中学习的过程是在一种十分愉快的团队氛围中进行的，它可以有效地促进创业团队或者高层管理团队成员畅所欲言地表达自己的不同观点，从而可以刺激创新和想象力、提高决策质量、向旧观念提出挑战、对潜在问题提出挑战、更加准确地理解问题的本质等。[②] 从最终效果上说，在冲突中学习可以较好地推动创业团队企业家精神的强化。

我们认为，弗兰克·拉夫斯托和卡尔·拉森所主张的四种协力要素建立在创业团队成员之间信任基础上。在高效创业团队内，团队成员之间的信任不同于陌生人之间基于可能性预期而产生的弱信任，它更加倾向于彼得·林（Peter S. Ring）和范德温（Van De Ven）所指出的弹性信任，或者称之为信任关系，它是一种基于强联系和持续互惠规范的信任关系。[③] 创业团队内个体成员的信任是团队内个人层面间信任度的凝聚，信任使知识所

① Dechurch, L. A. and Marks, M. A., "Maximizing the Benefits of Task Conflict: The Role of Conflict Management", *The International Journal of Conflict Management*, Vol. 12, Issue 1, 2001, pp. 4—22.

② Cosier, R. A. and Dalton, D. R., "Positive Effects of Conflict: A Field Assessment", *The International Journal of Conflict Management*, January 1990, pp. 81—92.

③ Ring, P. S. and Van De Ven, "Developmental Processes of Cooperative Inter-organizational Relationships", *Academy of Management Review*, Jan. 1994, Vol. 19, Issue 1, pp. 90—118.

有者有分享认知的动力，使知识接受者也能确认对方所提出的认知的可信度。事实上，无论创业团队成员所提出的认知是多么有价值，但是，如果其他的创业团队成员并没有意识到这种创业认知的价值所在，那么，基于不同认知吸收和应用的创业团队内部学习机制也就无法形成，创业团队内也无法最大程度地利用认知性冲突的积极效应，其结果显然不利于促进创业团队企业家精神随着企业成长而得以强化。

创业团队内个体成员间的信任关系增加了团队的透明度和开放度，同时，也降低了交易成本和协调成本。所以，积极而有效的冲突管理如果能够使关系资本得以建立，它将不仅有助于创业团队成员之间互动学习的氛围，也有助于限制创业团队成员的机会主义行为。所以，鼓励在认知性冲突中进行学习，有助于扩大创业团队的内社会资本，实现个人价值和提高团队协作效果，进而促使创业团队企业家精神强化。

6.4　群体思维陷阱与创业团队企业家精神退化

艾伦·阿马逊等学者认为，对重大问题的决策会导致赢/输的心理，"政治上的游戏"往往使得人们依从于某一种对组织而言是最好的方案。[①] 出于维持总体性一致的愿望而牺牲好的商业判断，往往导致组织领导和团队成员一样的沮丧，引发团队成员间妥协性的决策，这种枯萎现象称之为"群体思维"。这种群体思维如果传染给每一位团队成员，那么，它将使团队错失对方案的认真评价，使其宁愿选择"相互融洽"而不是挑战他们的假设和观点，从而使认知性冲突得到高度抑制，使情感性冲突也维持一种相对平静的状态。

群体思维陷阱所存在的最大危害在于，这种群体思维模式将逐渐地使创业团队成员变得不思进取，不愿意充分地表达自我意见，甚至由潜

---

　　① Amason, A. C., Hochwarter, W. A., Thompson K. R. and Harrison A. W., "Conflict: An Important Dimension in Successful Management Teams", *Organizational Dynamics*, Autumn 1995, pp. 20—35.

在的不合作性变成外显的、正面的矛盾升级，从而破坏创业团队企业家精神，使得创业团队企业家精神滞后于实现企业快速成长的需要，直至创业团队企业家精神退化。盖伊·拉姆斯登和唐纳德·拉姆斯登曾对团队精英们为什么会在不知不觉中形成群体思维做过深入的分析。[①] 我们对此做了必要的补充，把这一理论应用到创业团队决策过程之中，从而形成了群体思维陷阱对创业团队决策的影响过程（如图 6.5）。

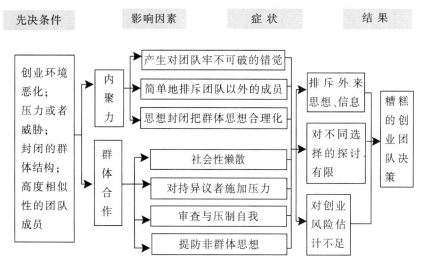

图 6.5　群体思维对创业团队决策的影响过程

资料来源：［美国］盖伊·拉姆斯登、唐纳德·拉姆斯登著：《群体与团队沟通》，机械工业出版社 2001 年版，第 205 页（稍作修改）。

从图 6.5 中，我们可知，当创业团队具备以下四个条件中某一项或者同时具备多项条件时，创业团队内有可能出现过高的凝聚力或者遵循某种特定的群体合作现象：一是创业环境恶化；二是创业团队成员受到压力或者威胁；三是创业团队变成一个封闭的群体结构；四是团队成员具有高度相似性。此时，创业团队就已经陷入了群体思维陷阱。

---

① 　盖伊·拉姆斯登、唐纳德·拉姆斯登著，冯云霞、是文如、笪鸿安译：《群体与团队沟通》，机械工业出版社 2001 年版，第 202～205 页。

6.4.1 过高的团队凝聚力

欧文·贾尼斯（1988）曾经指出，像胶水一样使团队成员凝聚在一起的凝聚力，固然可以帮助提高生产力，但它同时也会给团队成员一种特别有效的错觉。[①] 在这种情况下，创业型企业即使在成长过程中遇到经营管理决策上的难题，谁也不愿意率先牺牲团队的团结，提出一些可能会打破这种凝聚力的方案。一种没有明文规定的"群体和谐规则"可能会悄悄地支配着创业团队的成员，从而使创业团队的高凝聚力得以持续。

特别是后来才加盟到高层管理团队中的新成员，为了尽快地能够融入到团队组织中，他们又总是希望获得一种高凝聚力而可能带给自己的职业安全感，所以，他们就更不愿意提出有可能会引起其他团队成员反对的问题解决方案，以维护这支高层管理团队的牢不可破之感。

过高的凝聚力造成创业团队企业家精神退化的原因还表现在：团队成员过于相信团队的至高无上原则，认为团队方案总会是最正确的，从而团队成员思维变得不再活跃，创业团队在"集体创新"、"分享认知"维度上的表现就会极度低落，创业团队企业家精神也就开始走向退化。除此以外，由于存在过高的团队凝聚力，创业团队对于创业团队以外的企业成员意见置若罔闻，更不愿意听从外部意见来改变创业团队业已形成的发展方案。

6.4.2 过于武断的团队领导

盖伊·拉姆斯登和唐纳德·拉姆斯登曾对发挥领导能力与作为领导者做出比较分析，他认为，发挥领导能力意味着承担责任和推动作用，是指一系列的行为。而作为一个领导者，其职位是通过选拔或授予产生的，在这一职位上的领导者具有一定的地位和权力。[②] 需要引起注意的

[①] Janis, I. L., *Crucial Decisions：Leadership in Policymaking and Crisis Management*，Simon & Schuster Adult Publishing Group，1988.

[②] ［美国］盖伊·拉姆斯登、唐纳德·拉姆斯登著，冯云霞、是文如、笪鸿安译：《群体与团队沟通》，机械工业出版社2001年版。

是，一位受任命的企业高层领导人即使能行使其强有力的领导职能，但也不一定就能够创建和管理好创业团队。这是因为在团队运营模式下，更多地需要采取一种分享式领导风格。

那些喜欢只说不做的，并且擅长于控制的领导者往往与团队所需要的这种分享式领导风格相悖。他们往往喜欢把个体的意志强行带入到团队的群体思想之中。克里斯托佛·尼克（Christopher P. Neck）和格雷戈里·穆尔黑德（Gregory Moorhead）曾指出，这种封闭的领导风格有助于产生不明智的决策，寻求统一思想且形成不容置疑的团队规范。①曾格尔·车恩（Zenglo Chen）等学者的研究也发现，那种十分糟糕的决策往往来自于这样的团队，该团队的领导只喜欢发号施令，却并不参与工作。② 公司领导往往会把自己视为理所当然的创业团队领导，混淆了公司领导与团队领导的界限，从而会要求团队其他成员像下属服从公司领导一样地思考问题。如果创业问题的性质并不明朗，决策时间有限，或者在此之前公司的失败曾造成创业团队成员士气低落，那么，创业团队成员宁可接受那种由武断式风格的领导所提出的创业决策方案，也不愿意提出自己不同的建议，更不愿意与团队领导共同分担风险，进而导致创业团队企业家精神退化。

6.4.3　普遍的社会性懒散

如果创业团队成员的贡献不被团队或者团队内的其他成员所发现或评价时，创业团队内也会发生"社会性懒散（social loafing）"现象，即"当人们在群体内工作时，事实上他们会比他们独自工作减少努力"。③也有学者进一步认为，这种社会性懒散是"由于其他人的社会存在所带

---

① Neck, C. P. and Moorhead, G., "Groupthink Remodeled: The Importance of Leadership, Time Pressure, and Methodical Decision-making Procedures", *Human Relations*, May 1995, pp. 537—558.

② Chen, Z., Lawson, R. B. Gordon, L. R. and McIntosh, B., "Groupthink: Deciding with the Leader and the Devil", *The Psychological Record*, Fall 1996, Vol. 46, No. 4, pp. 581—681.

③ ［英国］尼基·海斯著，杨蓓译：《成功的团队管理》，清华大学出版社 2002 年版。

来的个人努力降低"。①

分析创业团队内可感知的"社会性懒散"是重要的。即使普遍的社会性懒散并没有发生，它也会影响到创业团队的决策质量，影响到创业团队企业家精神的动态延续，甚至会带给团队成员对团队满意度的下降和公司绩效的下滑。当团队成员发现其他成员正在发生懒散行为时，他们也会相应地减少对团队的贡献，既可能是因为他们不希望被其他成员所利用，也可能是因为他们预想到如果其他成员未能承担起额外的负责，则会带来任务无法完成的结果。②

这种社会性懒散会像瘟疫一样在创业团队内蔓延，如果创业团队成员普遍地具有社会性懒散所引起的士气低落，那么，他们必然会对创业决策的方案只进行有限的探讨、对创业风险的估计不足。尤其是在创业团队规模足够大时，个人在团队中的作用就难以突出，个人对团队所带来的贡献难以得到客观、公正的区分和评价，那么，由于每个人对团队贡献的评价模糊，社会性懒散就更容易发生。团队成员更愿意采取明哲保身的态度，他们并不会在一个无法让自己的贡献得到公正评价的创业团队内积极地提出一些较为冒险的、具有创新意识的创业观点，从而，在创业团队企业家精神"协作进取"维度上，创业团队无论在思想意识上还是在行为表现上都并不积极，久而久之，创业团队企业家精神就走向了退化。

6.5 创业团队企业家精神延续中的冲突管理

6.5.1 注重创业团队成员的个性组合

伊查克·爱迪思提出了完美管理型（PAEI 型）团队建设方向。他

---

① Latané, B., Williams, K. and Harkins, S., "Many Hands Make Light Work: The Causes and Consequences of Social Loafing ", *Journal of Personality and Social Psychology*, 1979, Vol. 37, pp. 822—832.

② Tata J., "The Influence of Accounts on Perceived Social Loafing in Work Teams", *The International Journal of Conflict Management*, 2002, Vol. 13, Issue 3, pp. 292—308.

认为，任何一个管理者都不可能是 PAEI 型，公司的 PAEI 管理模式应当是由风格迥异的管理者共同组成（如图 6.6）。① 由这种不同个性的管理者所组成的创业团队成员之间不可避免地将导致冲突的存在。伊查克·爱迪思在《完美管理者》一书中曾经描述了三种可能性的团队构成，然后，他详细地分析了三种管理团队不同的发展结局。

P———	Paei	————
—A——	pAei	————
——E—	paEi	————
———I	paeI	————
团队 1	团队 2	团队 3

图 6.6　创业团队个性组合的基本类型

注：P 代表生产者；A 代表行政管理者；E 代表企业家；I 代表协调者。

资料来源：［美国］伊查克·爱迪思著，张春煜译：《完美管理者》，华夏出版社 2004 年 1 月第 1 版，第 81 页。

　　我们认为，团队 1 虽然组成了 PAEI，但冲突却无法调和，不同的人根本就没有办法与团队内的其他人进行有效沟通，每一个人的行为都极其固执，不能容忍别人的灵活变通，这样的团队短期之内就可能走向解体；团队 2 是一种理想的模式，因为虽然每一个人可能都会有自己的意见，但是，团队中的每位成员都有足够的胸怀接纳别人的意见，所以这种冲突也是建设性的；团队 3 是由四个木鱼式的人物所组成，每一个人都保持一种缄默不语的态度，自然也就谈不上冲突，这种情形虽然表面上看起来还是团队，但它根本就不属于正常意义的团队组织。

　　事实上，每位创业团队成员都有双重角色。他既承担着工作角色，即个人或团队内所担负的责任和义务，同时，他又担任着团队角色，表现为采用一种与他人相互作用的特定方式行事的倾向性。团队角色指出了某个人处在人与人之间相互作用的工作环境下应如何做出自己的贡

---

① ［美国］伊查克·爱迪思著，张春煜译：《完美管理者》，华夏出版社 2004 年版，第 81 页。

献。提高创业团队凝聚力，应当注意工作角色配置与团队角色的协调，找到一种令人满意的平衡，才能发挥其最大的优势和效率。创业团队要在工作角色及团队角色之间达到这种令人满意的平衡，既要考虑到团队的工作任务，又要考虑成员之间的力量对比以及调整平衡的程度。最为重要的是成员之间彼此能够对工作角色进行沟通，能根据团队角色、根据不同成员的技能和兴趣分配相应的工作角色。创业团队协作之所以具有如此强大的威力，关键是它能够使各个本来分散的中高层管理者和具有不同能力、不同个性的人结合起来，携手作战，组织成一个有共同目标的、相互协调的整体。这就像蚂蚁可以被认为是世界上互助主义的典范，因为它们完善了双赢关系的所有优点与益处一样。

从伊查克·爱迪思的观点中可以得到这样的启示，在企业成长的各个不同阶段，应当根据企业成长战略和外部创业环境的变化情况，及时选择各具特长的优秀人才到高层管理团队中，并注意创造条件让他们相互合作。如 2004 年 3 月，原方正集团的周险峰率部下十几人加入海信，出任海信数码的 CEO。其背景是，以家电生产起家的海信，决定改变战略，逐鹿 IT 产业。缺乏熟悉 IT 界的引路人是海信的劣势，而直接引入有着丰富从业经验的业界人士，无疑是一条捷径。我们认为，在企业成长的不同阶段，企业"增长的痛苦"也各不相同，所以，创业团队新成员的调整和补充应当有利于克服企业成长中的管理障碍，注重创业团队成员的个性组合能够最大程度地推动企业成长，只有这样，创业团队企业家精神才能得以延续，创业团队企业家精神的功能发挥才能最大化。

6.5.2 善于整合不同的认知方案

有效的创业团队能够抓住创业决策的关键性问题，最大可能地利用所有团队成员的认知性贡献。它们鼓励超越团队成员进行创造性的思维，它们认识到以认知性冲突为基础，让整个团队的所有成员能够从不同角度考虑问题，并提出解决问题的方案，最终才能努力通过"分享认知"的方法形成相对满意的创业决策方案。

在一支高效的创业团队中，创业团队领袖更多的时候应当通过发现那些并不积极的成员意见，调整那些试图控制讨论的团队成员情绪，以便帮助整合所有创业团队成员的意见。如摩托罗拉（Motorola）公司的前任总裁鲍勃·高尔文（Bob Galvin）特别强调"听取少数人报告"的重要性，特别想听那些非主流的意见。其目的就是想产生尽可能多的主意，以一种开放的心灵去获得每一个方案。这种对创业团队成员间不同认知方案的整合对于团队成员获得对决策所承担的义务来说特别重要。

　　然而，在那种低效的创业团队中，并不是所有的团队成员都愿意就创业决策过程提出自己的观点。如果高层管理团队内部只有少数成员在决策过程中发挥着积极作用，那么，也就失去了利用认知性冲突和利用团队的价值。较为严重的情形是，当创业团队成员提出的可行性方案，经常性地被置之不理，或受到其他团队成员的冷嘲热讽，那么，创业团队成员就可能在未来表现出消极的情绪，久而久之，冲突的性质也将发生改变，原来只是存在认知性冲突的创业团队成员间可能会形成情感性冲突。类似的案例国内也时有发生，2004 年前后，国美集团、搜狐公司、用友集团、天狮集团、TCL 集团等高管层均发生过不同程度的团队内成员间的冲突性质变迁。

　　我们认为，能否利用认知性冲突的积极影响关键在于成功地整合团队成员的意见，特别要有能力使团队成员感觉到他们可以自由地表达他们的观点和意见，甚至是与大多数人相反的观点。那些鼓励讨论、竞争和整合的高层管理团队往往能够从所有团队成员那里获得更多的认知性观点，团队成员能够以一种开放的意识容纳不同观点，比较、选择、整合形成团队最终决策方案。如果在企业成长过程中，创业团队能够将这种善于整合认知方案的决策模式制度化，那么，它不但将带给创业团队成员更高的满意度，也能够使创业团队企业家精神得以延续。

　　如果创业团队能够采取有效措施整合来自创业团队成员的不同认知方案，那么，创业团队成员就可能感觉到与其他创业团队成员一样，即使提出错误的认知方案，也会得到应有的尊重和理解，这将进一步激发起创业团队成员参与团队未来决策的积极性和创造性，从而可以促进出台高质量的决策方案。由于整合不同的认知方案过程本身就可以体现出集体创新、分享认知、共担风险、协作进取的基本特征，所以说，它对创业团队企业家精神的动态延续极为重要，对此应当加以高度重视。

6.5.3　努力控制职业经理人与创业元老们之间的情感性冲突

创业型企业成长到一定阶段，一个突出的问题是如何处理职业经理人与创业元老的关系。国内许多民营企业的创业元老都是在改革开放后着手创业的，他们以一种积极进取的开拓精神和满腔的创业热情，使小规模的作坊式企业成为今天国内外著名的大公司。然而，不少快速成长的大公司都面临着一个共同的情感性冲突问题：创业元老们认为他们正在遭遇公司的情感剥削，逐渐失去昔日在公司中应有的地位和权力，公司信奉"外来的和尚会念经"的逻辑让这些元老们无所适从，与此同时，许多职业经理人却往往凭借其"高学历、高职位、高工资"的优势，经常性地看不起曾经参与公司原始积累的创业者和"元老级"的职业经理人。

从本质上说，薪资差异是对有待于在该企业验证的能力与知识预付的价格和财富，或者说是对"空降兵"预期价值的事前分配。[①] 尽管如此，如果在薪酬标准上采用一种"老人老办法，新人新办法"的做法，还是极有可能会激化创业元老与新加盟到高层管理团队的职业经理人之间的情感性冲突。实践中对新加盟的"空降兵"式职业经理人采取市场定价法，而对原有创业元老或原创业团队成员采取情感定价的简单式做法，有可能演变成职业经理人与创业元老之间的个人恩怨，甚至出现相互拆台的事件。这将从根本上导致创业团队企业家精神的退化。

---

① 刘学：《"空降兵"与原来管理团队的冲突及对企业绩效的影响》，载《管理世界》2003 年第 6 期，第 105～113 页。

6.5.4 奖励具有卓越贡献的团队成员

创业团队绩效评价与团队成员薪酬制度设计是创业团队管理的焦点。一般的企业采取以个人绩效为基础的报酬系统，但是，在创业团队中，个人绩效与团队绩效如何加以正确区分？采取把创业团队作为整体来核定报酬方案的做法是否会对继续向个人单独发放报酬的机制产生一种分裂作用，并导致创业团队企业家精神退化呢？一种不公平的报酬系统会在多大程度上导致创业团队成员降低工作努力程度，并诱发社会性懒散……诸如此类的问题应当引起企业界的高度重视。

尼斯·海斯认为，对于成功的团队管理来说，如果引进一种评价团队成员贡献的有效方法，并设计团队报酬系统，这才是最为重要的，毕竟每一个人都希望得到欣赏和感激。在这方面的创业团队管理实践中，核心的问题在于奖赏高效行为和惩罚低效行为，到底哪个更为有效。[①]

詹尼弗·乔治（Jennifer M. George）曾通过案例研究的方法，分析了奖励和惩罚是如何影响社会性懒散的问题。[②] 他认为，减少社会性懒散行为的最有效方法是，主管人员或管理者保证个人受到与他或她的贡献直接相关的临时性奖励，而不是对整个团队的奖励。同时，临时性惩罚却并不具有这种相同的效果（如表6.2）。而且，在许多时候，运用惩罚往往会使人理解为受惩罚者是下属或者没有多大权力，从接受方来看，给人以一种欺凌弱者的印象。这种惩罚行为的结果往往会增强社会性懒散。

---

① ［英国］尼基、海斯著，杨荷译：《成功的团队管理》，清华大学出版社2002年版，第157页。

② George,J. M. ,"Asymmetrical Effects of Rewards and Punishments:The Case of Social Loafing", *Journal of Occupational and Organizational Psychology*, December 1995, Vol. 68, Issue 4, pp. 327—338.

表 6.2　奖赏、惩罚与社会性懒散

	偶然的个人行为	非偶然的个人行为
奖赏	减少社会性懒散	对于社会性懒散没有影响
惩罚	对于社会性懒散没有影响	增强社会性懒散

资料来源：George, J. M., "Asymmetrical Effects of Rewards and Punishments: The Case of Social Loafing", *Journal of Occupational and Organizational Psychology*, December 1995, Vol. 68, Issue 4, pp. 327—338。

我们认为,对于创业团队的报酬系统设计应当突出奖励具有卓越贡献的团队成员。因为创业团队所面临的决策更具有挑战性,决策风险更大,而那些为创业成功做出重大贡献的个体成员理应获得高额的报酬,其深远的意义在于清楚地表明创业团队倡导什么而不是反对什么。另一方面,由于创业型企业活动性质一定程度上决定了应当容忍失败,所以,对那些创业团队成员的惩罚应当极为慎重,最好应当避免制裁,制裁一般不会激发起创业团队成员的创业激情,而且往往会适得其反,导致更为严重的社会性懒散。

虽然奖赏团队在减少社会性懒散方面可能起不了太大的作用,但是,奖励创业团队的做法还是有其合理依据的,至少对创业团队的集体奖励能够培养起一种归属感和杰出成就感。而且,尤其是在企业成长遇到困难的时候,那种团队领袖以及团队成员之间的相互支持非常重要,这种来自创业团队内部个人之间的支持可以极大地激发起战胜困难的信心,也是最大限度地减少"社会性懒散"的有效方式。[①] 所以,最为有效的报酬系统方案设计应当充分考虑个体和团队两个层次的作用,既能起到肯定团队内个人贡献的效果,也能起到支持团队努力的行为。只有取得这样的一种平衡,创业团队企业家精神才可以得到强化,并随着企业成长得以健康延续。

---

① 陈忠卫、贾培蕊:《基于心理契约的高层管理团队凝聚力问题研究》,载《管理科学》2004年第5期,第46~52页。

7 基于心理契约视角的
创业团队企业家精神

心理契约能够反映个体成员与组织之间某种不成文的相互期望的性质,反映出双方对义务的承诺和互惠关系。每一位创业团队成员与创业团队之间同样存在着一定的心理契约关系。如果我们能够根据企业成长所处阶段的特征,采取卓有成效的管理措施,努力建立和维护一种积极的、健康的心理契约关系,那么,创业团队企业家精神就将得以维持或者强化。相反,如果我们忽视创业团队成员与创业团队组织之间的心理契约关系,任其走向心理契约关系破裂,那么,则将导致创业团队的瓦解和创业团队企业家精神退化。

7.1 交易契约与关系契约

心理契约的概念提出于 20 世纪 60 年代。克里斯·阿吉里斯用"心理工作契约"(psychological work contract)的概念来描述"一组员工与其工头之间的关系及对这种关系含而未宣的理解"。① 哈里·莱文森把此概念做出了进一步的拓展,认为"心理契约是一种关系双方可能都没有清楚地意识到的,但却是统摄双方关系的一系列相互期望"。② 最初,学术界对心理契约的理解更多地强调交换关系双方期望的共同性。但是,后来,丹尼斯·鲁索的观点却认为心理契约关系是员工独自拥有的,她认为"心理契约是个体所持有的,与交易另一方关于互惠性交换协议的具体条款和条件

---

① Argyris,C.,*Understanding Organizational Behavior*. London:Tavistock Publications,1960.
② Levinson,H.,*Men, Management and Mental Health*,Cambridge, MA:Harvard University Press,1962.

的信念"。① 20 世纪 90 年代以来，这两种关于心理契约"独有论"和"分享论"的争论一直都没有消失过。本书把心理契约的概念限定在创业团队成员个体与创业团队组织之间，侧重于研究两者间所存在的心理契约关系对创业团队企业家精神的形成及其延续的影响机理。

7.1.1　心理契约的特征

第一，个人主观感受性。站在员工的角度看，心理契约的内容是员工个体对于相互责任的一种主观感觉，而不是相互的责任这一事实本身。由于个体对于他与组织之间的相互关系有着自己独特的体验和见解，因此，个体的心理契约可能与雇用契约的内容不一致，也可能与其他人或第三方如组织代理人的理解和解释不一致，② 所以说，它具有个人主观感受性。正是由于这种个人主观感受性，对具有异质性的团队成员与组织间心理契约关系的管理不能简单地采用相同的措施。

第二，心理契约内容的动态性。正式雇佣契约一般是稳定的，很少改变，但心理契约却处于一种不断变更与修订的状态。任何有关组织工作方式的变更，不论是物理性的还是社会性的，都会对心理契约产生影响。人们在一个组织中工作的时间越长，心理契约所涵盖的范围就可能越宽泛，在员工与组织之间的关系中相互期望和责任的隐含内容也就越多。③ 另外，随着个人收入的提高和在公司中地位的提升，个人与组织间的心理契约关系内容也将随之发生改变。

第三，心理契约与期望之间存在差异。心理契约不仅有期望的性质，还包括对责任和义务的承诺与互惠，所包括的内容是那些员工相信他们有资格得到的东西和应该得到的东西。心理契约与期望之间所存在的最大区别是，期望未实现时，往往产生的是一种失望感；而心理契约

---

① Rousseau, D. M., *Psychological Contracts in Organizations: Understanding Written and Un-written Agreements*, California: Sage, 1995.

② Morrison E. and Robinson S., "When Employees Feel Betrayed: A Model of How Psychological Contract Violation Develops", *Academy of Management Review*, 1997, Vol. 22, Issue 1, pp. 226—256.

③ 波特·马金等著，王新超译：《组织和心理契约：对工作人员的管理》（第 2 版），北京大学出版社 2000 年版。

被违背时，则产生更强烈的消极的情绪反应和后续行为，其核心是一种愤怒情绪，员工感到组织背信弃义，自己受到了不公正对待。桑德拉·罗宾森（Sandra L. Robinson）认为，这种差异将不断地促使个体重新评价自己与组织的关系，并对组织承诺、工作绩效、工作满意度和员工流动率均造成不良影响。[①]

第四，心理契约与组织承诺之间存在差异。20 世纪 60 年代，心理学家霍华德·贝克尔（Howard S. Becker）把组织承诺视为员工随着对组织投入的增加而不得不留在该组织的心理现象。[②] 或者说，它是指员工随着其对组织的"单方面投入"的增加，而产生一种心甘情愿地参与组织各项活动的感情，重点在于探讨除雇佣合同所规定的条款以外，雇员为什么愿意留在该组织的问题。[③] 心理契约指的是一种员工对于个体与组织之间相互责任与义务的信念系统。二者的共同之处在于都是探讨员工与组织的关系。二者的差异在于组织承诺的内容是单维的，只是员工对于组织的感情；而心理契约则是一种双向的关系，即员工对于自己应承担的责任的信念，以及对于组织应承担的责任的信念，在此过程中，员工会对双方履行契约的程度进行对比。

另外，学术界大多数学者认为，组织承诺实际上是心理契约的结果。正是由于个体对于双方责任的认知、对比与信念，才导致个体对组织产生不同的承诺方式和程度。这一点在创业团队中体现得尤为明显，创业团队成员具有比一般雇员拥有更大的影响能力，而且不同的创业团队成员对团队所做出的组织承诺方式和程度也各不相同，在此情况下，只有重视和加强创业团队心理契约关系的构建，才能确保通过组织承诺的持续来保证创业型企业的快速成长。

7.1.2　交易契约与关系契约的比较

丹尼斯·鲁索曾对 129 名 MBA 毕业生心理契约的 7 项雇主责任和

---

①　Robinson，S. L.，"Trust and Breach of the Psychological Contract"，*Administrative Science Quarterly*，December 1996，Vol. 41，Issue 4，pp. 574—600.

②　Becker，H. S.，"Notes on the Concept of Commitment"，*American Journal of Sociology*，1960，Vol. 66，pp. 32—40.

③　凌文辁、张治灿、方俐洛：《中国职工组织承诺的结构模型研究》，载《管理科学学报》2000 年第 2 期，第 76～81 页。

8项雇员责任进行过实证研究，然后抽出了两对典型变量。第一对变量反映的是雇员以加班、职责外工作为代价，以换取组织提供的高额报酬、绩效奖励、培训和职业发展，是以经济交换为基础的契约关系，称为"交易契约"；第二对变量反映的是雇员以长期工作、忠诚和愿意接受内部工作调整为代价，以换取组织提供的长期工作保障，是以社会情感交换为基础的契约关系，称为"关系契约"。[①] 1995年，丹尼斯·鲁索对交易契约和关系契约的特点做了如下比较性分析（如表7.1）。[②]

表 7.1　交易契约与关系契约特征的比较

	交易契约	关系契约
契约特点	1. 现时的金钱交易 2. 基本激励因素为具体的经济条件 3. 个人对工作的有限投入 4. 封闭的时间模式（如季节性雇佣、工作2或3年等） 5. 只对非常具体的条件予以承诺 6. 契约内容固定不变。若要改变，则需重新对契约进行协商 7. 运用现有的技能，没有发展 8. 对条件有清晰界定，他人也能理解	1. 有经济交易，也有情感投入 2. 相互依赖和相互吸引的程度高，涉及个人、家庭生活等宽泛的条件 3. 相当多的雇员投入（如针对公司需要的技能，长期的职业发展）和雇主投入（如广泛的培训） 4. 开放的关系模式和时间模式 5. 有成文的，也有不成文的契约条款（一些条款是超过契约时限的） 6. 在契约期限内动态地、主动地进行改变 7. 注重个人成长、职业发展的人力资源管理新范式 8. 主观内隐的条件约定，他人较难理解

资料来源：陈加州、凌文辁、方俐洛：《心理契约的内容、维度和类型》，载《心理科学进展》2003年第4期，第437～445页，以及 Rousseau, D. M., *Psychological Contracts in Organizations*: *Understanding Written and Unwritten Agreements*, California: Sage, 1995。

桑德拉·罗宾森等学者曾对125名MBA毕业生心理契约违背现象做出跟踪研究，通过对员工心理契约中的雇主责任进行因素分析，结果

---

① Rousseau, D. M., "New Hire Perceptions of Their Own and Their Employer's Obligations: A Study of Psychological Contracts", *Journal of organizational behavior*, Sep 1990, Vol. 11 Issue 5, pp. 389—400.

② Rousseau D M., *Psychological Contracts in Organizations*: *Understanding Written and Unwritten Agreements*, California: Sage, 1995.

同样提取了两类因素。第一类因素包括高额报酬、绩效奖励、提升和发展等，它们是与物质交换相关的契约项目，称之为交易契约。第二类因素包括长期工作保障、职业发展、培训等，它们是与社会情感交换相关的契约项目，称之为关系契约。①②③ 他们的观点从另一角度验证了丹尼斯·鲁索的研究结果。

林恩·米勒德（Lynne J. Millward）和李·霍普金斯（Lee J. Hopkins）以卢梭的"交易—关系"维度模式为基础编制量表，通过对英国不同地区、企业及职业的 1200 名员工心理契约维度的分析，结果也证实了"交易契约"与"关系契约"两个因素的存在。④ 鲁索和施耐哈尔·梯乔瓦拉（Snehal A. Tijoriwala）对护士心理契约中护士责任进行因素分析，结果同样也得到了"交易契约"和"关系契约"两个因素。⑤

显然，从 20 世纪 90 年代以来，"交易契约—关系契约"的模式作为与心理契约相关问题的研究基础已经成为一种主流的理论发展方向。我们认为，这种心理契约两大维度的理论应用于创业团队企业家精神延续的研究中也具有极强的针对性。从创业型企业成长的角度看，创业团队个体成员在企业发展不同阶段所具有的"交易契约"与"关系契约"内容会不断发生改变，而且，从创业团队个体成员的职业发展来看，不同的创业团队成员在企业发展的特定阶段上也具有不同的"交易契约"

---

① Robinson S. L., Rousseau D. M., "Violating the Psychological Contract: Not the Exception but the Norm", *Journal of Organizational Behavior*, 1994, Vol. 15, Issue 3, pp. 245—259.

② Robinson S. L., Morrison E. W., "Psychological Contracts and OCB: The Effect of Unfulfilled Obligations on Civic Virtue Behavior", *Journal of Organizational Behavior*, 1995, Vol. 16, Issue 3, pp. 289—298.

③ Robinson, S. L., "Trust and Breach of the Psychological Contract", *Administrative Science Quarterly*, December 1996, pp. 574—600.

④ Millward L. J. and Hopkins L. J., "Psychological Contracts, Organizational and Job Commitment", *Journal of Applied Social Psychology*, 1998, Vol. 28, Issue 16, pp. 1530—1556.

⑤ Rousseau D M, Tijoriwala, S A., "What's a Good Reason to Change? Motivated Reasoning and Social Accounts in Promoting Organizational Change", *Journal of Applied Psychology*, 1999, Vol. 84, Issue 4, pp. 514—528.

和"关系契约"内容构成。创业团队心理契约关系的动态变化将影响到创业团队企业家精神的形成和发展。

7.2　创业团队企业家精神动态延续的心理契约分析

虽然心理契约并没有像雇佣契约关系一样被加以载明，但是，心理契约关系却是组织中员工行为强有力的决定因素。本节拟在阐述心理契约形成的一般逻辑基础上，提出基于心理契约视角的创业团队企业家精神动态延续模型。

7.2.1　心理契约形成的一般逻辑

丹尼斯·鲁索认为，心理契约以雇员对组织状态的个人感知为基础。他在心理契约关系构建的问题上，主张以个体对环境与社会信息心理加工过程为核心。相比之下，戴维·格斯特（David E. Guest）则更重视组织与个人之间的相互作用关系，强调个体与组织两方面的背景性因素对心理契约形成的重要影响作用（如图7.1）。①

从戴维·格斯特（1998）的心理契约形成理论模型来看，它至少给予了三点启示：一是该模型重视个体与组织之间的互动关系。这种分析起点有助于帮助我们寻找到分析创业团队个体成员与创业团队之间的相互作用关系。二是该模型认为，个体与组织之间相互关系对心理契约的影响作用是以成员的态度和行为为基础。由于创业团队具有人口特征变量上的异质性，不同的个体成员在教育背景、团队任期、组织任期、工作类型等方面具有明显的差异，而这又将影响到创业团队绩效和公司绩效。所以说，基于心理契约视角来分析创业团队企业家精神将有助于揭示创业团队企业家精神延续的深层次影响因素。三是心理契约的视角可

①　Guest, D. E., "Is the Psychological Contract Worth Taking Seriously", *Journal of Organizational Behavior*, 1998, Vol. 19, Issue S1, pp. 649—664.

以为我们实现创业团队企业家精神的动态管理提供政策设计的突破口，特别是对人力资源政策与实践、组织内大气候、参与管理等角度的分析更加有助于理解创业团队心理契约关系的构建。

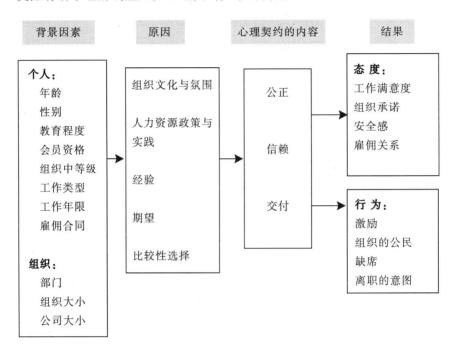

图 7.1　心理契约的形成过程模型

资料来源：Guest，D. E.，"Is the Psychological Contract Worth Taking Seriously"，*Journal of organizational Behavior*，1998，Vol. 19，Issue S1，pp. 649—664。

7.2.2　心理契约变化对创业团队企业家精神延续的影响

创业团队是一支十分特殊的团队，它具有不同于一般管理团队的特征。创业团队是由一群负责制定战略、进行业绩管理、高级人才评估等一系列问题的高层管理人员和专家所组成。他们的人格特质以及创业团队文化共同决定了在创业团队中心理契约与组织承诺的形成和实现的独特之处。由于他们都身处企业中高层，所以，创业团队心理契约的变化对组织内的其他职能性团队乃至普通员工的行为和态度也具有很强的波及效应，直接影响到创业型企业快速成长的可能性。因此，创业团队心理契约变化对创业团队企业家精神的延续甚至对企业绩效的影响来说都至关重要。

我们根据戴维·格斯特对心理契约形成与影响因素所做的逻辑分析，提出心理契约变化对影响创业团队企业家精神延续的影响模型（如图7.2）。在此，我们结合模型中所涉及的变量及其相互关系做如下简要分析。

7.2.2.1 创业团队个体成员期望的层次性

一般来说，个体在组织中存在着三种期望：维持生活、发展自我和承担社会责任。这三种期望均同时存在于每个组织和个体成员之中，只是程度不同而已。在创业团队中，发展自我与承担社会责任占据期望构成中的绝大部分比例，维持生活的期望只是实现其他两类期望的附带产品，甚至即使其他两类期望未能实现，维持生活也不成问题，也许他们根本未考虑过维持生活这一期望。所以，金钱本身对他们的工作表现并没有产生很重要的激励作用，他们需要从工作上得到比薪水更大的满足。工作对他们来说，已超越了作为生存需要的手段这一基本含义，他们追求在工作中给自己和给别人带来意义。如果借用马斯洛需求层次论来解释，则他们的需求已基本处在尊重和自我实现的高度。

创业团队中成员关于自我实现的期望主要包括以下四个方面的内容：一是成就感。通俗地说，它是指个体成员完成某件事务所带来的幸福感。而且，最重要的就是一种感觉，具体的成就内容则是其次。成就感可以视为一种能量，对提高个体成员的工作动力，保持个体成员的工作活力都具有极强的促进作用。二是认可。有利于形成创业团队凝聚力，进而带来组织绩效的认可有三种：赞许、尊重、接受。三是威信。树立威信要通过为创业团队做出贡献来获得，如果工作之后感到别人对你的尊重，且符合你的需要，这种认可便会加强你对威信的意识，促进你萌生干得更好的念头，并愿意冒更多的风险。四是目的感。支持人们一生行为的正是目的感，人们有了努力的目的感，前进才会有动力，生命才有意义，所以，目的感是人们的活力资源。以上四方面期望普遍存

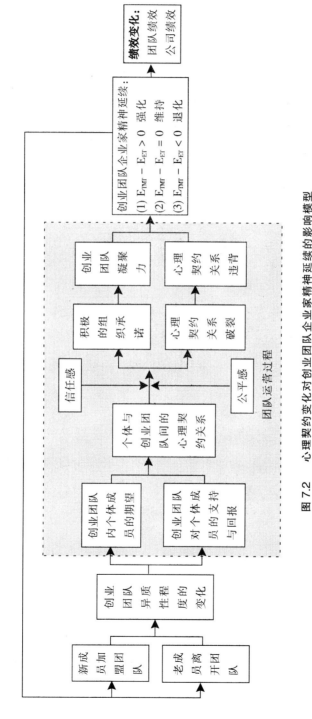

图 7.2 心理契约变化对创业团队企业家精神延续的影响模型

注：E_{ET} 代表创业团队企业家精神；E_{TMT} 代表高层管理团队企业家精神。

资料来源：作者整理。

在于创业团队成员之中，只是所占的权重有所差别而已。其他更为具体的个人设想都是这四类个人期望的延伸和补充。

我们认为，尤其是创业团队成员关于自我实现的期望是形成创业团队企业家精神的重要基础。成就感、认可、威信、目的感也是个体衡量是否值得为团队付出努力的重要判断标准，所以，在创业团队企业家精神动态延续的模型中，我们把它作为创业团队成员与创业团队之间形成心理契约关系的重要起点。

7.2.2.2 创业团队对个体成员的内部支持

每一位团队成员都是组织期望与个人期望的载体。创业团队内的所有成员同时也希望团队领袖能够协同他们的才能、智慧、知识等，以便他们更好地发挥其内在潜能，采取相互支持、诚实和全力以赴的态度实现团队目标，进行重大战略变革、决策制定、资源优化配置等工作。在创业团队内部，个体成员对创业团队组织的期望较多，并且，个体成员往往占主导地位，个人期望能否实现不仅取决于个人的努力程度，也取决于他所在的创业团队能否为其提供必要的支持系统，取决于个人期望与组织期望的吻合程度以及成员和组织之间耦合的体验程度。如果创业团队中的个体成员能够体验到满意感与信任感，觉得创业团队提供了与他预期相符的内部支持，那么，创业团队成员的努力就会强化，他们会以一种更加积极的态度参与到创业决策活动中，从而确保了创业团队内集体创新、共担风险和协作进取，这在一定程度上也保证了创业团队企业家精神的强化。

7.2.2.3 创业团队内的公平感与信任感

在创业团队内建立起一种能够促进企业成长的心理契约关系十分难能可贵。这是因为，无论是小规模企业的创业团队成员，还是大规模公司的高层管理者，他们都习惯在等级分明的金字塔架构中大权独揽，习惯于发号施令，而不是采取协商式的工作风格，并且，高层管理人员在他们的职业生涯中，早已规划好了自己的晋升阶梯，这与其他成员的发展规划在某些方面可能会不谋而合，所以，他们之间互为假想敌或竞争对手的心理芥蒂也就不可排除。在资源配置活动中，由于本位主义作梗，有时他们会仅仅只考虑本部门的局部利益最大化，而不愿追求企业整体利益的最大化，进而与其他部门保持一定程度的疏远关系和有限度的合作态度。所以，在这种情况下，试图通过建立稳定的、公平的、充满信任感的心理契约关系十分困难。

只有当创业团队成员与创业团队之间所形成的心理契约关系，能够有效地改善个人之间、个人与组织之间的相互关系，能够使创业团队成员相互理解、相互帮助、真诚信赖、彼此尊重，这样的心理契约关系才会有助于促进团队成员做出有利于企业成长的组织承诺，促进创业团队企业家精神的强化，进而更好地实现团队目标和创造组织绩效。创业团队组织的功能发挥，离不开创业团队成员之间的相互联系，并且，这种密不可分的联系往往超出了工作角色的界定。创业团队中的心理契约融合了真诚、平等、宽容、勤勉等承诺，它们无形中在创业团队内建立起一种个人与组织间的信任感，这种信任感不但促进形成了成员之间分享认知的强烈愿望，也推动着他们协作进取的努力行为，由此可见，它也将有助于推动创业团队企业家精神的强化。

如果创业团队成员在一项集体工作中得不到足够的公平感和信任感，他就会陷入一种莫名的苦恼，甚至会设法从另一项活动中寻找成就感，而这项活动很可能同团队的目标和关系相抵触。由于不能从工作中获得并满足认可需要，他们就可能产生种种猜疑，认为是因为没有爬上更高的位置（尊重），或者是冒险不够、主动性不够（赞许），或者是联系面太窄（接受），等等。长此下去，将会严重地影响到他们的动力和对团队的投入，他们可能会对创业团队工作失去兴趣，感到幻灭或愤世嫉俗，进而可能会采取非理性行为来满足个人的需要。虽然高层管理人员可以在本部门、本领域树立很高的威信，但是，当他选择进入创业团队时，以前的威信不一定会在此团队中同样奏效。如果他感觉到已不可能树立威望，无法从中获得一种满足感时，那他就会转而从其他方面寻找这种感觉，不愿意在创业团队中努力地投入活力与工作热情，甚至会选择退出创业团队或者离开所在的企业。所以说，如果是在一种缺乏公平感和信任感的环境下，个体成员与创业团队之间的心理契约关系极有可能走向破裂，甚至导致心理契约关系违背现象。

基于创业团队内部人口特征变量异质性的假设，即使是在同样的组织环境条件下，不同的创业团队成员对公平感和信任感的理解也不一样。所以，经常发生的情形是，有的创业团队成员与创业团队之间的心理契约关系获得了强化，并引发了有利于推动企业成长的组织承诺，而有的创业团队成员却认为存在一种不公平和不信任感，从而使得心理契约关系破裂，甚至出现了不利于企业成长的心理契约违背现象。两种相反的趋势相互影响、相互抵消，最终决定了创业团队企业家精神动态延续的不同结果。

7.2.2.4　创业团队个体成员的组织承诺持续

当创业团队成员得到了一种内在性的报酬，即他们的期望得以实现，创业团队的工作环境、工作效率以及协作精神使他们获得了一种满足感，也有利于发挥个人潜能。在这种情况下，个体成员目的的实现引发了创业团队成员以一种更为充沛的活力去参与创业决策活动，共同分担风险，实践创业行动方案。而这方面的再次成功又会进一步创造认可的机会，共同树立起威信，从而又使创业团队成员寻找更高的目标，并激发起更大的活力，从而，创业团队成员与创业团队组织之间就进入一种良性循环的轨道，不断形成的组织承诺必然会极大地促进创业团队企业家精神强化。

学术界倾向于把组织承诺区分为两类：侧重于社会性交换过程的态度承诺和侧重于经济性交换过程的权衡承诺。前者包括员工对企业的投入、参与程度的投入（情感性承诺），以及由于受长期的社会影响形成的社会责任而留在组织内的承诺（规范性承诺）；后者则是指员工为了不失去已有的位置和多年投入所换来的福利待遇而不得不留在该组织内的一种承诺（持续性承诺）。① 在创业团队内部，同样不同程度地存在

---

① 刘小平、王重鸣：《组织承诺及其形成过程研究》，载《南开管理评论》2001年第6期，第58～62页。

着不同类型和不同性质的组织承诺。有些高层管理人员把在创业团队中工作当成一种纯粹的经济性"交易"，他们会在继续留在本组织的获益和离开组织的成本之间经常性地进行权衡，一般而言，高层管理人员遵循层级结构的晋升途径，在企业中工作时间相对长一些，并享有很高的威望，他们往往不愿意放弃既得利益，为了不失去已有的位置和多年投入所换来的福利待遇而不得不继续留在组织中，此时就出现了持续性承诺；也有一些高层管理人员可能是受长期形成的社会责任感和社会规范的约束，为了尽自己的责任而留在组织中，这样就形成了规范性承诺。

虽然持续性承诺和规范性承诺作为创业团队成员所做出的组织承诺，一定程度上也会使创业团队凝聚力得到增加，进而使创业团队成员积极地表现集体创新、分享认知、共担风险和协作进取的努力，导致创业团队企业家精神强化的结果。但我们认为，这两类组织承诺往往要比情感性承诺所可能引发的创业团队凝聚力要弱些，它们对创业团队企业家精神强化的效果也要差些。这是因为，如果创业团队成员打破传统性的社会规范，并进行横向与纵向的对比判断分析，一旦感觉到创业团队所提供的并不能满足其内在需要，并不能与他们的经历、阅历相匹配，即与自己所设计的期望不相符时，而在外部企业家市场上又遇到更为合适的工作机会，创业团队成员就很可能不再继续兑现持续性承诺或规范性承诺，此时，就会出现组织承诺夭折和心理契约破裂的现象。近年来，国外不少猎头公司就是根据国内企业高层管理团队中缺乏情感性承诺，而持续性承诺或规范性承诺又是极为脆弱的现实背景，设法瓦解原有的创业团队，从而造成高层管理团队中不少优秀成员的"跳槽"现象。

在一支理想的创业团队内，创业团队成员会普遍地认为，创业并非是基本目的，创业是一种职业，创业更是一种使命。一支凝聚力较强的创业团队，能够使创业团队成员普遍地获得一种公平感、信任感，并引发创业团队成员的满足感和成就感。不断巩固和强化的创业团队凝聚力，能够使创业团队成员有真诚的愿望为创业团队贡献其创业热情，主动投入到创业决策过程的所有活动中，从而会使企业团队企业家精神得到强化。

7.3　凝聚力与创业团队企业家精神强化

凝聚力是基于心理层面的一个概念，它的形成是一系列心理原因和心理行为作用和发展的结果。心理契约和组织承诺便是这一链条上前后相连的两个重要环节，组织承诺实际上是心理契约的一种结果。正是由于个体对于双方责任和信念的认知、对比，才导致个体对组织产生不同的承诺方式和程度，并最终决定了组织凝聚力的形成与发展。如前所述，我们可以发现，组织承诺是单维的，而心理契约则是一种双向的关系。结合创业团队来分析，所有的创业团队成员与创业团队组织之间均存在着一定的心理契约关系，创业团队成员会经常性地对双方履行契约的情况进行分析、对比和做出判断，这一切构成凝聚力形成过程中不可逾越的心理过程。一般情况下，创业团队凝聚力将为创业团队成员自觉地通过分享认知的活动参与集体创新的决策过程提供支持，为创业团队成员自愿地通过共担风险的机制参与到协作进取的创业活动提供保证，这两方面的表现将会使创业团队企业家精神不断地得到强化。

虽然个体成员在加盟到创业团队内之前，可能对创业团队存在的目的、对创业型企业的使命具有不同的看法，但是，一旦正式成为创业团队中的一员，所有的个体都将自觉地调整自己的态度和行为方式。而且，一旦个体成员对创业团队的组织承诺形成后，则创业团队成员在态度上和行为上就会表现出对组织强烈的忠诚感、认同感和全方位的投入，从而最终形成坚不可摧的创业团队凝聚力。① 据此，我们提出了基于心理契约的创业团队凝聚力形成的逻辑，并尝试把这种创业团队凝聚力的形成与创业团队企业家精神强化相联系起来进行研

---

① 陈忠卫、贾培蕊：《基于心理契约的高层管理团队凝聚力问题研究》，载《管理科学》2004 年第 5 期，第 46～52 页。

究（如图 7.3）。

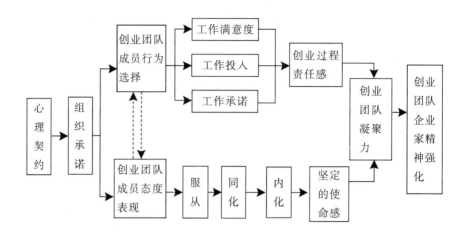

图 7.3　基于心理契约的创业团队凝聚力形成模型

资料来源：陈忠卫、贾培蕊：《基于心理契约的高层管理团队凝聚力问题研究》，载《管理科学》2004 年第 5 期，第 48 页（修改而成）。

7.3.1　团队成员对组织价值观的坚定信念

如果高层管理者普遍地在态度上培养起了对团队价值观的坚定信念，并愿意为团队利益而努力，以至于团队成员自觉地留在创业团队内，并通过创业团队的共同努力为组织做出贡献，那么，创业团队企业家精神就可能在企业成长过程中得以不断强化。态度是主体对特定对象所持的评价和行为反应倾向，它经过服从、同化、内化三个阶段，便进入了信念阶段，形成企业家精神的稳固结构。服从是一种公开的态度表达，但私下并没有接受，对规范服从，经恰当的方式就有可能经过适宜的强化进入同化的价值观阶段，即个体因为与他人或群体有关，从而接近这个人或群体的态度，接着，持续地积极强化则达到了内化的效果，即个体响应他人的影响，完全接受他人的态度。此时，这种态度不再只是一种公开的表示，而已经完全成为创业团队个体成员所持的观点。

7.3.2　团队成员对团队创业行为的普遍认同

在企业成长过程中，创业团队会根据变化了的创业环境不断地调整创业策略，如果团队成员能够对团队创业方案和创业行为给予普遍的认同，并且，创业团队成员也自愿地表现为认同组织创业决策的某种特定行为，那么，创业团队凝聚力就会得以形成。如果在一个较长的时期内，无论是初始创建时期的小企业创业团队，还是公司规模扩大后的高层管理团队，如果所有的团队成员不但能够表现出具有认同的某一行为选择，而且他们在集体创新、分享认知、共担风险、协作进取方面的行为清晰明确，具有持久性，那么，创业团队企业家精神就会不断地得到强化。

创业团队成员的这种行为是发自内心的，而绝非是由于外界诱惑或其他外在压力被迫所致，个体对创业团队表现出了较高的工作满意度、较为积极的工作投入以及对工作的承诺。其中，工作满意度是指创业团队成员对他所从事的团队工作的一般性态度。一个人工作满意度越高，他就越会对团队工作持有积极的态度。工作投入是指创业团队成员对其在团队内的角色安排所表现出的积极主动态度和迷恋程度。工作投入越高，表明该团队成员在心理上对其工作的认同程度越高，他的努力所产生的绩效水平是对自我价值实现的一种评价。工作承诺是指创业团队成员对自己所从事的工作的一种热衷态度。

综合态度表现和行为选择，最终才真正地形成创业团队的凝聚力。而且，行为选择与态度表现对于创业团队凝聚力的形成缺一不可，它们犹如人的两条腿，必须保持协调一致。如果说态度表现更多地体现为一种主观意志，而行为选择更多地表现为客观存在，那么，只有当主客观条件和谐并存时，创业团队的凝聚力才是健康的，才能真正地有益于提高创业团队的创造力，促进创业团队企业家精神的形成。相反，如果态度表现和行为选择并不和谐，比如，创业团队凝聚力过高甚至变得僵化时，创业团队企业家精神也无法得到强化。

7.3.3　团队成员变化对团队凝聚力的影响

杰弗里·蒂蒙斯曾经把团队建立和培养视为婚姻关系的确立和维护一样，建立团队有着许多类似于求婚和结婚典礼的特点，在决策时常掺杂一定的感情因素。团队成员很可能会像婚姻双方那样相互倾慕，以至于形成一种彼此欣赏、尊重甚至是绝对忠诚的氛围。[①]　同样地，创业团队在新产品和服务的产生和发展过程中也会体验到类似于家庭中生育和抚养孩子过程中所经历的那种喜悦、挫折和不安的复杂心理。

需要引起注意的是，如果创业团队的建立和培养果真像婚姻的确立一样，那么，我们就容易理解为什么创业团队凝聚力的形成过程常常充满不确定性和出人意料的事件。从基于心理契约的创业团队凝聚力形成模型来看，创业团队凝聚力建立在心理契约与组织承诺良性发展基础上。然而，在创业团队动态运营过程中，创业团队人口特征变量的异质性程度可能会发生变化，加上受到各种创业团队外部因素的影响，创业团队个别成员对心理契约的理解也会出现与创业团队并不一致的现象，他们甚至会感觉到创业团队有意违约，或者原先的承诺并没有得到兑现，此时，就有可能使心理契约遭受破坏。但是，就像是在家庭中经常发生的琐碎性矛盾一样，如果此时能够有针对性地及时采取措施，家庭内部夫妻间的感情仍可以得到升华，同样的，创业团队内部只要有相对透明、公开和坦诚的交流，心理契约破裂现象也可以在最大程度上得到修复，心理契约关系仍可以以良性的发展方向促进创业团队成员做出有利于企业成长的组织承诺。

伴随着我国经济的高速增长和开放程度的提高，以及创业元老们年龄和身体健康等原因，一个不容否认的事实是，创业元老们和原先创业团队的成员可能没法适应今天的创业环境，甚至变得相对保守些。所以，伴随着企业成长过程，适时地调整或补充新的创业团队成员既是提高创业团队灵活决策能力的需要，也是企业获得并巩固竞争优势的需

---

① ［美国］杰弗里·蒂蒙斯著，周伟民译：《创业者》，华夏出版社2002年版，第98页。

要。但是，随着创业团队成员的改变，创业团队人口特征变量的异质性
程度也随之发生改变，创业团队成员与创业团队之间的心理契约关系也
将处在一种动态变化状态，它们对创业团队凝聚力构成影响，进而影响
到创业团队集体创新的能力、分享认知的范围、共担风险的愿望、协作
进取的行为，最终将影响到创业团队企业家精神强化的可能性。为了保
证创业团队凝聚力不会因为创业团队成员的变化而不断削弱，防止创业
团队企业家精神不断退化，国内许多企业在对待创业元老离开原先创业
团队的方法进行了有益探索（如表7.2），这方面经验值得总结和推广。

表 7.2　　国内公司处置创业元老们离开创业团队的实践

公司名称	创业元老 或创业团队的老成员	处置和安排的具体方式
顺驰	张桂宗（原董事局主席） 张伟（原CEO）	以"股权"置换"控制权"的赎买政策 按市场方与创业者结算，通过股权分配方式，使其套现后平稳离开高层管理团队
小天鹅	创业时的4位副帅	安置创业元老到非主业部门，淡出决策层 安排创业元老到一个较高、权力却相对较弱的位置
奥康	与王振涛一起创业时的家族成员	
新希望集团	刘永行（原总裁）	
联邦	杜泽桦（原集团董事长兼总裁） 杜泽荣（原集团监事会主席，生产总厂副厂长）	变创业元老为公司股东角色 让创业元老成为公司督导、监事或顾问类角色

资料来源：作者根据以下资料整理而成：师琰、朱平豆：《请走创业元老》，载
《21世纪经济报道》2005年2月17日第13版；奥康公司网站；小天鹅集团网站等
公开资料。

　　但是，如果创团队成员与创业团队之间出现了心理契约违背，而
且，创业团队成员表现出以愤怒情绪为核心的违背体验时，团队个体成
员就会感觉到组织背信弃义或自己受到不公平对待，由此产生的后续行

为将会导致创业团队成员分崩离析，进而影响到创业团队内部人际关系，影响到创业团队的稳定性和工作效率，甚至导致创业团队的瓦解和创业团队企业家精神退化，最终阻碍企业成长。并且，如果企业对创业元老们不能做出妥善安排，并造成创业元老们气愤地离开原来的创业团队，那将可能会给公司高层管理团队带来其他的沉重打击，如创业元老或者原先的创业团队成员可能居功自傲，与新加盟的创业团队成员矛盾重重，成为企业成长的绊脚石；可能投靠同行业竞争对手公司，反戈一击；还可能随时出走，重新创业。

7.4　心理契约破裂与创业团队企业家精神退化

心理契约破裂是指"个体对组织未能按照与个体贡献相等的方式履行个体心理契约中一项或多项义务的认知"。它代表了关于契约实现的认知评价，而这种认知评价是个体对其实际收获的东西和许诺得到的东西进行心理上对比运算的结果。[1][2] 心理契约违背则通常被认为是一种"情绪混合体"，以失望和愤怒为特征。这种心理契约违背的核心在于意识到自己被组织所背叛或受到不公正对待而产生的愤怒、怨恨、辛酸、愤慨和义愤。[3] 创业团队在发展过程中，也会经常性地在创业团队成员个体与创业团队乃至与组织之间出现心理契约关系破裂现象，创业团队成员可能会降低自己的创业热情，降低自己参与集体创新的积极性，降低与其他创业团队成员分享认知的主动性，减少自己在创业团队协作进取中的努力程度，在极为严重之时，创业团队成员甚至会选择离开创业

---

① Robinson ,S. L. and Morrison,D. M. ,"Organizational Citizenship Behavior ：A Psychological Contract Perspective",*Journal of Organizational Behavior* ,May 1995 ,Vol. 16， Issue 3， pp. 289—298.

② Robinson S. L. and Rousseau D. M. ， "Violating the Psychological Contract：Not the Exception but the Norm"，*Journal of Organizational Behavior*，1994， Vol. 15， Issue 3， pp. 245—259.

③ Rousseau ,D. M. ,"Psychological and Implied Contracts in Organizations",*Employee Responsibilities and Rights Journal* ,1989,Vol. 2， Issue 2， pp. 121—139.

团队，这些都将导致创业团队企业家精神的退化。

7.4.1　心理契约破裂及其违背的理论模型

并不是所有没有被履行的承诺都被视为是一种心理契约的违背，同时，也并不是所有的员工在其心理契约被违背时都会采取敌对的反应方式。[①②] 心理契约的破裂与违背在组织中十分普遍，二者之间可能不仅存在程度差别，而且还存在性质差别。

7.4.1.1　莫里森与罗宾斯的心理契约违背形成模型

从伊丽莎白·莫里森（Elizabeth W. Morrison）与桑德拉·罗宾斯所提出的关于心理契约违背的形成过程模型来看，心理契约破裂与心理契约违背的发生存在时间上的先后继起关系，前者侧重于一种"认知评价"，而违背则是一种情绪混合体验（如图7.4）。[③] 不过，国内学者杨杰、凌文辁、方俐洛（2003）认为，破裂与违背的差别并不体现在时间的先后上，也不是认知评价与情感反应间的差别，而是反映在关系主体对另一方契约履行的内容和程度的认同上。[④] 换言之，心理契约破裂与心理契约违背都是对契约中所约定条款的不履行或不完全履行，这种约定条款既包含真实允诺，也包含心理上所达成的允诺。相对于一般团队而言，创业团队成员与创业团队之间是以心理上所形成的、没有具体明文规定的允诺为主。虽然不履行或不完全履行的东西有的是构成心理契约违背的核心要件，但有些可能只是可有可无的普通条款。这样就可以解释为什么同样一项组织政策或者同样的组织行为对于有的创业团队成

---

① Rousseau D. M. , *Psychological Contracts in Organizations*：*Understanding Written and Unwritten Agreements*，California：Sage，1995.

② Turnley ，W. H. and Feldman ，D. C. ，"Psychological Contract Violations during Organizational Restructuring"，*Human Resource Management* ，1998 ，Vol. 37，pp. 71－83.

③ Morrison，E. and Robinson，S. L. ，"When Employees Feel Betrayed：A Model of How Psychological Contract Violation Develops"，*Academy of Management Review*，1997，Vol. 22，Issue 1，pp. 226－256.

④ 杨杰、凌文辁、方俐洛：《心理契约破裂与违背刍议》，载《暨南学报》（哲社版）2003年第2期，第58～64页。

员可能带来心理的极大动荡，而对有的人来说却无动于衷，没有任何偏激的行为性反应。

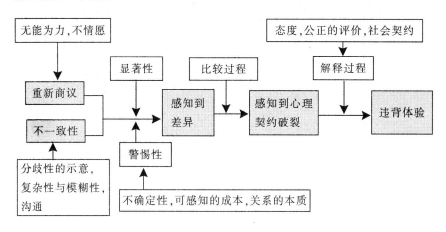

图 7.4   心理契约违背的形成过程模型

资料来源：Morrison，E. W. and Robinson，S. L.，"When Employees Feel Betrayed：A Model of How Psychological Contract Violation Develops"，*Academy of Management Review*，1997，Vol. 22，Issue 1，p. 232。

在伊丽莎白·莫里森与桑德拉·罗宾斯的心理契约违背形成过程模型中，以下三点应当引起高度关注：

第一，雇员对承诺的理解和雇员对实际所感知的获得之间的差异是心理契约违背的根源。心理契约违背的发生有两个条件：重新商议与不一致性。其中，前者发生在组织的代言机构认识到对雇员所造成的心理契约关系破裂时，而后者则发生在雇员和组织的代言机构之间存在对承诺的不同理解时。当雇员对承诺的理解和雇员对实际所获得的感知之间形成差异时，无论是重新商议还是不一致性，都将导致承诺未被满足的一种感知。而这种差异性的感知反过来又引发了比较过程，促使雇员思考各方支持承诺的方式和程度。雇员所感知到的契约关系破裂可能是这样的一种结果：雇员本身已经做出了事先所承诺的贡献，然而，他却并没有获得作为互惠条件的足额回报。最后，心理契约破裂将可能导致心理契约违背，这取决于雇员对心理契约破裂的理解过程。所以说，差异性是引发心理契约关系违背的根源所在。

第二，警惕性和显著性在心理契约破裂与违背的发生中扮演重要角色。在员工警觉程度不高的情况下，即使知觉到的许诺并没有得到切实的履行，员工可能对此也不会加以密切关注。另外，相互间所存在的权利义务关系如果对员工而言意义不大，即使出现了心理契约破裂，雇员也可能不会过于计较，而且，并不会产生心理契约违背的情绪性反应。这两点有助于理解为什么有的员工对大量心理契约违背的现象视而不见或淡然处置，而有的人却对那些似乎并不起眼的、单个的小破裂却会高度重视。影响显著性的因素主要包括不一致的范围、许诺对员工的重要性以及许诺在员工头脑中的清晰程度。而影响警惕性的因素则主要包括不确定性、员工与组织关系的性质以及发现未履行诺言的意识成本。

第三，心理契约关系破裂受主观判断的影响。心理契约破裂和心理契约违背的发生是一个高度主观的过程，它受不完善的信息收集和解释过程的影响。由于信息收集和解释过程受到个体成员所持信念和知觉等因素左右，即使是同样的一件事，不同创业团队成员对事件危害和事件发生原因的理解也并不一致，极易形成在比较过程和解释过程中的差错，进而导致心理契约关系破裂，并出现以愤怒为特征的情绪性体验，最终将使创业团队企业家精神退化。

7.4.1.2　特恩利和弗尔德曼的差异模型

继伊丽莎白·莫里森与桑德拉·罗宾斯提出心理契约违背的形成过程模型以后，威廉·特恩利（William H. Turnley）和丹尼尔·弗尔德曼（Daniel C. Feldman）对导致心理契约违背的差异性做出了更进一步的分析，进而形成了较有影响力的差异模型（如图 7.5）。一般来说，心理契约破裂具有认知性质，而心理契约违背则具有情感性质。该模型详细地说明了促成心理契约破裂与违背相继发生的因素，具体包括三个方面：雇员的期望源、发生差异的契约性因素、差异的性质。[①]

---

① Turnley，W. H. and Feldman W. C.，"A Discrepancy Model of Psychological Contract Violation"，*Human Resource Management Review*，Fall 1999，Vol. 9，Issue 3，pp. 367—386.

7.4.1.2.1　雇员的期望源

从构成个体心理契约的员工期望产生渠道来看，主要包括三个：第一，由组织代表或组织代理人所许下的特定诺言。现实中往往存在多个部门负责人同时扮演代表或代理人角色，包括负责招聘的人、人力资源专家、直接主管以及高层管理者在内的人都有可能在与员工的接触中向员工做出某些具体许诺。虽然这些组织代理人或组织代表在员工看来并不是等量齐观的，但是，无论这些人所做出的是口头上的，还是书面形式的许诺，都可能被雇员视为期望的最显著源泉。如果是那些源自其直接主管或者高层领导者的许诺一旦出现差异，就极有可能被员工视为心理契约违背的差异知觉。这是因为它并不像其他非直接领导所做出的许

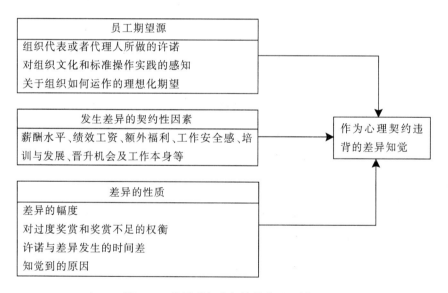

图 7.5　特恩利和弗尔德曼的差异模型

资料来源：Turnley ，W. H. and Feldman W. C. ，"A Discrepancy Model of Psychological Contract Violation"，*Human Resource Management Review* ，Vol. 9，Issue 3，Fall 1999，p. 370。

诺，它们直接关系到了员工的切身利益与职业发展。另外，做出许诺的明晰性程度也会直接影响雇员是否将差异视为违背。那些隐含的许诺如果未实现，员工可能更多地会把没有实现的许诺理解为自己看法与主管

之间存在歧义引起的，然而，如果所做出的许诺（例如，组织人事手册中关于各项规章制度的说明）是十分清楚的，那么，这种许诺一旦没有得到兑现，可能马上就会被雇员理解为心理契约违背的发生。第二，员工对组织文化和标准操作实践的感知。这些感知或信念可能在员工早期社会化经验中形成，从而帮助员工定格关于组织将如何对待他们，以及他们有理由从组织那里获得什么样的期望。员工也有可能通过观察典型的组织实践和解释组织实践的历史规律而得出其期望，并把它作为与组织未成文协议的一部分。因此，尽管这些期望可能从未被公开讨论过，但却可能是构成心理契约的要件。第三，员工在组织运营方面具有理想色彩的异质性期望。从属于同一组织的不同雇员对组织如何进行有效运营都会形成一套自己的看法，这种看法可以涉及组织的行政管理、营销模式、财务制度、人事安排等多个层面，而且，雇员们总是会认为自己的想法可能最为理想。这种关于组织如何运营的自我观点对雇员的心理契约定位具有决定性的作用。因此，由于个体知觉中的自我服务差异是一种普遍存在的现象，而且，个体通常会倾向于按照有利于自己的方向来解释心理契约。当然，它并不意味着心理契约只是简单地反映个体关于雇佣关系的需要。

7.4.1.2.2　发生差异的契约性因素

由于心理契约具有多变性和模糊性，因此，不可能开具一份心理契约中究竟包括哪些要件的完整清单，但是，在雇员与组织间就构成心理契约的基本诱因还是基本上达成了共识。以往的研究比较集中的因素包括：薪酬水平、绩效工资、额外福利、工作安全感、培训与发展、晋升机会及工作本身，等等。如果对这些因素方面期望的补偿与所获得的补偿之间存在差异，那么，这种差异就可能成为心理契约违背的一种差异感知。例如，薪酬水平由于直接影响到员工的生活水平、公平感、自尊感和自我价值感，并且往往比较透明，因此，期望与实际一旦在此要件上出现反差，就很容易被放大，从而体验到心理契约违背。对于年纪较大的员工来说，工作安全感的意义则会被更加看重。与此不同的是，年轻人往往比较关注培训与发展、晋升机会和工作挑战，因为，许多年轻的雇员较为重视其职业生涯设计，他们往往会把目前所工作的组织视为职业道路上的一个"临时性驿站"，而且，他们对能否找到新工作也并不像年纪大的雇员那样考虑得非常多。

7.4.1.2.3　差异的性质

许多可感知差异的性质更有可能使被个体成员理解为是心理契约的违背。这些特征主要包括：第一，差异的幅度。一般而言，在许诺的和实际获得的回报间的差异幅度越大，员工越有可能体验到心理契约违背。第二，对过度奖赏和奖赏不足的权衡。如果所得超过所失，则人们不太会体验到心理契约违背。例如，如果一个小公司被大公司购并，员工在安排自己日程时可能不再像从前那么具有灵活性，在获得他人帮助方面也可能不如从前，但是，大公司可能会向员工提供更加周全、更为慷慨的福利方案。在这种情况下，如果员工将权衡一方面所失与另一方面所得，那么，他们同样可能接受未被实现承诺的现状，也就不会形成心理契约违背。第三，许诺与差异发生的时间差。一般而言，两者相隔时间越长，员工知觉到违背的可能性也就越低。这可能是个体的记忆规律在发生作用。第四，知觉到的原因。研究显示，人们通常将契约出现差异的原因归结为三类：一是食言，即组织的代理人故意地违背对员工的诺言。例如，故意拖欠员工工资。二是无能，例如，企业在经营中遇到财务危机。三是理解上的分歧。即员工和组织代理人对许诺有不同的理解。很显然，如果员工将造成差异的原因归结为组织不愿意履行，则更有可能体验到违背；而如果员工认为组织诚实守信，造成差异可能是某种误解或是组织不可控的外力所致，则不太可能将差异解释为违背。

7.4.2　心理契约破裂对创业团队企业家精神延续的影响

我们在伊丽莎白·莫里森与桑德拉·罗宾斯的心理契约违背形成模型、威廉·特恩利和丹尼尔·弗尔德曼的差异模型的基础上，结合创业团队向高层管理团队演变，提出心理契约破裂对创业团队企业家精神造成影响的概念性框架（如图7.6）。

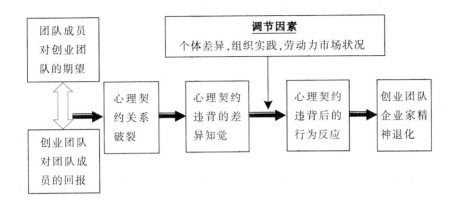

图7.6 心理契约破裂影响创业团队企业家精神的概念性框架

资料来源：作者整理。

应用心理契约破裂对创业团队企业家精神影响的概念性框架时，需要特别注意以下两个方面：

一是导致创业团队成员与创业团队之间心理契约破裂的因素。创业团队成员是通过个体对组织的贡献和组织对个体回报之间的对比来感知心理契约破裂要素的差异性程度，进而做出心理契约违背后的反应性行为。如果把心理契约理解为是由一整套关于创业团队成员与创业团队之间对等的期望与回报的主观假设和约定的话，心理契约可以分为两种思维模式：一是持"本我立场"的心理契约集合体；二是持"组织立场"的心理契约集合体。① 前者强调的是创业团队应当首先为创业团队成员做出贡献或先履行义务，而后者强调的是自己应当首先为创业团队做好分内工作。由于创业团队内成员对心理契约思维模式具有明显的差异性，持"本我立场"和持"组织立场"的创业团队成员同时存在于一个团队之内，究竟哪一种心理契约的思维能够取得最终的主导权和影响力，将直接影响到创业团队的整体心理契约水平，所以，这种创业团队内心理契约的整体水平将影响到创业团队的工作模式、运营质量和决策

① 杨杰、凌文辁、方俐洛：《论管理学中心理契约的界定与形成过程》，载《学术研究》2003年第10期，第38～42页。

效果，最终将带给创业团队企业家精神的波动。

二是创业团队成员心理契约违背所产生的反应性行为的性质。威廉·特恩利和丹尼尔·弗尔德曼认为，当个体感受到心理契约遭到违背时，根据行为反应者态度和反应性行为的效果两个维度，他（她）通常会采取以下四种主要的反应性行为（如表7.3）：一是离职，即自动终止被违背的关系。通常这是处理契约违背时最为极端的手段，但它并不是对心理契约违背的唯一反应。二是破坏/忽略，包括被动的忽略或主动的破坏。通常在申诉渠道不存在或者冲突自始至终都存在的情况下最为普遍。它包括忽视个人的职责以损害组织的利益或采取各种反社会行为，如故意破坏、偷窃和怠工等。三是申诉，即表达不同声音、不同情绪。这种表达有助于减少损失和恢复信任，是主动的、建设性的，它旨在改变情境中有争议的行为，试图在维持既有关系的同时对契约违背做出补偿。四是沉默，即忍受或接受不利的情势并期望能有所改善。这是一种非言语反应形式，在一定程度上起到维系现存关系的作用。[①]

表7.3 心理契约违背的行为反应类型

	积极主动的	被动的
破坏性的	离职	破坏/忽略
建设性的	申诉	沉默

资料来源：Turnley，William H. and Feldman，Daniel C.，"The Impact of Psychological Contract Violations on Exit，Voice，Loyalty，and Neglect"，*Human Relations*，July 1999，Vol. 52，Issue 7，pp. 895—922。

当创业团队成员与创业团队之间出现心理契约关系违背时，由于创业团队成员身处企业的最高管理层，他们所采取的反应性行为对创业团队所造成的影响要远比一般雇员与组织之间心理契约违背时严重得多。这是因为，如果创业团队成员选择申诉，其申诉的对象一般情况下仍是

---

① Turnley，William H. and Feldman，Daniel C.，"The Impact of Psychological Contract Violations on Exit，Voice，Loyalty，and Neglect"，*Human Relations*，July 1999，Vol. 52，Issue 7，pp. 895—922.

创业团队内的领导，尽管也可以表达不同声音、不同情绪，但并不排除这种认知性差异转变为情感性冲突的可能性，甚至会出现创业团队领导从此对这种创业团队成员怀恨在心的做法；如果是采取创业团队成员选择沉默，从此忍受或接受不利的情形，在高层团队创业决策过程中表现出一种漠然的消极态度，那么，创业团队就无法听取尽可能多的观点，也难以形成高质量的创业决策方案。所以，尽管威廉·特恩利和丹尼尔·弗尔德曼认为这种选择是建设性的，但从创业团队角度看，无论是选择申诉还是沉默，都存在着破坏性功效的可能，并导致集体创新能力的下降，分享认知机会的减少，进而使创业团队企业家精神退化。

更为严重的是，如果创业团队成员采取破坏性反应行为，那么它带给创业团队企业家精神的影响则极具退化功效。如果创业团队成员在心理契约违背后选择突然离职，既可能使原先创业团队人口特征的异质性程度，从而改变团队内认知性冲突与情感性冲突的比例关系，影响到创业团队内团队合作的水平，也可能因为某位创业团队成员的离职而泄露原来创业团队的商业秘密，甚至很快地成为本企业的行业竞争者，所以，创业团队成员的突然离职（尤其是创业团队成员的两人以上的集体辞职）将导致创业团队企业家精神的退化。至于那种忽视创业团队个人应尽职责，损害组织利益或者采取各种有害的反社会性行为的做法，有时候带给创业团队的打击更具有隐蔽性，它同样会侵蚀创业团队企业家精神。

7.5 创业团队企业家精神延续中的心理契约构建

企业成长过程中，创业团队成员进进出出的变化是一种必然现象。而且，长期保持创业团队成员结构不变的格局，容易滋生一种团队文化惰性，"以不变应万变"的团队组织模式将很难适应快速变化的商业竞争环境。通过构建能够促进企业成长的心理契约关系，提高创业团队凝聚力，引发创业团队成员积极的组织承诺，是推动创业团队企业家精神强化的有效途径。实践中，应当选择从建立共同愿景、建立创业团队与成员之间的信任关系、创建有益的创业型团队文化、防止心理契约关系破裂可能引发的心理契约违背等四个突破口来设计富有针对性的策略。

7.5.1　建立创业团队的共同愿景

形成一个有利于企业成长的创业团队共同愿景，对于维持高层管理团队和提高创业团队凝聚力是最关键的要求。作为可持续发展的创业团队来说，维持并强化创业团队企业家精神必须开发出关于未来组织可能的理想状态和心理景象，这就是一种"愿景"。朱丽奥·罗特伯格（Julio J. Rotemberg）和加思·沙龙（Garth Saloner）认为，一旦组织拥有愿景，就意味着领导为组织从现在发展到未来搭起了最为重要的桥梁。[①] 那些取得成功的"优秀公司"经常是建立在一个非常明确的愿景基础上。共同愿景不仅是对未来的预测，更是对未来的创造；共同愿景可以为创业团队提供重要凝聚性力量；共同愿景具有扩散效应，即最初在创业团队建立的共同愿景，后来会演变为高层管理团队的共同愿景，甚至扩散到整个组织，作为全体员工的共同目标，指导人们的行动和努力方向。

一个明确的、统一的愿景对于一个相互联系的团队来说十分重要。之所以需要共同愿景，是基于以下五点重要原因：指导人们的行动，就像星星指导航海员顺利地到达目的地和停泊的港湾；提醒人们的行动，防止重复以前的错误；激励人们的行动，并不是工作本身而是工作的目的激发人们工作的积极性；控制人们的行动，防止企业因进入不相关的商业领域而导致核心竞争能力的下滑；使人们获得自由发挥，避免进入"我们过去就是这样做"的惯例。[②]

愿景建立在个人信仰之上，受个人价值观的影响，不同的创业团队成员对组织愿景的看法也不同。在一个组织内部，每个人为自己都设计了远大的个人愿景，但许多人的个人愿景与组织愿景无法融合，无法保

---

① Rotemberg, J. J. and Saloner, G., "Visionaries, Managers, and Strategic Direction", *Rand Journal of Economics*, 2000, Vol. 31, Issue 4, pp. 693－716.

② Lucas, James R., "Anatomy of a Vision Statement", *Management Review*, 1998, Vol. 87, Issue 2, pp. 22－27.

证创业团队成员与创业团队之间建立一种有利于企业成长的心理契约关系。在创业团队内，如何基于不同的个人价值观，培养起创业团队共同愿景是件十分困难的事情。彼得·圣吉认为：共同愿景是人们所共同持有的意象或景象，它创造出众人一体的感觉，并遍布到组织全面的活动，同时，还能使各种不同的活动融汇起来。① 如果创业团队成员彼此间并不曾真诚地分享对方的愿景，这也不能算建立了共同愿景，共同愿景的力量是源自对共同利益的关切。当人们真正拥有共同愿景时，就会在组织内部建立起一种心理契约，这种心理契约关系将有利于创业团队采取集体创新、分享认知、共担风险、协作进取的做法，进而有利于实现创业团队企业家精神的强化。

作为成功的创业团队，建立共同愿景要注意选择以下切入点：第一，关键利益相关者的识别和培养。利益相关者是指那些有能力对创业团队施加影响，甚至影响其发展方向和经营的人。利益相关者根据他们的利益、偏好和期望对组织进行特有的干预，从而对团队产生直接而深远的影响。要理解关键利益相关者的期望并使他们参与到愿景的建立过程中，有必要识别所有的内部与外部利益相关者，对他们排列出重要性的顺序，并把它作为组建创业团队的依据。第二，理解信息和价值观。建立共同愿景要求获得相关信息，如团队的现状、既有的价值观，通过对这些信息的分析来预测将来。在建立愿景的过程中，信息发挥着至关重要的作用，特别是在评价一些领域的活力和密切反映那些可能对组织有重要影响的领域方面，团队中每个人都有其特有的优势，能够通过特有的途径接触到不同的信息，而且，在愿景建立过程中，并不是每个人都采用相同的方法，人们以过去、现在、将来作为起点开始建立自己的愿景，这取决于个人的时间结构。所有的信息和价值观都是原材料，它们构成了一个平台，在这一平台上，愿景框架得以建立。第三，提高对话的质量。大多数情况下，每一位创业团队成员对完成愿景的过程会持

---

① 彼得·圣吉著，郭进隆译：《第五项修炼——学习型组织的艺术与实务》，上海三联书店 1998 年版。

有不同想法，如有想象力的、循序渐进的、试验性的或探索性的思想，因此，有必要通过对话来影响和协商个人分歧，从而确立创业团队共同愿景。建立关系和团队学习的基础是对话，这是一个内部反映过程。

7.5.2　建立创业团队与创业团队成员之间的信任关系

创业团队内的信任分为两个层次：一是创业团队成员个体之间的信任，二是创业团队与创业团队成员之间的信任。创业团队个体成员间的信任关系在上一章已经有所论述，但是，从创业团队企业家精神延续的角度看，创业团队成员与创业团队之间的信任也极为重要。因为，这一层次的信任可以为创业团队内成员发挥最大化效能提供强有力的组织保障，同时，它也是建立创业团队成员之间信任关系的基础。

虽然罗伊·刘易斯和巴巴拉·邦克的信任理论侧重于分析个体与个体之间的信任关系，[①] 但我们认为，它同样适用于分析创业团队个体与创业团队之间的信任关系。这种信任可以包括三种基本类型：一是算计型信任。此时信任的确定通常是基于信任存在所带来的收益和信任被破坏所带来的威胁。二是了解型信任。这种信任是以其他人（行为）的可预测性为基础的——充分了解他人以便可以充分预测他人的行为。三是认同型信任。它是基于对他人愿望和意图的认同。在第三种信任关系中，信任的存在是基于当事人对他人意愿的高度理解和认同。

同样地，从创业团队成员的角度看，他与创业团队组织之间所存在的信任关系也可以分为三个层次：一是新成员加盟到创业团队后，由组织对个人可以计算的收益和个人可能受到的威胁共同形成的算计型信任。二是由创业团队成员通过理解创业团队对其行为采取可预测性的措施为基础的了解型信任。三是基于创业团队成员对创业团队组织的心理接受程度而形成的认同型信任。

---

① 罗伊·刘易斯、巴巴拉·邦克：《工作中信任的发展与维持》，见罗德里克·M. 克雷默、汤姆·R. 泰勒编：《组织中的信任》，中国城市出版社 2003 年版。

罗伊·刘易斯和巴巴拉·邦克认为，如果一种关系在经历了全部过程后走向成熟，它要经过从算计型信任到了解型信任再到认同型信任，然而，并不是所有关系都会发展完全，所以，经常发生的情形是，信任可能在经历了第一或第二阶段后就不再发展（如图7.7）。

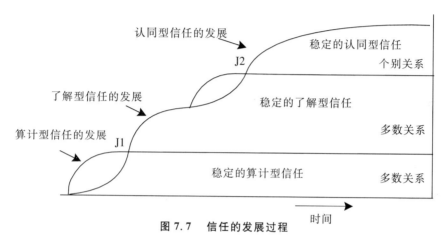

图 7.7 信任的发展过程

注：在J1点上，一些算计型信任关系发展为了解型信任关系；在J2点上，呈现积极效果的是为数不多的了解型信任发展为认同型信任关系。

资料来源：罗伊·刘易斯、巴巴拉·邦克：《工作中信任的发展与维持》，见罗德里克·M.克雷默、汤姆·R.泰勒编：《组织中的信任》，中国城市出版社2003年版，第163页。

这种信任理论应用于创业团队企业家精神动态延续的研究时，特别需要关注的是J1和J2点。其中，J1点是创业团队成员对创业团队信任的第一个分水岭，一种可能性是继续向高层次的了解型信任发展，另一种可能性是它将停留在算计型信任过程而不再发展信任层次。在以下四种情况下，可能将不再继续发展信任关系：一是关系是基于"商业"或者"强制性"的交易。二是双方当事人注定是相互依赖关系且这种关系是常规性的。三是当事人已经获得足够的信息，并认为任何进一步的信息收集均不必要或者没有什么效果。四是一个或者多个损害算计型信任的因素已经出现。J2点是创业团队成员对创业团队信任的第二个分水岭，一种可能性是继续向高层次的认同型信任发展，另一种可能性是它将停留在了解型信任过程而不再发展信任层次,特别是创业团队成员在高于了解型信任的层面上均无时间或者精力做进一步投资,或者是在创业团队成员并没有想与创业团队建立更密切关系的愿望时。显然,试图建立起创业团队成员与创业团队之间的信任关系,应当注意分析 J1 和 J2 点的几种可能性,并努力创造条件,帮助创业团队成员克服在与创业团队之间建立信任时的各种障碍。

德国学者莱恩哈德·斯普伦格认为,"信任是一种信念,认为别人不会欺骗自己,尽管知道他人有这个能力"①。我们认为,尤其是在动荡不定的创业环境条件下,创业团队成员与创业团队之间的信任极为重要。这是因为,信任是创业团队内部进行集体创新、分享认知、共担风险、协作进取的前提。离开了创业团队成员对创业团队的信任,那么,创业团队成员以一种负责任的方式参与创业团队决策的可能性几乎就不存在。根据莱恩哈德·斯普伦格的分析思路,我们认为,信任有助于创业团队企业家精神的功能发挥,主要表现在:一是使创建灵活的组织形式成为可能。尤其是开放性的经济体制背景下,战略联盟、外包、代理、国际化、移动作业、虚拟网络成为了新型组织变革趋势,在这种趋势日益凸显的时代中,信任可以保证在组织边界模糊化的时候也能得到组织高绩效。二是企业内部重组成为可能。信任可以保证创业团队采取更为冒险、创新性的变革方案来对原有组织结构进行再造。三是信任有利于提高运营效率。在速度成为企业竞争优势重要源泉的情况下,创业团队成员与创业团队组织间的信任关系可以使企业组织获得快速行动的机会,从而获得基于速度的创新优势。四是信任促进了创业团队成员间的知识分享。没有横向信任,知识交流就无从谈起,没有纵向信任,就没有经受创业风险考验的能力。五是信任有利于激发起创业团队成员的创造性。信任可以让创业团队成员从原来关心"我能得到我想要的吗"转变为关心"有什么样的惊喜会等待着我",从而确保创业团队成员以一

---

① ［德国］莱恩哈德·斯普伦格著,胡越译:《信任:欧洲首席管理大师谈优化企业管理》,当代中国出版社 2004 年版,第 50 页。

种创造性的眼光去发现创业机会，以创造性的行动来执行创业方案。

7.5.3 重视创业型团队文化的建设

创业型团队文化是指团队成员对采取团队模式进行创业活动，具有一种积极支持的社会性态度。这种创业型团队文化是一把"双刃剑"。如果这种创业型团队文化与组织使命和战略目标一致，它就可以成为企业的宝贵资产，有助于提高创业团队的凝聚力，促进创业团队企业家精神的强化。但是，如果创业型团队文化与组织使命和战略目标不一致，则这种创业型团队文化也可能成为企业的累赘，破坏创业团队凝聚力，甚至会导致创业团队的瓦解和创业团队企业家精神退化。

吉姆·柯林斯在《从优秀到卓越》一书中从训练有素的文化和企业家精神相结合的角度提出了实现跨越公司训练有素的创新矩阵图。并认为，"如果能将训练有素的文化和企业家精神结合起来，公司就获得了成功的法宝"①，也就能够实现从优秀到卓越的跨越。从组织文化与团队创业相结合角度所研究的"创业型团队文化"概念，既要能够在企业文化方面达到较高的"训练有素"水平，又能够具有较高的企业家精神。

从企业成长的角度分析，创业型团队文化合理的成长轨迹应当是从"新兴组织"象限发展到"卓越组织"象限。与之相反，如果伴随着企业成长，一方面，原先创业团队成员个体创业精神不断退化，另一方面，创业团队又不注重加强对团队文化形成过程的管理，那么，创业型团队文化将会受惯性力影响而日渐成为企业成长的累赘。与之相对应，创业型团队文化的错误延续路线有两条（陈忠卫、李晶，2006）：一是从"新兴组织"象限演变到"官僚组织"象限，二是从"新兴组织"象限演变到"等级组织"象限（如图7.8）。②

---

① ［美国］吉姆·柯林斯著，俞利军译：《从优秀到卓越》，中信出版社2002年版。
② 陈忠卫、李晶：《内部创业型企业文化的构建研究》，载《研究与发展管理》2006年第1期，第66～71页。

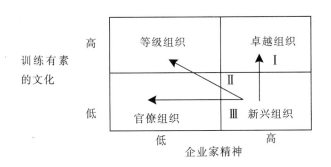

图 7.8　创业型团队文化的演变轨迹

资料来源：此图受［美国］吉姆·柯林斯著，俞利军译：《从优秀到卓越》，中信出版社 2002 年版的观点启发。由作者在此基础上修改而成。

　　只有创业型团队文化能够促进企业目标实现，并反映出管理哲学时，创业型团队文化才构成企业的资产。这是因为，如果创业型团队文化始终向人们展示创业团队成立之初所坚持的集体创新、分享认知、共担风险、协作进取等创业团队企业家精神，那么，这种创业团队企业家精神就不会因为团队规模的扩大或者团队成员的进进出出而受到负面影响，相反，创业型团队文化可以成为创业团队企业家精神得以强化的坚实保障。

7.5.4　防止心理契约关系破裂可能引发的心理契约违背

　　创业团队内心理契约的形成过程不是一成不变的，其内容也将随着创业团队人口特征变量的异质性程度、企业成长所处阶段、创业团队成员工作环境等因素的变化而出现波动。进入 21 世纪以来，创业团队成员与创业团队之间的心理契约关系变得异常脆弱，心理契约关系破裂进而引发心理契约违背的情况时有发生。其主要原因在于：一是企业组织结构重组频繁发生。无论是公司在面临全球产业结构所带来的巨大压力下追求兼并和重组，还是企业为了提高组织灵活性而采取结构扁平化、虚拟化的管理创新，都可能给创业团队内老成员带来职业的不安全感和劳动保障的不稳定感，从而造成创业团队内部分老成员与创业团队之间心理契约关系的微妙变化，尤其是"老人老办法、新人新办法"的惯用手段更加会影响到他们的组织承诺。二是新一代年轻的创业团队成员往往具有不同于老一辈创业团队成员的生活方式和个性化追求。他们更加适应于新经济时代勇于挑战的创新思维，他们不习惯于受人约束，他们更加重视工作与休闲相结合，这些因素对双方雇佣关系将产生冲击，进而影响到心理契约关系的内容，影响到强化创业团队企业家精神的具体方式。三是在具有较高异质性的创业团队内，不同个体成员与创业团队之间的心理契约内容存在差别，创业团队成员的组织承诺以及渴望得到的回报也各不相同。传统心理契约的内容突出强调员工为组织奉献并保持忠诚，组织则为其提供稳定的工作、公平合理的待遇和提升机会，而新一代的员工则重视工作——家庭的平衡，更加喜欢弹性工作，技能培训和职业生涯发展甚至工作保障。[①] 所以说，在今天更为动态复杂的商业环境下，创业团队成员与创业团队之间构建有利于企业成长的心理契约关系无形中也增加了难度，特别是在创业团队内人口特征变量异质性程度较高的创业团队中，团队成员的组织承诺以及渴望从创业团队或公司中获得的回报相差更大，心理契约破裂和心理契约违背的概率也在增大。通过建立防止心理契约破裂和心理契约违背的预警系统，也成为了加强创业团队企业家精神动态管理的一项迫切重任。

---

① 彭正龙、沈建华、朱晨海：《心理契约：概念、理论模型以及最新发展研究》，载《心理科学》2004 年第 2 期，第 456～458 页。

8 创业团队企业家精神
动态延续的案例研究

为了验证从冲突与心理契约视角所提出的创业团队企业家精神动态延续模型,历史性地考察在企业成长过程中,小规模企业创业团队向大公司高层管理团队的演变规律,探讨创业团队企业家精神对推动国内家族企业成长的重要作用。我们专门选择了合肥思飞装饰有限责任公司(以下简称合肥思飞)和安徽意发集团(以下简称安徽意发)进行案例研究。① 其目的在于验证本书所提出的创业团队企业家精神动态延续模型的正确性,也启迪在国内创业团队企业家精神研究领域尚待进一步引起关注的若干方向。

8.1 研究方法说明

本案例研究活动始于 2002 年 9 月以来对创业与中小企业成长问题的关注。合肥思飞和安徽意发团队创业的实践都十分坎坷,它们的创业历程在国内创业型企业成长中极具代表性。两家公司分别正式成立于 1999 年和 2002 年,并且,两家公司负责人在此之前都积累了不同程度的个体创业经验。

---

① 为了尊重访谈人和相关单位的要求,本书对部分人名、单位名称做了化名处理,特此说明。

8.1.1　案例研究的过程

案例研究过程中，我们主要采取的是对两家企业的半结构化访谈法。具体地说，最初花了 12 天时间对这两家企业创业团队成员变化情况进行详细了解，掌握企业成长过程中创业团队成员的全部情况。然后，有意识地选择这两家企业的总经理、副总经理进行访谈，着重了解影响创业团队企业家精神延续的影响因素，并获得这两家企业成长的历史性数据。2005 年 1 月初，结合所形成的访谈提纲，开始对创业团队的 15 位相关成员分别进行访谈，其中，与合肥思飞的王端总经理和安徽意发的张琳董事长深度访谈时间都达 8 小时之久，并做了详细的记录。然后，由作者对访谈资料进行整理，得出研究的初步结论。2005年 3 月，作者把写成的论文案例的部分初稿交由曾接受过访谈的两家企业高层管理团队成员，分别进行 8 次面谈，召开 2 次反馈会，让他们分别提出不同看法，最终修改形成此案例研究成果。

虽然该项目的研究涉及创业团队内的个体成员之间的情感性冲突、个体与创业团队之间的心理契约以及其他难以正式公开的内容，但所有接受访谈的对象都能够坦诚地公开交流思想，这也在一定程度上保证了案例研究的质量，并提高了本研究的可信度。

8.1.2　选择研究对象的标准

为了保证或提高案例研究成果的价值。我们之所以重点选择合肥思飞和安徽意发两家创业型企业，主要基于四点考虑：一是基于家族企业生命力相对脆弱的背景，研究以家族企业为代表的创业团队企业家精神延续更有价值。虽然合肥思飞和安徽意发都属家族企业，但它们都经历了从小规模创业到初具规模的企业或企业集团，并且，创业团队构成历经多年变化，对创业团队企业家精神有过起伏波动的过程。根据亚登·蓝克（Alden G. Lank）的研究表明，2/3 到 3/4 的家族企业不是在第一代时就失败，就是在经营权易主时失败。只有 5%～15%的家族企业能够传到第三代子孙。① 和非家族成员掌控的企业相比，这些数字显然要逊色得多。二是具有 3 年以上的创业历史，而且创业团队成员变化明显，尤其是安徽意发的案例充分体现了家族企业的典型冲突。在创业获得成功后，家族企业的冲突最为明显地体现在家庭的情感系统与企业的任务系统之间。② 三是采用过或正在采用团队创业模式。四是愿意配合该课题的研究工作。

在选择访谈对象时，我们也确立了四个标准：一是必须是创业团队成员。既包括离开的创业元老，也包括新加盟的高层管理团队成员。二是熟悉或了解本企业的创业过程。三是有资格参与公司创业决策活动的中高层管理人员。四是愿意配合我们的访谈，并保证不就访谈项目在创业团队内部进行交流。

需要说明的是，本研究采用的是定性研究方法，且样本数量小，所以，我们在本书中并没有提出结论，而只是谨慎地采用了"命题"方式。虽然我们也试图把相关命题在更大范围内通过采集更多数据的方法来得以检验，但是，由于本项目适宜接受访谈和问卷的对象只能局限于创业团队成员，而且，更应当关注的是直接影响创业团队企业家精神退化的那些自愿或非自愿离开创业团队的成员，所以，试图对创业团队企业家精神强化和退化的内在机理做出更为精确的研究是一项富有挑战性的科研工作。

8.2 合肥思飞的团队创业模式

1995 年，西部飞机工业集团公司在改革开放的大环境下进行了大面积的企业改制工作。时任皖安厂工程师的王端被安排到了西部飞机子

---

① 亚登·蓝克：《确定家族企业不会成为朱门恩怨的翻版》，参见［英国］苏·柏莉、［加拿大］丹尼尔·穆兹卡编，黄兰闵、黄君慧译：《创业精神与管理》，培生教育出版社股份有限公司 2004 年版，第 289 页。

② Sue Birly ,Dennis Ng and Anrew Godfrey,"The Family and the Business",*Long Range Planning*,1999,Vol. 32, Issue 6，pp. 598—608.

弟学校任教。当年，他认为自己应该顺利地评上一级教师的职称，但事与愿违，那一年却因种种原因耽误了职称评审。于是，他毅然主动地选择辞职，公司考虑到王端的能力和特长，就安排他到了装饰公司配套处工作。从此以后，他便开始了创业生涯。

8.2.1 依托母体公司，主动面向市场，积蓄个人创业资金

1996 年，王端被安排到了西部飞机工业集团下属的装饰公司，主要负责门窗经营业务，但总感觉力不从心，后来，转而负责装饰公司的对外销售工作。那时，市场经济的概念已经深入人心。王端更是深深地懂得市场经济对于人生的含义，他相信二点：一是天道酬勤，二是有勇有谋者，才能在市场闯荡中获得机会。

王端选择了他熟悉的老家——安徽省合肥市作为创业的起点，这是一个快速发展中的省会城市。王端在这里有许多以前情投意合的朋友，而且，凭着王端笑容可掬、为人谦和的个性，在这样的一个城市里，打开人际关系的社会网络体系也并不是一件困难的事情。当年，他就以西部飞机工业集团装饰公司的名义，帮助公司打开了合肥市场。先后承接了某大酒店、金融业某大厦等工程建设项目中的玻璃幕墙、门窗装饰工程。不过，真正让王端感到欣慰的还是该大酒店建设项目的玻璃幕墙、门窗工程。工程总造价约 4 亿元，其中门窗幕墙工程约 800 万元。当时，门窗装饰的利润率高得惊人，大约在 200%。根据协议，王端在此项目中获得纯收入 20 多万元。

与此同时，王端大胆地以个人名义承接了部分门窗装饰项目，零零星星地还赚得了 10 多万元的利润。扣除一些必要的感情投资费用，实际净赚只有 5 万多元。

命题 8.1：创业动机是多维的，受市场诱惑力、创业者专业优势、创业者个人收入增长预期、创业者个人成就欲望等多个因素的共同影响。

命题 8.2：创业者个人的社会资本在初始创业阶段起着积极作用。

8.2.2 获得最初的团队合作伙伴，激起更大的 创业动力

还是在做某大酒店这一项目时，经人介绍，得知安徽某高职学院教学楼门窗装饰项目。但是，学校给出的价格较低，总投资也不过才区区 27 万多元。这个价格和投资额对于母体公司来说，当时根本就是不愿意接受的项目。那么，王端是不是可能考虑自己独立承接这个项目呢？据笔者访谈得知，当时如果让王端自己来承接此项目的话，最大的制约因素有两个：一是资金，二是技术。

就在此时，王端经历了从个体创业到团队创业的第一次转折。一位 30 多岁且精明强干的能人汪会计师出现了。她深感王总是位富有企业家精神的创业者，并大胆地鼓励王端说："这个项目可以冒险试试。亏了算我的，赚了随你分。"

让王端和汪会计师都感到意外的是，与学校签约承接此项目的当天，学校便觉得王端个人的诚信度极高，答应签约后立即垫付 30% 的资金。王端用这笔资金基本上买齐了全部所需的材料，总共 10 多万元。

至于与工程设计及门窗装饰材料相关的最大技术问题是，门窗装饰必需的模具精度要求特别高，而脱离了西部飞机工业集团母体公司的依靠，要完成这一重大的门窗装饰项目非常困难。于是，他想起了与他曾在西飞一起工作过的挚友，王端主动邀请原西飞公司的一位高级技术人员帮忙。这位工程师克服了当时王端根本无法投资模具生产的局限，不但提供了生产图纸，还创造性地用铣床代替了模具生产方法，仅此一项，王端就节约了相当可观的成本。

到 1997 年年底，该高职学院教学楼门窗项目工程全部结束，王端和其创业团队共获得 7 万多元的净利润。通过完成这一项目，王端的最大感受是实现了与西飞公司脱钩后的首次独立尝试创业，实现了从"单位人"身份向"自由人"身份的重大转变。

1997～1999 年期间，王端及其团队的胆子更大了，他们先后承接了合肥百花苑宾馆一期玻璃幕墙、门窗装饰项目，怀远上桥工程等项目，每年产值也稳定在 30 万～40 万元。

命题 8.3：创业团队成员加盟的初衷在于克服个体创业的障碍。

命题 8.4：创业型企业扩张过程中，往往伴随有"成功能够带来更大成功"的创业冲动。

8.2.3　注册成立合肥思飞装饰公司，创业型企业开始渐入正轨

1999 年，王端及其团队承接了安徽省某地级市井文街项目，这个项目共有门窗面积 8000 多平方米，单价约 200 元/平方米，产值在 168 万元左右。为此，王端及其创业团队开始考虑在合肥工商局正式注册成立了合肥市思飞装饰工程公司（以下简称合肥思飞），注册地在合肥，注册资金为 50 万元。成立之初的创业团队成员并没有发生太大的变化，其中，王端占 75％的股份，汪会计师占 25％的股份。

值得说明的是，王端及其创业团队采取的是抢注商标行为。后来，西部飞机工业集团装饰公司看到合肥偌大的市场和广阔的市场前景，也想通过品牌注册获得良好的社会形象，进而开拓合肥市场时，发现为时已晚。

井文街项目的资金到位率也非常高。项目签约、材料进场后，对方立即垫付 30％的项目款。1999 年，对方第一次付款就达 44 万元，此时，足以基本保证采购全部所需的材料款。2001 年，对方又支付款项达 40 多万元。该项目预计利润能够达到 60 多万元。

但后来真实的利润并没有预期的那么高。王端及其创业团队经过认真思考，发现在异地经营过程中所遇到的一大难题是：物料管理。工地里材料浪费非常严重，由于材料管理混乱，导致所做门窗与所需门窗的数量脱节、规格脱节。

虽然由于井文街项目质量受到了社会公认，且从此以后在该市站稳

了脚跟，每年承接的项目产值稳定在 200 万元，利润在 30 多万元左右，但王端渐渐地感受到技术专长出身的他已经无法再承受企业规模快速扩张所带来的管理压力，特别是在创业团队规模扩大后如何延续创业之初的团队企业家精神。

　　命题 8.5：创业型企业正式组建使创业团队行为合法化，但它并不一定先于创业团队的初始创业行为。

　　命题 8.6：创业型企业成长的不同阶段所遇到的管理障碍具有差异性。创业型企业在"演化阶段"与"变革阶段"相互交替中实现成长。

8.2.4　扩大创业团队规模，维持创业团队企业家精神

　　2001～2002 年期间，虽然王总基本上脱离了西部飞机工业集团的组织关系，但他仍旧可以利用母体公司的名义，承接一些重大项目，除了支付给西部飞机工业集团高额的管理费用以外，他个人仍可以获得年产值 200 万～300 万元的项目。2002 年下半年，王总及其创业团队承接了上海一家四星级酒店的门窗装饰工程，产值就达到 200 多万元。

　　2003 年，王总及其创业团队的市场拓展范围更宽，他的项目做到了上海、安徽省霍邱县等地。所完成的装饰工程项目产值已经达到 500 多万元，利润达 100 多万元。同年，合肥思飞的规模也得以扩张，员工达 40 多人。其中，高层管理团队成员也有所增加，除王总和汪会计师以外，他还动员了他的两个弟弟也正式加盟到高层管理团队中。

　　为了调动两个弟弟的积极性，王总对高层管理团队成员做出细致的分工：二弟心细且对技术感兴趣，让他负责车间加工；三弟善交际且不怕劳苦，让他负责外地施工管理；而汪会计师协助王总做好内部业务管理。

　　创业团队规模扩大以后，王总最初对创业团队成员的个人收入分配采用稳定的模式。2001～2003 年，每位成员分得的年收入均为 5 万元。后来，王总赋予创业团队成员相应的权、责、利，并带有一定程度的

"承包"性质。如：三弟负责外地工程的施工、人员配置等全面的工作，而与当地税务、公关等联系活动则由王总亲自出面，2004 年三弟的个人年收入增加到 10 万多元。二弟负责车间材料加工，加工所需材料、设计图纸则由王总审定并提供，二弟必须及时地提供工地所需规格和质量的门窗装饰用料。加工环节的利润率由王总与二弟商定，一般在 20％左右，这样一来，2004 年二弟的年收入也达 8 万元左右。

为了更好地保证所提供产品的质量，王总克服了外购材料可能遇到的风险，他开始在合肥自行委托生产所需建材。2003 年，他还分别从当地水利水电学校、希望职业学院雇佣了两名大学生作为专业技术人员。2004 年，继续增聘了 2 位大学生做业余专业技术人员，从而有效地保证了产品质量。

命题 8.7：个体创业者在创业型企业成长过程中，不可能同时担当管理所需的全部角色。创业团队的规模扩大应当充分考虑新加盟成员具有能够从事某种独特管理行为的能力，且能做到能力互补。

命题 8.8：家族成员（兄弟、夫妻关系等）是创业团队吸纳新成员的首选方案。它可以使创业团队充满集体创新、分享认知、共担风险、协作进取的氛围，从而强化创业团队企业家精神。

命题 8.9：家族成员（兄弟、夫妻关系等）加盟创业团队，由于受传统的等级服从观念的影响，可以有效减少情感性冲突，利用认知性冲突，从而可以强化创业团队企业家精神。

命题 8.10：建立富有激励性的薪酬分配方案是维系创业团队稳定，强化创业团队企业家精神的有效举措。

王总对汪会计师的收入分配则相对灵活。由于汪会计师在创业过程中起着关键性作用，特别是在许多重大创业问题的决策中，她都发挥关键性的作用。王总从内心深处感谢她为创业成功所起的重要作用，而且，汪会计师愿意与企业荣辱与共，视创业为其生命的重要组成部分。王总认为，为她个人买房、配车，提供必要的经济补偿都不足以回报她个人对公司所做的贡献。在创业规模扩大过程中，"拥有一位好帮手"

的确非常重要，能够减轻许多负担。等合肥经济技术开发区生产基地建设完成后，王总拟扩大汪会计师在公司中所拥有的股份。

命题 8.11：心理契约关系影响创业团队企业家精神的延续，关系契约而非交易契约是形成创业团队凝聚力的关键。

命题 8.12：基于心理契约关系不断强化的创业团队凝聚力，对创业团队企业家精神延续具有积极的促进作用。

命题 8.13：信任不但有助于避免创业团队个体成员之间的情感性冲突，还有助于创业团队成员分享认知和协作进取。

命题 8.14：信任不但有助于提高创业团队凝聚力，也有助于通过心理契约关系推动创业团队企业家精神的强化。

2004 年 10 月，王总正式办理了西部飞机工业集团的内退手续，这也成为他继续创业的新起点。王总及其创业团队继续保持着创业时的激情，不断强化着公司创业团队的企业家精神。主要表现在：

一是走技术强企之路。2004 年，合肥思飞通过安徽省技术监督局的审查，申报并正式获得铝合金门窗、塑钢门窗生产许可证，从而为优质的门窗质量提供了一张亮丽的"名片"。此时，全省拥有铝合金门窗、塑钢门窗生产许可证的企业还不足 100 家。

二是建立自己的生产基地。2004 年，合肥思飞在合肥经济技术开发区征地 12 亩，正式拥有属于自己的稳定的生产基地。王总及其创业团队此时更为深刻地认识到，2004 年的门窗装饰市场已经今非昔比，用王总自己的话来说，"建立自己的生产基地的重大意义在于开始关注品牌"。

三是初步明确发展战略。通过与创业团队成员的深度访谈后，王总及其创业团队成员就公司发展战略拥有一个共同的战略轮廓：经营重点将从门窗安装施工向生产加工、业务咨询转变，生产产品将从供应本公司施工工地使用向其他企业销售转变，市场拓展方式上将从走南闯北式的人为奔波向依托互联网络平台转变，营销方式上将从人员推销向宣传、广告等多种营销组合手段并用转变。

让王总深感遗憾的是："我的胆子还是太小了。"因为他在近 10 年的创业生涯中从未向银行借过一分钱。而其他熟悉的同行朋友却敢于通过银行贷款，每年所完成的产值能够在 2000 多万元以上。

命题 8.15：相对于大企业而言，小企业创业团队具有灵活性优势。

命题 8.16：相对于大企业而言，小企业更加缺乏规范化的制度设计和长远性的发展战略。

命题 8.17：成长速度越快的小企业，高层管理团队越加强烈地渴望吸纳营销、战略、资本运作特长的新成员。

8.3 安徽意发的团队创业模式

张琳，出身于某市照相业最大的资本家。家庭的背景，从小就烙上了企业家潜质的印迹。张琳一家在"文革"期间经历过沉重打击，父亲在 1976 年"平反"后不久就去世，母亲也因积劳成疾于 20 世纪 80 年代后期去世，一个哥哥和一个姐姐在"文革"期间也因政治、生活的双重压力而过早地离开了人世，"文革"期间的张琳一家已经变得一贫如洗。正是这种苦难的童年生活和充满忧伤的少年时代，造就了张琳身上一种坚韧不拔的勇气和一往无前的开拓精神。

8.3.1 在屡试屡挫的创业过程中不断积累个体创业经验

"文革"后，家庭生活恢复平静。1978 年，张琳初中毕业后处在待业状态。后经人介绍，到了市属饮食服务公司下属的银山饭店参加工作。15 岁的她从事的是传菜工工作，每天从菜场买菜，并把菜送到厨房。每天她看着银山饭店生意红火的样子，心情就感到特别兴奋，但兴奋之余，她又不断地会闪现这样的念头：如果这红火的生意属于我，该有多好呀！

一年后，母亲从照相馆退休。张琳顶替了母亲的工作进入了照相馆工作。张琳非常上进，虚心地向老同志学习照片修补技术，还学会了彩色照片洗影技术，这种技术当时属于全市第一家。由于工作成绩突出，张琳还经常能够在每月 18 元工资之余，获得每月近 200 元的奖金。但是，从小就充满独立自主创业意识的她拥有一种不安于现状的冲动。

在离她工作的国营照相馆不足 200 米的地方是皖北地区最大的批发市场——二马路批发市场。20 世纪 80 年代初期，由于该市独特的交通便捷优势，批发市场人气迅速上升，生意迅速火暴起来。同时，还带动了附近除银山饭店以外的个体饮食群的兴起。

1987 年，她放弃了国营单位安稳的"铁饭碗"生活，毅然选择在离银山饭店只有 50 米远的地方翻盖了一处平房，开始从事她梦寐以求的个体饭店经营业。张琳的这种举动当时并不被身边的人所理解，还遭到了她母亲的强烈反对。但她还是艰难地走上了个体创业之路。

命题 8.18：在我国改革开放初期，个体创业多属于生存型创业。

由于每天来二马路市场的各地客商络绎不绝。因此，张琳所开"华盛饭店"的生意自然也特别红火，她几乎每天亲自要到菜市场上采购 7 到 8 趟的新鲜时令蔬菜。

起初她认为，饭店经营的关键角色有两个：一是采购员，二是厨师。但一次偶然的顾客食物中毒事件，使她朦朦胧胧地明白了经营饭店也需要团队，"饭店经营需要厨师、管理员、服务员之间的密切配合，饭店规模虽小，但它同样需要像规模企业中类似生产流水线的工作方式"，否则，极易招致顾客不满。

值得一提的是，华盛饭店在当地迅速树立起了诚信经营、童叟无欺的社会形象。1988 年下半年，这里居然还成为了名烟名酒大客户进行贸易谈判的场所。在这过程中，张琳更为清楚地悟出了诚信经营的商业价值。

1989 年，政府狠刹"吃喝风"，饭店生意开始清淡许多。加上，饭店所在的地点被征用拆迁，华盛饭店只好停业。

1990 年，张琳又另觅商机。她发现该市另一商业街区副食品市场也异常红火，于是，转而开始经营烟酒批发零售生意。由于她所经营的烟酒都是从正规渠道进货，迅速得到客户的认可，赢得了市场份额，但却受到其他同业经营者的强烈反对。由于当时市场管理不规范，个别市场管理人员袒护甚至暗中支持经营假冒伪劣烟酒，这对张琳来说，是一种沉重的心理伤害。虽然当时张琳并没有什么品牌意识，但她还认为应当坚持诚信经营、与人为善这一最基本的商业道德底线。于是，在太平街市场经营不到两年时间，她不得不放弃烟酒批发零售生意。

1992 年年初，张琳经多方筹措资金 10 万多元，在二马路附近购买了约 100 平方米的门面房，并重新开张"华盛饭店"。相对于从前翻盖房内所经营的饭店而言，这次开张更加规范化，而且增加了类似赠送口香糖之类的促销手段，从而吸引八方来客。

但是，张琳与厨师之间的矛盾也很快开始升级。厨师认为生意的红火是由他所做菜肴的质量带来的，所以，要求增加工资。而张琳认为，除了菜肴质量外，经营管理是饭店经营的关键，利润是由 30 多名员工共同创造的。这种潜在的矛盾虽然并没有公开化，但后来菜肴质量下降，的确失去了不少老顾客，1995～1996 年期间，饭店业经营竞争也开始加剧，华盛饭店的生意日渐衰落。

与此同时，张琳还受到了股票市场巨大诱惑的影响。初入股市投资 2 万元，一天就可以挣得 4000 元。后来，她甚至还把从银行获得的部分贷款也一并投入到股市，先后投资 30 万元，她多么期待能够一夜暴富。于是，进出股票交易市场的大户室成为她每天必做的一件事。然而，很快地她发现被套牢了。

饭店衰落，股票套牢，厨师出走，这真是祸不单行呀！最后，她只好转让了饭店，其损失无法估计。加上股票投资直接损失就高达 16 万元，这一次折腾，才让她真正明白商业竞争的残酷性。

1996 年，张琳与其前夫、哥哥购置了 4 辆 10 米的长挂车，一同组织成立了亨达贸易公司车队，主要任务是帮助一些大企业运送货物。但是，有一次，一位司机在为某印染厂送货时，偷偷地多拉了一匹布，价值 9000 元。后来，这位司机被判盗窃罪，迫不得已，营运不到一年的车队只好以变卖卡车而结束，最终又损失达 10 多万元。

用张琳自己的话来说，从 1994 年到 1997 年，是她自己创业最不顺的时候，做什么就亏什么似得倒霉。

命题 8.19：创业者风险倾向越高，与特定新经营业务联系在一起的风险认知可能越少。①

命题 8.20：创业者风险倾向越高，他或她越有可能选择从事高风险的新经营业务。②

8.3.2　选准创业机会，成立皖酒直销处，创业团队企业家精神发生了急剧变化

1997 年的惨败使张琳不得不重新思考自己的创业理念和创业模式，她几乎用了半年多时间通过参加各种贸易洽谈会、产品推介会、商业流通会议，以此寻找新的商业机会。当年 10 月，在郑州的食品会上，她发现烟酒市场产品不断翻新，市场前景看好。

返回家乡后，她虚心地向皖酒集团公司经理张帅咨询烟酒行业的发展前景，他十分真诚地建议张琳干脆就经营皖酒。据张帅分析，当时酱香型白酒市场开始萎缩，而浓香型白酒渴望走红，而且，皖酒集团当时已经成功地实现了向浓香型白酒的转型。

果然，皖酒集团浓香型皖酒一炮打响，并迅速地把产品推向全国，向南覆盖到广东、福建、香港市场，向北渗透到天津、北京市场。于是，张琳于 1998 年年底正式成立了亨达贸易公司皖酒直销处。

张琳及其创业团队在白酒促销活动中不断推陈出新，先后采取赠送纪念品、抽奖、刮奖为主的促销手段，而且卓有成效。如对于各分销

---

①②　关于认知风险与创业者创业决策的这两个命题在 Forlani, D. 和 Mullins, J. W. 所进行的实证研究中曾得到验证。他们的研究选择了 1994 年和 1996 年发表在 Inc., Fortune, Business Weekly 等期刊上增长最快的 540 家美国上市公司中的 CEO，但他们同时也指出，要把这种结果推广到大型公司必须谨慎。具体参阅 Forlani, D. and Mullins, J. W., "Perceived Risks and Choices in Entrepreneurs' New Venture Decisions", Journal of Business Venturing, July 2000, Vol. 15, Issue 4, pp. 305－322.

商，规定凡经销 5 箱皖酒就赠送 VCD 机、洗衣机等，对于终端用户，刮得大奖甚至可以送商品房 1 套等，这些营销措施极具诱惑力，并且，促销品花样不断翻新，皖酒市场迅速地被启动，"皖酒 2000"销售的最高纪录一个月突破了 2 万件。利润随之滚滚而来，从 1998 年 50 万元、1999 年 80 多万，一下子猛增到 2000 年利润 200 万元。

皖酒直销处的发展得到了皖酒集团销售部的关心，厂家在广告投入、终端消费市场上也倾力相助，张琳甚至还直接参与皖酒集团的奖项设置，先后尝试过"春天送旅游、夏天送空调、冬天送电暖器、年前送年夜饭"等奖项设计。在与企业的合作过程中，包括皖酒集团的部分高层管理人员俨然成为了意发创业团队的成员。

皖酒直销处是在夫妻店的基础上，尝试吸纳家族以外的成员加盟创业团队的实践。创业团队的主要成员包括三人，除张琳之外，还包括她的前夫和一位从五交化公司财务科跳槽而来的洪某。直销处成立三年来，大家精诚合作，共同出谋划策，几乎是在充满欢乐的氛围中享受着成功带来的喜悦。

然而，好景不长。自 2001 年开始，创业团队内矛盾逐渐开始显现出来。张琳不断认识到快速发展背后加强营销和财务管理的重要性，主张学习成功企业的经验，但其前夫却并不这么认为，他认为过去三年成功的事实证明我们的经营模式没有错。即使是在 2001 年年初出现经营业绩下滑趋势时，她前夫的思想观念还是没有得以转变。冲突开始升级：张琳主张请人进行营销诊断，但他却坚持认为并不需要；张琳主张多参与社会性事务活动，主张与政界、优秀企业家联合，但他却坚持封闭保守的管理模式；张琳主张营销要以顾客为中心，多进行换位思考，但他却坚持认为以自我为中心。一种以积极进取为特征的企业家精神与传统的"小富即安"思维范式之间的冲突开始逐渐升级。无奈之下，张琳倾向于采取我行我素的做法，这种情况下两人的矛盾就逐渐升级，甚至前夫还偶尔伴有大男子主义式的冷嘲热讽，最后，心态的失衡导致了事业—家庭冲突的公开化，2002 年 4 月初，两人正式选择了离婚。

命题 8.21：当创业团队内认知性冲突演变成为情感性冲突时，创业团队凝聚力将不断下滑，采取团队协作的机会将不断减少。

命题 8.22：当创业团队内认知性冲突演变成为情感性冲突时，以集体创新、分享认知、共担风险、协作进取为基本特征的创业团队企业家精神将趋向退化。

财务主管洪某曾在国有企业多年的工作经历。他谙熟财务，但他一到皖酒直销处后，就发现这里财务管理混乱，甚至张琳自己也经常会流露出"财务无非就是一种记账功能而已"的思想。毕竟这是一家规模并不大、家族色彩浓厚的创业型企业，洪某在多次建议无效的情况下，不自觉地选择了多一事不如少一事的财务管理方法，甚至还经常围绕其个人收入高低问题与张琳发生不小的摩擦。

久而久之，创业团队成员就这样不断开始出现分歧。经营决策虽然没有什么重大错误，但一个接一个商业机会总是擦肩而过，伴随着白酒市场竞争态势的恶化，安徽白酒市场上基本上呈现"2 年卖倒一个品牌"的规律，从"迎驾贡酒"、"口子窖酒"到"高炉家酒"，基本上是各领风骚一两年。皖酒虽然具有一定的地缘优势，但亨达贸易公司皖酒直销处 2001 年的利润却一下子跌到 40 万元。

命题 8.23：在创业型企业成长过程中，如果创业团队成员间沟通频度提高，分享认知机会增加，将推动创业团队企业家精神强化。

命题 8.24：在创业型企业成长过程中，如果创业团队成员间沟通频度降低，分享认知机会减少，将加剧创业团队企业家精神退化进程。

8.3.3　依靠团队力量谋求东山再起，组建成立集团公司

2002 年 5 月，张琳作为市民营企业家联谊会成员，随市长出访美国，参加了在美国华盛顿州举行的安徽产品博览会。借此机会，她了解到美国一家著名的药品经销公司"只要一个电话，就送货上门"的药品专卖模式。

虽然婚姻的失败带给她的情感伤害和事业影响十分严重，但坚强的个性使她迅速地摆脱离婚的阴影。这一阶段，她总是在不断地思考婚姻和创业的关系，思考自己创业团队管理模式的得与失，思考美国这种药品专卖模式能否移植到国内名烟名酒的经营活动中。

2002 年 9 月 8 日，张琳选择在繁华的闹市区成立了安徽意发（集团）公司。当时，国内白酒经营出现三大新趋势：一是做酒店终端；二是抓住物流，做好批发业务；三是名烟名酒的零售。安徽意发一经成立，张琳及其创业团队就决定"三条线全面出击"的战略。特别在公司一楼所开设的名烟名酒超市，其经营定位非常明确，一是拥有自己的零售业态，二是代理产品展示的平台。

事实上，近 15 年来坎坷的创业经历早已让张琳悟出了创业团队的重要功能。早在 1998 年，她就曾投资 100 万元，和当地另一位有影响的民营企业家共同收购中药厂。在访谈中，张琳道出了这一做法背后的真正用意，其主要目的在于向优秀企业家学习资本运作的规律，向优秀企业借鉴创业团队管理的成功经验。她还参加过当时 20 多家企业和银行共同发起成立的互保组，后来发展成为由数十家企业共同参与的惠民担保公司，这一过程还使张琳获得了大量的银行贷款。近年来，由于张琳个人及其意发良好的信用，她几乎每年都能获得 240 多万元的银行贷款。这对意发的发展起着至关重要的作用。

命题 8.25：创业团队对企业外部越是保持一种开放的意识，将越深刻地促使企业认识到利用社会资本的重要性。

命题 8.26：创业团队成员对企业外部越是保持一种开放的意识，将越能促进创业团队企业家精神的强化行为。

2002 年 10 月 18 日，张琳还与以玻璃生产为主营业务的大型企业——安徽皖光集团合作成立了凯悦木业有限公司，其中，皖光占 30% 股份，张琳占有 70% 的股份。这一项经营业务主要是为皖光集团配套生产运送玻璃所使用的木箱。这一经营业务的运作并不是张琳的强项，所以，她大胆地采用了团队管理模式。起初她聘请了昔日在太平街

经营烟酒时的好友班某来管理木箱生产活动，并转让张琳名义下 30%
股份给予了班某。但是，通过两年的运作后，张琳很快发现虽然只投资
40 万元的流动资金，但是，缺乏对财务以及进销存等活动的管理，凯
悦木业的发展仍可能存在漏洞，于是，后来又选派詹某作为财务总监。

命题 8.27：创业团队所从事的经营领域越宽，创业者和职业经理
人的角色分离就越迫切。

命题 8.28：创业团队所从事的经营领域越宽，越需要建立有效的
治理结构。

张琳凭着高超的团队运作技术，使意发名烟名酒超市运作成为了近
年来利润的重要源泉。安徽意发的超常规发展使得张琳急着寻找创业团
队成员，一方面迫于家族压力，另一方面，张琳也认为毕竟作为自己家
族人的曹某用起来也放心些，于是，她任命了自己的外甥女曹某作为公
司总经理，由其负责销售管理。

由于曹某并没有多少超市管理的经验，虽然处于这一黄金地段的超
市经营十分红火，但由于缺乏有效管理，超市内偷盗现象时有发生，运
营半年下来，利润不足 2 万元。这使得张琳首次采用非家族成员作为创
业团队的成员。2002 年 11 月，小胡进入了安徽意发的视线，这是一位
富有商业经营头脑的人才，曾在市内一家大型超市负责过超市经营。小
胡的加盟迅速地改变了红红火火却没有利润的超市经营状况，由胡经理
负责的名烟名酒超市业务 2003 年利润达 30 万元，2004 年则超过 50 万
元。同时，张琳还引入激励性的收益分配机制，将纯利润的 20% 作为
小胡及其销售团队的奖金。

在小胡加盟的同时，张琳一方面辞退了作为总经理的曹某，另一方面，
鉴于员工经营业绩和能力水平的原因，还劝退了与张琳合伙凯悦木业的班
先生的夫人。这一举动真是一石激起了千层浪，引起了其他家族成员的共
同反对，一度导致家族内部冲突升级，关系紧张。无独有偶，班夫人的劝
退，更是激起了班先生的强烈抗议，甚至在朋友眼中，张琳成为了不仁不
义的形象。但是，张琳十分巧妙地稳定了家族成员的情绪，情感与理智的

撞击之后，换来的是一种理性的回归。而对于班先生的夫人，张琳以女人特有的细腻情感化解了朋友心中的疙瘩，给予班夫人必要的生活上的关心，从而也稳住了班先生继续从事凯悦木业经营业务。

2002 年年底，马先生进入了张琳生活的视线。马先生曾在政府机关工作过，还在外贸公司从事过翻译工作，20 世纪 90 年代中期开始下海，具有商业的经营头脑、良好的社会交际能力和丰富的内部管理经验。而这正是张琳所领导的创业团队一直以来所苦苦寻求的团队成员。后来，马先生总是不断地帮张琳出谋划策，负责连锁超市经营的副总就是马先生主持考核后加盟的高层管理团队成员。

2004 年 3 月，马先生正式加盟到了安徽意发的高层管理团队之中，出任总经理，全面负责意发的销售管理工作。

应该说，今天的安徽意发充分发挥着团队的智慧。虽然每位高层管理团队成员职责分明，但每每遇到重大经营管理问题时，张琳都以其高超的管理艺术汲取高层管理团队的力量。

命题 8.29：以情感为基础的家族准则与以理性为基础的企业准则重叠过度时，家族式企业内的冲突将会导致创业团队企业家精神退化。

命题 8.30：创业型企业成长过程中，只有保持以理性为基础的企业准则逐渐超越以感情为基础的家族准则，才能不断强化创业团队企业家精神。①

2005 年，安徽意发确立了"一业为主，多业并举"的发展战略。展望未来，安徽意发将朝以下四个方向发展：一是在坚持巩固名烟名酒经营业务的基础上，引入连锁经营模式；二是积极发展多元化，除了做好凯悦木业以外，还将涉足与烟酒相关的多种经营领域；三是导入"意发"服务名牌的意识，通过人性化的服务管理模式，促进其经济效益与社会效益的共同进步；四是着力塑造学习型组织，通过"工作中学习"和"学习中工作"的有机结合，实现员工个人成就感与公司发展观的和谐推进。

---

①　这一准则也可以体现为家族式企业成长应当努力体现从"家族企业"向"企业家族"的发展方向。这种迹象在江浙一带创业型企业成长中已显露端倪，如浙江正泰集团等。具体可以参阅佚名：《变"家族企业"为"企业家族"》，载《西部论丛》2003 年第 4 期，第 38 页。

8.4　团队创业案例的比较分析

虽然上面所选择的合肥思飞和安徽意发只是国内团队创业实践的一个缩影，但它至少反映出国内创业团队企业家精神实践与国外创业理论的不少差异性。所以，我们在引进国外创业管理理论的时候要密切注意结合中国创业实践的特殊性。只有这样，才能有针对性地得出我国创业团队企业家精神延续的规律，提出对创业团队企业家精神实现有效的动态管理的对策。

8.4.1　团队创业模式的相同点

8.4.1.1　从个体创业向团队创业的蜕变

合肥思飞和安徽意发发展历程都有其先前的个体创业过程。前者曾借助于西部飞机工业集团公司装饰公司的名义进行过长达 8 年之久的个体创业实践，而后者甚至可以追溯到 20 世纪 80 年代初期。它们都是在我国改革开放不断向纵深推进的大环境下，抓住了创业机会，经历了从个体创业到团队创业的蜕变。

8.4.1.2　创业动机较为淳朴

他们踏上创业之路的原始动机非常淳朴，合肥思飞的王端是出于一种对国有大型企业改革实践所带给自己的压力（不满意于岗位调配和职称评审），安徽意发张琳的创业动机当初是完全出于谋生的需要，后来则更多的是基于对商业机会的把握和追求事业成就感的需要。

8.4.1.3　充分利用社会资本

无论是个体创业还是团队创业阶段，他们都极为重视社会资本的利用，合肥思飞多年来与西部飞机工业集团装饰公司有着十分紧密的联系，一方面西部飞机工业集团的社会声望多年来一直为合肥思飞的门窗装饰工程中标起着积极的正面效应；另一方面，在省内外门窗装饰市场开拓中，王端每年都将投入大量时间和精力去努力编织社会关系网络，以此创造更多的商业机会。

与此极为相似的是，安徽意发无论在与安徽皖光集团共同投资创办凯悦木业过程中，还是借助联合成立担保公司、民营企业家联谊会等组织获得银行贷款过程中，在社会资本对创业机会的利用、创业资本的获取上都发挥了积极作用，同时，张琳本人还是该市商会副会长、安徽省第九届政协委员，她积极参与政治事务和关心社会公益事业，这些良好的社会声誉也推动着安徽意发的快速成长。

8.4.2 团队创业模式的差异性

通过对两家创业型企业的团队创业模式的对比分析（如表 8.1），我们可以发现两个不同的创业团队及其创业实践的不同轨迹。

表 8.1 合肥思飞与安徽意发的团队创业模式比较

公司 比较项目	合肥思飞	安徽意发
最初创业团队构成	王端、汪会计（2 人）	张琳、张琳哥哥、张琳前夫（3 人）
现有创业团队构成	王端、汪会计、王端二弟、王端三弟（4 人）	张琳、张琳哥哥、张琳丈夫、财务总监詹某、财务科长付某、超市胡经理（6 人）
团队创业的基础	个体创业的成功经验	个体创业的成功经验和失败教训
团队创业的融资	自有资金的积累	自有资金、银行贷款
团队创业的现有经营领域	门窗装饰工程、玻璃门窗加工	白酒直销、烟酒超市、木材加工、房地产投资
团队创业的未来经营方向	门窗装饰工程、建材加工、工程咨询	名烟名酒经销、烟酒超市连锁、木材加工、白酒酿造业

资料来源：作者整理。

8.4.2.1 创业团队对非家族成员加盟的态度

虽然合肥思飞最初走上团队创业完全是非家族式道路，而安徽意发的最初创业团队则完全是家族成员，但是，伴随着企业成长的规模扩张，合肥思飞则不断吸纳家族成员加盟，而安徽意发则不断地吸纳非家族成员的加盟。由此看来，现阶段国内小企业成长过程中，把以情感为基础的家族准则与以理性为基础的企业准则相结合，仍不失为一条形成创业团队的有效途径。不过，我们在访谈过程中也发现，无论是合肥思飞和安徽意发的团队成员基本上都主张未来应当更多地吸纳外来成员加盟到高层管理团队。

8.4.2.2　商业机会的识别、发现和利用方式

合肥思飞最初对创业机会的把握主要依靠熟人介绍和公开竞标上，未来则主要依靠公开竞标和门窗装饰工程质量的口碑效应上。安徽意发最初对创业机会的把握主要依靠个人对市场的洞察力，未来则主要依靠创业团队对市场的洞察力和良好的社会网络上。

8.4.2.3　创业融资的态度

合肥思飞的创业融资渠道相对单一，全部靠自有资金的积累，至今也没有向银行贷过一分钱。安徽意发的信用等级为 AAA 级，从 2000年以来，该公司几乎每年至少可以从银行获得 240 多万元的贷款。

8.4.2.4　团队创业的业务拓展

合肥思飞的经营主业是门窗装饰工程，未来拟采取纵向一体化发展战略，实现向建材加工、工程咨询业等领域拓展。安徽意发的经营主业为名烟名酒经销，未来拟采取"意发"的名牌效应，实现向烟酒超市连锁、木材加工、白酒酿造业等多元化经营领域渗透。

8.5　创业团队企业家精神动态延续的若干阐释

小企业创业在我国极为普遍地采取家族拥有的形式。国内大多数创业活动由家族成员决定并控制，在企业内部广泛存在着家族制管理。由于本书选择的研究视角是冲突管理和心理契约，通过家族企业成长的历程来研究创业团队企业家精神的动态延续更有其学术价值。这是因为：

一是家族企业中的创业团队内不但有认知性冲突与情感性冲突问题，还增加了企业利益与家族利益间的冲突问题。所以，研究如此复杂的冲突管理以促进创业团队企业家精神强化和防止创业团队企业家精神退化，其应用价值更加广泛；二是家族企业内创业团队的心理契约关系更为复杂。在家族企业里，如果创业团队成员属于本家族之内，他与创业团队之间所形成的心理契约关系还会受到中国传统的家文化、服从与等级观念的深刻影响；然而，如果创业团队成员属于家族以外的成员，他与创业团队之间所形成的心理契约关系将会考虑在多大程度上企业能够摆脱原先家族的负面影响，考虑能够在多大程度上参与到高层管理团队创业决策中。所以，从心理契约视角研究家族企业的创业团队企业家精神动态管理问题，其应用价值也更为广泛。

8.5.1 家族企业内创业团队变化的内在逻辑

传统的观点认为，家族企业是落后的企业制度形式，用家族模式经营管理企业也是落伍的管理方法，但是，据克林·盖尔西克等人的研究，由家庭所有或者经营的企业在全世界企业中的比重约占 65%～80%，家族企业创造了美国生产总值的一半，所雇佣的劳动力也占一半。[①] 有资料表明，美国上市公司中由家族控制的超过 40%。一些历史悠久的跨国公司，如福特、杜邦、柯达、通用电器、摩托罗拉等公司都为家族所控制。《财富》500强中，有 175 家为家族公司。在东南亚和中国港澳台地区，不少家族企业都赫赫有名，如台湾王永庆的台塑集团，香港李嘉诚的长实、和记黄浦，马来西亚郭鹤年的郭氏兄弟集团等。在我国转型经济时期，计划经济体制的规则逐渐消失，而健全的市场竞争规则又无法迅速建立，家庭和家族规则自然就成为私营企业在夹缝中发展的的结构性支撑和利益分配准则。到了20 世纪 90 年代中后期，珠三角、长三角等地区的家族企业甚至处在地方经济发展的主导地位。国内学者储小平认为，当代中国家族企业、包括海外

---

① ［美国］克林·盖尔西克等著，贺敏译：《家族企业的繁衍——家庭企业的生命周期》，经济日报出版社 1998 年版，第 2～3 页。

华人家族企业的成长是一个值得深入研究的课题，是一个具有现代意义的话题。[①]

　　一般而言，家族制企业中，家族成员拥有所有权是一种内在的必然要求，而对企业经营权的掌握可以有所不同。我们可以据此对家族企业分为三类：一是企业家族化阶段。在此阶段内的企业所有权和经营权均为家族所有，企业利益与家族利益高度一致。二是家族企业化阶段，企业完成最初的原始积累而走上了规模化道路，家族利益逐步屈从于企业利益。三是超越家族企业阶段，家族掌握部分所有权而基本不掌握经营权，由职业经理人来经营管理企业，企业成为真正意义上的公众公司。如果说欧美发达国家的家族企业完成了前两个阶段，形成了真正意义上的公众公司的话，国内家族企业则只是完成了第一阶段，正在进入第二阶段的纵深发展。

　　如果我们把所有权与经营权的家族占有变化作为家族企业成长的第一极，把家族企业创业团队吸纳外来成员的过程作为第二极，把家族企业的规模扩张作为第三极，由此，我们可以形成家族企业创业团队变化的内在逻辑（如图 8.1）。从图 8.1 中可知，家族企业的成长是同时沿着三个不同方向发展。当家族企业从小型的创业型组织发展成为公众型的股份制企业时，高层管理团队成员的变化有两种可能性模式，一是继续吸纳家族成员（甚至完成代际传承）到高层管理团队，二是吸收非家族成员到高层管理团队中，而且，第一种可能性模式越来越占主导。事实上，在高层管理团队不断地吸纳非家族成员加盟时，高层管理团队在经营管理过程中将越来越依靠非家族成员的力量来应付企业规模扩张以后可能遇到的外部动态商业竞争环境。其中，家族成员产权被不断稀释的过程就是一大明显的例证，它将为家族式企业演变成"企业家族"提供有力的产权制度保障。

---

　　① 储小平：《家族企业研究：一个具有现代意义的话题》，载《中国社会科学》2000 年第 5 期，第 51～58 页。

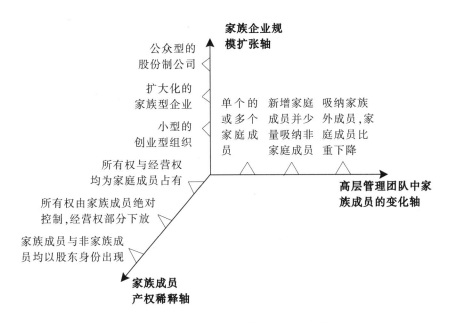

图 8.1　家族企业创业团队变化的内在逻辑

资料来源：此图受［美国］克林·盖尔西克等著，贺敏译：《家族企业的繁衍——家庭企业的生命周期》，经济日报出版社、哈佛商学院出版社 1998 年版，第 14 页的观点启发，由作者在此基础上修改而成。

8.5.2　家族管理与创业型企业成长

从创业角度来看，由于家族企业是建立在以情感为核心的人性化系统基础上，家庭成员的参与可以说是一种低成本的组织资源，家庭成员更易建立起共同利益和目标，从而更易开展富有效率的合作，提高创业决策的速度。而且，根据家族等级规则、长幼原则也更容易确立起创业团队中的领导地位，更容易提高创业团队的凝聚力。在上面所剖析的案例中，合肥思飞所采用的家族模式是兄弟关系、安徽意发则采用夫妻关系等，这种家族色彩浓厚的创业团队模式在创业之初分别都有力地推动着小企业的成长。

但是，家族规则有利于初始创业，却并不总是有利于创业型企业发展。这是因为：家族式管理是一种以自我为中心，建立在视员工为公司附属物基础上的非理性化管理模式。① 当市场竞争压力迫使家族需要以家族资本去有效融合社会的财务资本，需要与非家族成员共享企业资产所有权、剩余索取权和经营控制权时，或者甚至需要完全放弃家族控制时，家族式企业创业团队的内讧将可能加剧，从而破坏创业团队的凝聚力，甚至导致家族成员关系紧张，家族企业内的工作矛盾与家庭成员间情感矛盾混为一体，从而将出现创业团队的破裂和创业团队企业家精神退化。另外，国内家族企业无法顺利地实现从"家族企业化"过渡到"超越家族企业"阶段的另一个重要因素是，伴随着企业规模扩大，由家族成员所组成的创业团队所拥有的经验积累和知识储备将无法保证企业成长的需要。② 当家族成员继续学习新知识的速度落后于企业成长速度时，企业将面临从高度集权于家族成员向家族成员以外的职业经理人进行分权的强烈要求。这是家族企业在成长过程中或迟或早都会遇到一种"增长的痛苦"。摆脱这种"增长的痛苦"的实质内容，主要是要求家族式创业团队与社会财务资本和社会人力资本等因素进行有效融合。

8.5.3　中国传统的家文化对创业团队企业家精神的影响

我国是一个传统的家文化最为悠久和深厚的国度，中国传统文化中充满着"家"的概念。台湾著名学者李亦园认为中国文化是"家的文化"③；汪丁丁在《经济发展与制度创新》中甚至认为，"从那个最深厚的文化层次中流传下来，至今仍是中国人行为核心的，是'家'的概念"④。储小平则从制度经济学角度做出了这样的分析，在特定条

①　肖余春：《自我管理团队及其在企业中的应用》，载《中国管理科学》2001年第6期，第63～67页。

②　陈忠卫：《华人企业成长中的文化变革问题研究》，载《广东商学院学报》2004年第1期，第17～22页。

③　李亦园：《中国人的家庭与家的文化》，文崇一、萧新煌主编：《中国人：观念与行为》，巨流图书公司1988年版，第113页。

④　汪丁丁著：《经济发展与制度创新》，上海人民出版社1995年版，第21页。

件下，家族成员及其之间的忠诚信任关系作为一种节约交易成本的资源进入，家族伦理约束简化了企业的监督和激励机制，这时家族企业就能成为有效率的经济组织。① 但是，当家族企业在市场竞争中，其内部有限资源和家庭或家族成员管理能力不高，并导致其内部交易成本大于那些非家族制企业的竞争对手时，家族企业就可能变得不再合理，那种完全由家族成员构成的创业团队企业家精神的功能发挥就无法达到最大化。

文化差异是美国学者弗朗西斯·福山在《信任——社会道德与繁荣的创造》中研究的核心问题。② 他认为，社会交往中的信任度是国家之间繁荣和竞争能力差异的原因。并且，他把文化区分为两大类：只存在于血亲关系上的社会属于低信任度文化，如中国、意大利南部地区、法国等属于低信任文化；超越血亲关系的社会属于高信任度文化，如日本、德国、美国等属于高信任文化。我们姑且不论这一观点是否片面，但是，在中国创业型企业的建立和发展中，如何把诚信边界拓展到非家族成员是多数家族式创业团队需要加以认真考虑的问题。前述案例中，安徽意发在 2002～2004 年期间所经历的创业团队变革旨在打破把人与人之间的诚信局限于家族成员内的传统观念，创业团队之所以吸纳胡经理加盟，主要考虑的是其经营能力而非特殊的社会关系，并且，其个人经济报酬和公司中职位的提升也完全由其能力和经营业绩来决定。家族企业能否像安徽意发一样突破家族封闭的圈子，能否超越亲情熟识这种人格化社会网络交易而进入非人格化的制度性交易，能否从非规范的管理向现代企业的科层制管理转化，对于延续创业团队企业家精神是十分关键的。有学者甚至认为，它对一国现代经济的发展至关重要。③

从家族式企业成长角度看，对传统家文化进行变革将有助于创业团

---

① 储小平：《家族企业是一种低效率的企业组织吗》，载《开放导报》2000 年第 6 期，第 14～16 页。

② ［美国］弗朗西斯·福山著，彭志华译：《信任：社会美德与创造经济繁荣》，海南出版社 2001 年版。

③ 储小平：《家族企业研究：一个具有现代意义的话题》，载《中国社会科学》2000 年第 5 期，第 54 页。

队企业家精神的强化，有助于实现从"家族企业"向"企业家族"的制度转型。而且，从一定程度上说，这种家族式文化变革过程本身也需要创业团队企业家精神。

9 结　论

　　以动态复杂性、非线性为特征的商业竞争环境既带给了那些具有企业家精神的创业者更多的创业机会，同时也带给他们更高的创业风险。过去十多年间全球经济的破坏和创造的巨大价值恰恰是对熊彼特所主张的"创造性破坏"论断的完善证明。创造性破坏的力量在今天不仅没有消失，而且还在增强。在这种商业竞争环境下，企业家精神表现得淋漓尽致。从创业实践的角度看，创业团队越来越成为这种商业竞争环境下的获得更多机会，有效避免创业风险的组织形式，此时，创业团队企业家精神也就成为了创业管理关注的焦点。

　　然而，从创业型企业成长的历程分析，创业团队企业家精神并非一成不变。迄今为止，理论界专门针对创业团队企业家精神的研究成果尚不多见，而就创业团队企业家精神动态延续的研究则相对更少。因此，本书选择创业团队企业家精神动态延续的这一研究主题具有重要的学术价值和现实意义。

　　通过对创业团队、企业家精神、企业成长理论的文献梳理，我们试图把它们三者联系起来加以考虑，研究创业团队企业家精神在企业成长过程中的变化规律。在创业型企业从小到大发展的每一阶段，创业团队企业家精神的变化既可能得以强化，从而以更为积极的动力推动企业成长，也可能得以退化，从而不断地削弱团队创业时的那种激情，直到创业团队分崩离析，严重地影响企业成长速度和成长质量。虽然作者试图通过选择冲突管理、心理契约两个研究视角对创业团队企业家精神强化和退化的内在机理做出较为深入的剖析，并对如何维持乃至强化创业团队企业家精神，防止创业团队企业家精神退化趋势提出富有建设性的对策，但是，对创业团队企业家精神问题研究得越深入，发现值得研究的问题越多。

9.1 主要研究结论

很长一个时期以来，学术界基本上是沿着"人口构成特征—团队过程—绩效"的内在逻辑开展团队管理研究的，并倾向于选择团队成员人口构成特征变量作为切入点。自唐纳德·哈姆伯里克和菲里斯·玛森在1984年提出高层梯队理论框架以后，许多学者以此为基础，重点开始研究创业团队或高层管理团队，特别关注于团队人口特征变量异质性程度与团队绩效、团队人口特征变量异质性程度与组织绩效的关系研究。但是，大多数的研究忽视了"团队过程"这一中间变量。本书试图通过分析人口特征变量异质性程度的变化对创业团队企业运营、创业团队决策过程的影响机理，重点关注"团队过程"这一中间变量，从而在理论上阐释为什么创业团队人口构成特征变量可能会引发对团队绩效和组织绩效的多种可能性结果。

从小规模企业的创业团队到大规模公司的高层管理团队，团队成员的变化和团队规模的扩大引发了创业团队人口特征变量异质性程度的改变，而这种改变直接影响到创业团队内个体成员间的冲突结构和冲突程度，以及影响到个体成员与创业团队间心理契约关系的改变。本书在构建起创业团队企业家精神动态延续的理论模型基础上（参见第5章），试图揭示影响创业团队企业家精神动态延续的两大关键变量：冲突与心理契约。

本书具有一定学术价值的研究结论主要包括：

第一，创业团队企业家精神包括四大维度：集体创新、分享认知、共担风险和协作进取。创业团队企业家精神是公司企业家精神形成的重要基础，大公司高层管理团队能否保持创业团队企业家精神是企业成长的关键。

企业家精神理论发展经历了一个从单一的、线性的思维模式向多向的、非线性的思维模式转变的过程。早期的企业家理论研究重点在于"谁是企业家",他们试图归纳出企业家与非企业家的区别,这一思维模式无法保证对企业家的定义及其理论体系达成共识。后来,企业家精神理论的研究重心又经历了"企业家精神就是创建新组织"的行为论,把"企业家精神是什么"、"如何实现企业家精神"和"在什么地方实现企业家精神"相结合的理论,企业家精神的内涵和本质在不断深化。尤其是丹尼·米勒于1983年在《管理科学》杂志上提出了公司企业家精神包括创新、冒险和超前行动的三大维度以来,不少学者以此为依据对公司企业家精神进行了广泛而深入的研究,到目前为止,理论界对公司企业家精神的论述一般可以概括为五个维度:创新、冒险、自治、超前行动、竞争扩张。

笔者坚持认为,创业团队是企业家精神研究的一个独立层次。一方面,创业团队企业家精神是以个体企业家精神为基础,但又超越于个体企业家精神的独特品质之上。另一方面,创业团队企业家精神是公司企业家精神的重要基础,同样又有别于公司企业家精神,它是个体企业家精神向公司企业家精神转化的中间环节。在此基础上,作者首次提出了创业团队企业家精神包括集体创新、分享认知、共担风险、协作进取的四大维度,并就创业团队企业家精神维度开展了初步的实证研究,获得了一些有益的结论。创业团队企业家精神四大维度的提出,可以为今后学术界开展对创业团队企业家精神的理论研究和实证研究提供有价值的切入点,并指明了创业团队企业家精神研究的基本方向。

从企业成长角度看,大公司高层管理团队能否保持创业团队企业家精神是企业成长的关键。虽然伴随着企业规模扩张和市场拓展,创业团队构成上会发生变化,但只要始终保持创业团队企业家精神的内核,特别是在集体创新、分享认知、共担风险、协作进取等创业团队企业家精神的四大维度上保持一种活跃的势头,创业团队企业家精神就有可能被不断强化,并成为企业获得竞争优势的重要源泉,成为企业保持竞争优势的重要支柱。

第二,创业团队企业家精神向高层管理团队企业家精神的动态延续包括三种可能性结果：强化、维持、退化。创业团队企业家精神能否持续得以强化关系到企业快速成长的速度和质量。

由小企业的创业团队向大公司的高层管理团队演变过程中，创业团队成员必然会发生成员结构上的变化，这种成员结构变化的最大特征是改变了原有创业团队成员之间人口特征变量的异质性程度，这种人口特征变量异质性程度的变化又会造成团队个人成员间的冲突以及团队个体成员与创业团队之间心理契约的变化，从而造成创业团队企业家精神强度的改变。这种改变的深层次原因有两个：一是创业元老的角色转换，特别是在引入职业经理人制度之后，创业元老们与职业经理人之间是否能够延续创业团队企业家精神就变得极为重要；二是要在动态复杂的商业环境下维持企业的快速成长，客观上也要求高层管理团队能够从过去单纯重视传统管理向重视传统管理与创业管理相结合的转变，只有在维持一种较高的创业团队企业家精神才可能使企业继续充满竞争力。

第三，创业团队内个体成员之间存在着认知性冲突与情感性冲突，具有人口特征变量异质性的创业团队成员通过协作进取的方式有助于拓宽创业决策的视野，进而有利于创业团队企业家精神的强化，但创业团队内可能存在的群体思维陷阱也会使创业团队的创业激情窒息，并导致创业团队企业家精神退化。

创业团队内不同成员间的冲突不可避免。认知性冲突具有建设性的功效，这是因为团队成员往往论事不论人，所讨论的是些具有实质性意义的问题，而且团队成员间注重相互容忍不同观点的存在，鼓励不同观点的分享、碰撞、融合，最终形成高质量的创业决策方案。然而，情感性冲突却具有破坏性功效，这是因为团队成员并不是怀着善良的愿望分析和解决创业过程中的难题，而是因分歧的存在变得相互指责，甚至产生人身侵害的极端现象。不过，简单地对冲突采取"二分法"的思维和实践政策值得商榷。因为，两类不同性质的冲突往往在创业团队中同时存在、相伴而生，我们应当根据企业成长的不同阶段，正确把握两类冲突之间"度"的差异。

当创业团队内认知性冲突远远大于情感性冲突，两类冲突相互作用的结果是积极的，它容易提高创业决策的质量、形成共同的一致性和对创业决策方案乐观的情感接受，从而创业团队企业家精神可以有效地得以强化。这种创业团队企业家精神强化可以通过团队成员间开放的心态、互助精神、积极的行事风格和较强的行为能力等协力要素来得以保证，通过有效的团队协作过程来实现。

当创业团队内情感性冲突远远大于认知性冲突，两类冲突相互作用的结果是消极的，它将阻碍形成高质量的创业决策方案，难以形成对决策责任和决策理解的统一思想，团队成员也很难从情感上接受最终创业决策方案，如果对此不能引起企业高层管理团队的高度重视，那么，创业团队企业家精神将会不断退化。这种创业团队企业家精神退化的过程可以从创业团队可能陷入群体思维陷阱的角度得到解释。

第四，创业团队内个体成员与团队组织之间心理契约关系的建立，有助于提高创业团队的凝聚力，并通过创业团队的凝聚力来不断强化创业团队企业家精神。与此同时，创业团队内也可能存在基于心理契约关系破裂而形成心理契约违背后的消极反应，进而导致创业团队企业家精神的退化迹象。

由于创业团队成员大多身处企业中高层管理者位置，创业团队心理契约的变化对组织内的其他职能性团队乃至普通员工的行为和态度都具有极强的示范效应和扩散效应，所以，研究创业团队成员与创业团队组织之间的心理契约变化规律对指导企业成长具有极强的实践指导价值。

凝聚力是基于心理层面的概念，它的形成是一系列心理原因和心理行为作用和发展的结果，组织承诺是心理契约的一种结果，正是由于个体对于双方责任和信念的认知、对比，才导致个体对组织产生不同的承诺方式和程度，并最终决定了组织凝聚力的形成与发展。我们可以发现，心理契约体现的是一种双向关系，而组织承诺则是单维的。

创业团队成员与创业团队组织间存在着一定的心理契约关系，成员会对双方履行契约的程度进行对比，两者均构成凝聚力形成过程中不可逾越的心理过程。创业团队凝聚力是心理契约与组织承诺良性发展的结果，而这种创业团队的凝聚力若能够不断得到增加，创业团队企业家精神就会得到不断强化。但是，如果团队成员对心理契约的理解不一致，或感觉到创业团队组织故意违约，或感觉到承诺不能兑现，就有可能导致心理契约破裂，从而引发创业团队企业家精神退化。

持"本我立场"的心理契约观强调创业团队应当首先为创业团队成员做出贡献或先履行义务，而持"组织立场"的心理契约强调自己应当首先为创业团队做好分内工作。由于创业团队内成员对心理契约思维模式具有明显的差异性，持"本我立场"和持"组织立场"的创业团队成员同时存在于一个团队之内，究竟哪一种心理契约的思维能够取得最终的主导权和影响力，将直接影响到创业团队的整体心理契约水平，所以，这种创业团队内心理契约的整体水平将影响到创业团队的工作模式、运营质量和决策效果，最终造成创业团队企业家精神的波动。

第五，家族式创业团队作为国内创业活动的典型形式，其创业团队企业家精神受到非家族成员加盟、家族产权稀释程度、传统的"家文化"等多种因素的共同影响。

家族企业的成长同时沿着三个不同方向发展，第一极是所有权与经营权的家族占有变化，第二极是家族企业创业团队吸收外来成员的过程，第三极是家族企业的规模扩张。家族企业创业团队变化遵循这样的内在逻辑，当家族企业从小型的创业型组织发展成为公众型的股份制企业时，高层管理团队成员的变化有两种可能性模式，一是继续吸纳家族成员（甚至完成代际传承）到高层管理团队，二是吸纳非家族成员到高层管理团队中，而且，第一种可能性模式越来越占主导。事实上，在高层管理团队不断地吸纳非家族成员加盟时，高层管理团队在经营管理过程中将越来越依靠非家族成员的力量来应付企业规模扩张以后可能遇到的外部动态商业竞争环境。其中，家族成员产权被不断稀释的过程就是一大明显的例证，它将为家族式企业演变成"企业家族"提供强有力的产权制度保障。

从初始创业的角度看，由于家族企业建立在以情感为核心的人性化系统基础上，家庭成员的参与可以说是一种低成本的组织资源，家庭成员更易建立起共同利益和目标，从而更易开展富有效率的合作，提高创业决策的速度。而且，家族企业根据等级规则、长幼原则也更易确保创业团队中的领导地位，从而通过创业团队凝聚力的提高来保证和维持创业团队企业家精神。

但是，类似的家族规则只有利于创业，却并不总是有利于企业成长和发展。其原因是：当市场竞争压力迫使家族企业需要以家族资本去有效融合社会人力资本和财务资本，需要与非家族成员共享企业的资产所有权、剩余索取权和经营控制权时，或者甚至需要完全放弃家族控制时，家族式企业创业团队经常性地会引发内讧，从而破坏创业团队凝聚力，甚至导致家族成员关系紧张，创业团队企业家精神出现退化迹象。另外，伴随着企业规模的扩大，由家族成员所组成的创业团队所拥有的经验积累和知识储备将出现无法保证企业成长的所有需要。当家族成员继续学习新知识的速度越发落后于企业成长速度时，企业面临着从高度集权于家族成员向家族成员以外的职业经理人进行必要分权的强烈要求，这也是家族企业在成长过程中或迟或早都会遇到的一种"增长的痛苦"。

我们认为，从企业成长的角度看，企业并不是企业家的企业，企业家却是企业的企业家。家族式创业团队只有采取与社会财务资本和社会人力资本等因素的有效融合，才能维持并强化家族企业创业团队企业家精神，促进"家族企业"向"企业家族"的发展。

9.2 值得进一步研究的问题

尽管学术界围绕创业管理、团队管理的理论研究成果不断涌现，但把它们置于动态环境条件下研究创业团队企业家精神延续则还是一项富有前瞻性和探索性的活动。这方面成熟的、系统化的研究成果并不多见，本书所涉及的也只是关于创业团队企业家精神研究很少的一部分，还有大量的理论与实践课题有待于未来做出更为深入的研究和探索。即使在创业团队企业家精神动态延续的机理分析上，也仍有许多方面并未能够充分展开。

现对一些有待做进一步研究的问题整理如下：

第一，如何准确地评价创业团队企业家精神所带来的公司绩效。乔治·墨菲（Gregory B. Murphy）等学者在总结以往创业研究中的绩效测量方法基础上认为，企业家精神研究由于在充分评价创业企业失败、获得创业团队内可靠数据等方面存在困难，再加上不同研究者在研究目标上存在较大差异，导致不同研究中创业企业成功的定义和测量指标各不相同。[①] 另外，公司绩效中哪些由创业团队企业家精神动态延续造成，哪些又是由非创业团队企业家精神造成，要进行严格区分也有一定难度。本书建议从团队绩效和公司绩效两个层次对创业团队企业家精神所带来的结果加以研究，可能是未来的一个研究方向。

笔者主张，研究创业团队企业家精神的动态延续必须以创业团队人口特征变量异质性程度的改变为基础，这就要求研究者必须充分考虑到创业团队成员进进出出的变化，然而，试图访谈到所有创业元老有时候可能并不现实，而那些新加盟的高层管理团队成员又可能并不清楚地了解企业历史，所以，获得创业团队企业家精神动态延续以及这种延续对创业绩效的影响需要一个长期跟踪的过程。

第二，关于不同文化背景、不同所有制企业合并过程中创业团队企业家精神的动态管理。尤其是在我国以更加开放的姿态、更加自觉的行为主动融入到经济全球化的大背景下，创业团队越来越多地开始吸纳在不同国度文化中成长起来的高级管理人员，由此引发的异质文化冲突在创业团队决策过程中体现得更加尖锐，也更加难以处理。各国不同文化、习俗与制度会在很大程度上影响到经理们的态度、价值观和信仰，并且，能够体现文化差异特征的产权制度、管理体系等还会在一定程度上限制创业团队内部开放、互助的组织氛围，进而影响到创业团队决策。如跨国经营中究竟选择外派高级主管方式，还是聘请本地高级主管，或者是招聘第三国高级主管，对高层管理团队人口特征变量的异质

---

① Murphy, G. B. and Trailer, T. W., "Measuring Performance in Entrepreneurship Research", *Journal of Business Research*, 1996, Vol. 36, Issue 1, pp. 15－23.

性程度所带来的影响是不一样的，它还会在高层管理团队中通过冲突与心理契约两大关键因素，影响到对高层管理团队的决策速度和决策质量，影响到创业团队企业家精神的发展趋势。

在市场化进程不断加快的时代，不同所有制企业间的合并变得更为活跃。相比较于同种所有制企业的合并来说，不同所有制企业间的合并更加困难，尤其是高层管理团队之间的磨合期也相对较长些。因为，在不同所有制企业中具有不同的决策模式，而把不同所有制企业的高层管理团队成员进行整合，必然会把原来隐含其中的权力纷争、利益矛盾公开化，从而影响到高层管理团队的凝聚力，进而影响到创业团队企业家精神是否能够延续和以何种方式延续，甚至合并后形成了一种全新的高层管理团队决策模式，所以，对创业团队企业家精神动态管理的研究很具有实践指导意义。

第三，关于创业团队瓦解以及由此造成的对创业团队企业家精神退化的影响。我们在研究过程中发现，长期保持创业团队的高度稳定性并不一定是件好事。创业团队瓦解既可能是创业团队企业家精神退化的原因，也可能是大规模公司充分发挥创业团队企业家精神的策略选择。特别是在网络经济条件下，公司边界的概念正在模糊化，跨国战略联盟也成为了一种新的管理趋势，现实中，一些大型的跨国公司主动采取瓦解高层管理团队的做法，而且，高层管理团队的瓦解并不必然是带来创业团队企业家精神的退化，也可能是高层管理团队企业家精神的成功裂变。因此，创业团队企业家精神的裂变和创业团队企业家精神的退化是两种截然不同的创业现象，值得加以比较性研究。

第四，创业团队企业家精神的不断强化需要创业政策环境的优化。全球创业观察（GEM）是英国伦敦商学院和美国百森商学院共同发起成立的一个旨在研究全球创业活动态势和变化、挖掘国家创业活动驱动力、创业与经济增长之间的作用和评估国家创业政策的研究项目。从近三年 GEM 中国报告来看，我国在 GEM 所涉及的九个创业环境因素（包括金融支持、政府政策、政府项目支持、教育与培训、研究开发转移效率、商业和专业基础设施、进入壁垒、有形基础设施、文化和社会规范）的各方面均存在不尽如人意之处，如国内政府直接扶持、中央政府政策制定方面和新企业审批效率方面都与其他国家和地区有一定的差距，创业教育与培训方面的水平也低于 GEM 参与国家和地区的均值，等等。这些都阻碍着国内团队创业的活跃程度，影响到创业团队企业家精神的作用发挥。未来对创业政策与创业团队企业家精神延续之间的关系研究也是一个重大的现实课题。

此外，由于创业团队企业家精神的研究是较为前沿的课题，虽然作者仅就冲突与心理契约两个关键因素做出了概念性的模型分析框架，但在实证方面还有待进一步深入。未来我们将充分利用承担国家自然科学基金项目"创业团队企业家精神的传承机制及其管理策略研究"的机会，选择冲突与心理契约两个视角开展创业团队企业家精神动态延续的实证研究。

总之，对创业团队企业家精神及其动态延续的研究不但具有理论意义和实践指导价值，而且，是一项具有长远研究价值和宽广研究空间的重要课题。我们欣喜地发现，特别是在进入 21 世纪以来，国内创业管理研究已经得到蓬勃发展，表现在：一是成立了清华大学中国创业研究中心、南开大学创业管理研究中心等一大批研究机构。二是引进并出版了一批处在创业研究领域国际顶级水平的研究成果，如华夏出版社的"蒂蒙斯创业学"译丛、经济管理出版社的"管理新理念前沿"译库、中国人民大学出版社的"当代世界学术名著"系列等。三是卓有影响力的创业领域学术研讨活动不断推出。如 2001 年，由中山大学管理学院、中国社会科学院经济研究所、《中国社会科学》编辑部、《经济研究》编辑部、《社会学研究》编辑部联合举办的"企业家理论与企业成长国际研讨会"围绕着企业家精神、企业家能力与企业成长的研讨主题进行了广泛的学术交流。① 2003 年和 2006 年，南开大学商学院两度主办创业学暨企业家精神教育国际研讨会上，国内外创业学研究领域的专家学者

---

① 李新春、王珺、丘海雄、张书军：《企业家精神、企业家能力与企业成长》，载《经济研究》2002 年第 1 期，第 89～92 页。

云集天津，围绕社会转型背景下的创业研究、创业经济、创业与创新管理、创业教育等主要议题展开交流和讨论，发起成立了中国创业研究和教育联盟，影响极为深远。①② 国家发改委中小企业司、全国工商联经济部等机构支持发布的"中国企业成长100强"已进行五届，产生了广泛的社会影响。由产、学、研机构和企业家共同参与的创业与企业家精神国际研讨会越来越多。四是国内学术期刊发表创业领域的研究论文数量呈指数级上升势头。《管理世界》把创业与企业家精神、家族企业管理课题等列为工商管理研究的重点，《外国经济与管理》从2004年起开设专栏发表"创业管理"方面的学术论文，《当代经理人》等期刊则直接把读者定位于中国成长型企业的CEO们等。五是国内商学院纷纷在管理类专业设立创业管理方向。尽管美国到2001年就有超过1500所四年制大学和商学院提供了创业课程，而国内商学院只是近年来才开始注重培养创业管理类人才，但是，国内商学院的培养模式可以更好地满足社会转型对创业人才的渴求。所以，我们有理由相信，在这种发展趋势下，如果未来能够从经济学、管理学、社会学、心理学等多个学科对创业团队企业家精神进行深入的交叉性研究，必将会得出更多富有创新性的结论，并极大地推动国内团队创业活动的繁荣和社会进步。

---

① 张玉利、陈忠卫、谭新生：《首届创业学暨企业家精神教育研讨会综述》，载《南开管理评论》2003第5期，第78～81页。

② 张玉利、李乾文、李剑力：《创业管理研究新观点综述》，载《外国经济与管理》2006年第5期，第1～7页。

附录一：国外学者姓名英汉对照表

A

Aaron J. Nurick	阿伦·纽里克
Albert V. Bruno	艾伯特·布鲁诺
Alden G. Lank	亚登·蓝克
Alfred Marshall	艾尔弗雷德·马歇尔
Alistair R. Anderson	阿利斯泰尔·安迪生
Allen C. Amason	艾伦·阿马逊
Amy L. Pablo	埃米·帕波罗
Ana C. Costa	阿娜·科斯塔
Anne S. Tsui	安妮·突思
Arnold C. Cooper	阿诺德·库珀

B

Barbara B. Bunker	巴巴拉·邦克
Beverly B. Tyler	贝佛莉·泰勒尔
Bob Galvin	鲍勃·高尔文
Burndt Brehmer	伯恩特·伯瑞荷玛

C

Carol D. Hanson	卡罗尔·汉森
Catherine M. Daily	凯瑟琳·戴利
Chris Argylis	克里斯·阿吉里斯

Christopher P. Neck	克里斯托佛·尼克

D

Daniel C. Feldman	丹尼尔·弗尔德曼
Danny Miller	丹尼·米勒
David E. Guest	戴维·格斯特
David Johnson	戴维·约翰逊
David M. Schweiger	戴维·施韦格
Deborah L. Gladstein	德博拉·格拉德斯泰恩
Deborah H. Francis	德博拉·弗兰西斯
Denise M. Rousseau	丹尼斯·鲁索
Dennis P. Slevin	丹尼斯·斯莱文
Diane E. Bailey	黛安娜·贝利
Donald C. Hambrick	唐纳德·哈姆布里克
Donald F. Kuratko	唐纳德·库拉特克
Douglas K. Smith	道格拉斯·斯密斯

E

Edwin A. Locke	埃德温·洛克
Edwin Lee	埃德温·李
Elizabeth W. Morrison	伊丽莎白·莫里森

F

Frank Knight	弗兰克·奈特

G

Garth Saloner	加思·沙龙
Gregory B. Murphy	乔治·墨菲
Gregory G. Dess	乔治·德斯
Gregory Moorhead	格雷戈里·穆尔黑德
G. T. Lumpkin	伦普金

H

Harry Levinson	哈里·莱文森

Howard S. Becker	霍华德·贝克尔

I

Ian C. Mac Millan	伊恩·麦克米伦
Ichak Adizes	伊查克·爱迪思
Irving L. Janis	欧文·贾尼斯
Israel Kirzner	伊斯雷尔·科兹纳

J

James A. Jr. Wall	小詹姆斯·沃尔
James H. Tiessen	詹姆斯·蒂森
James J. Chrisman	詹姆士·克里斯曼
Jamine Nahapiet	加米尼·那哈比特
Jari Handelberg	加里·汉德尔伯格
Jennifer M. George	詹尼弗·乔治
Jerayr Haleblian	杰拉尔·哈勒伯廉
Jeffrey C. Shuman	杰弗里·舒曼
Jeffery G. Covin	杰弗里·科文
John A. Seeger	约翰·西格
Joseph A. Schumpeter	约瑟夫·熊彼特
Johan Wiklund	约翰·威克伦德
Jon R. Katzenbach	乔恩·卡曾巴赫
Judith B. Kamm	朱迪思·卡姆
Julio J. Rotemberg	朱丽奥·罗特伯格

K

Karen A. Bantel	卡伦·班特尔
Karl H. Vesper	卡尔·维斯珀
Ken G. Smith	肯·斯密思

L

Larry E. Greiner	拉里·格雷纳
Lawrence L. Steinmetz	劳伦斯·斯坦梅茨

Lee J. Hopkins	李·霍普金斯
Leslie A. Dechurch	莱斯利·德丘奇
Lynne J. Millward	林恩·米沃德
M	
Margarethe F. Wiersema	玛格丽特·威尔塞玛
Marilyn E. Gist	玛利琳·吉思特
Mark S. Granovetter	马克·格兰诺维特
Martin Kilduff	马丁·基尔达夫
Mason A. Carpenter	马森·卡彭特
Michael A. Hitt	迈克尔·希特
Michael H. Morris	迈克尔·莫里斯
Michelle A. Marks	米歇尔·马克斯
M. Susan Taylor	苏珊·泰罗
Murray B. Low	默里·洛
N	
Natalia Weisz	娜塔里·韦斯
Neil C. Churchill	尼尔·邱吉尔
P	
Pacey C. Foster	佩西·福斯特
Paul S. Alder	保罗·奥尔德
Per Davidsson	派·戴维森
Peter S. Ring	彼得·林
Phyllis A. Mason	菲利斯·玛森
Pieer Bourdieu	皮尔·布尔迪厄
Pramodita Sharma	帕拉莫底塔·莎玛
R	
Richard Cantillon	理查德·康替龙
Robert A. Baron	罗伯特·巴伦
Robert B. Reich	罗伯特·赖克

Robert H. Waterman　　　　罗伯特·沃特曼

Roberto S. Vassolo　　　　罗伯特·瓦索罗

Robert W. Hornaday　　　　罗伯特·霍纳迪

Ronda R. Callister　　　　朗达·卡里斯特

Roger C. Mayer　　　　罗格·迈耶

Roy J. Lewicki　　　　罗伊·刘易斯

S

Sarah L. Jack　　　　萨拉哈·杰克

Sara L. Keck　　　　萨拉·凯克

Saras D. Sarasvathy　　　　萨拉思·萨拉思维塞

Sandra L. Robinson　　　　桑德拉·罗宾森

Scott A. Shane　　　　斯科特·沙恩

Shaker A. Zahra　　　　谢克·查哈拉

Shailendra Vyakarnam　　　　谢伦德·维卡那姆

Sim. B. Sitkin　　　　西姆·斯特金

Stephen P. Borgatti　　　　史蒂文·博盖蒂

Stephen P. Robbins　　　　史蒂文·罗宾斯

Smith-Doerr L.　　　　史密斯·多尔

Snehal A. Tijoriwala　　　　施耐哈尔·梯乔瓦拉

Sumantra Ghoshal　　　　休曼特拉·戈萨尔

Susan G. Cohen　　　　苏珊·科恩

Susan E. Jackson　　　　苏珊·杰克逊

S. Venkataraman　　　　文卡塔曼

Sydney Finkelstein　　　　悉尼·芬克尔斯坦

T

Theresa K. Lant　　　　特里萨·兰特

Thomas Peters　　　　汤姆斯·彼得斯

V

Van De Ven　　　　范德温

Virginia L. Lewis　　　　　　弗吉尼亚·刘易斯

W

Walter W. Powell　　　　　　沃尔特·鲍威尔

William B. Gartner　　　　　威廉·加特纳

William D. Bygrave　　　　　威廉·贝格瑞夫

William D. Guth　　　　　　威廉·古思

William H. Turnley　　　　　威廉·特恩利

Z

Zenglo Chen　　　　　　　　曾格尔·车恩

附录二：创业团队及其
创业精神调查问卷

编号：_____

尊敬的_____女士/先生：

您好！

首先感谢您拨冗协助完成此份问卷！本次调查的主要目的在于探讨创业团队企业家精神的传承机制及其对企业成长的影响。其研究成果可以为我国管理学界和实践界带来十分重要的贡献。现就问卷填写说明如下：

1. 本问卷所指的创业团队（高管团队）包括处于企业中高层职位，有机会参与公司重大问题决策，并能分享企业经济性收益的所有成员。

2. 为保证调查数据的准确性，恳请您亲自填写；如果您是受高管团队成员授权完成此问卷的企业主要管理人员，请能站在委托人的立场如实填写。

3. 调查结果仅做研究使用。在未征得您同意的情况下，我们将对您所提供的信息保密，绝不对外单独公开您的信息或提供给第三方。

4. 在填写问卷过程中，您若遇到问题，请及时与我们联系。

祝贵公司业务蒸蒸日上！

安徽财经大学管理学院敬上

联系电话：0552-3173066

电子邮件：czwancai@sohu.com

第一部分：公司背景

根据贵公司实际情况，请在正确选项前方框内打"√"。

1. 您所在企业的性质：

   □国有企业　　　　　　　　　　□外商独资企业

   □民营企业　　　　　　　　　　□合资或合作企业

   □其他（请注明）_____

2. 贵公司主营业务所属的行业类型：

   □农、林、牧、渔业　　　　　　□采矿业

   □制造业　　　　　　　　　　　□交通运输、仓储和邮政业

   □建筑业　　　　　　　　　　　□金融业

   □电力、燃气及水的生产和供应业　□批发和零售业

   □住宿和餐饮业　　　　　　　　□科学研究、技术服务和地
   　　　　　　　　　　　　　　　　质勘查业

   □房地产业　　　　　　　　　　□租赁/商务服务业

   □信息传输、计算机服务和软件业　□水利、环境和公共设施管
   　　　　　　　　　　　　　　　　理业

   □居民服务和其他服务业　　　　□公共管理和社会组织

3. 公司成立的年数：

   □1 年以下　　□1～5 年　　□6～10 年　　□11～15 年

   □16～20 年　　□21～25 年　　□25 年或以上

4. 您所在企业的现有规模：

   □1～10 人　　□11～50 人　　□51～100 人

   □101～500 人　　□501～1000 人　　□1001～5000 人

   □5001～10000 人　　□10001 人或以上

5. 与本行业其他企业相比，您认为所在企业的规模属于：

   □大型　　　□较大型　　　□中型　　　□偏小型

   □小型

6. 您认为，本公司所处的发展阶段是：

□初创阶段（公司新成立或刚完成转制，效益不太稳定）

□成长阶段（生产步入正轨，产品和服务内容相对稳定，效益快速
　　增加）

□转型阶段（产品和市场份额正在缩减，效益下滑，正在寻找重新
　　定位）

7. 有机会参与公司重大问题决策，且处在公司中高层职位的团队成员
　 人数：

□2～3 人　　　　□4～5 人　　　　□6～7 人　　　　□8～9 人

□10 人或以上

第二部分：创业团队企业家精神

　　创业团队企业家精神的传承是推动企业成长的重要力量。请您根据
所在团队实际情形，在下列每个条目后面的数字上圈选出对各项陈述的
同意程度。"1"代表非常不符合，数字越大代表越符合实际情形，"5"
代表非常符合。

1＝非常不符合　2＝不符合　3＝不确定　4＝符合　5＝非常符合

1. 公司倾向于利用高管团队形式讨论新产品开发 … 1　2　3　4　5

2. 当你拥有关于决策所需的新知识时，你愿意主动与大家分享……
　　………………………………………………………… 1　2　3　4　5

3. 公司对多种资源获取方案的选择往往采用集体决策法…………
　　………………………………………………………… 1　2　3　4　5

4. 如果高管团队成员提供了决策所需要的新知识，你本人愿意接受
　　………………………………………………………… 1　2　3　4　5

5. 公司喜欢以集体智慧来完善市场开发方案 ……… 1　2　3　4　5

6. 当你对所讨论的问题拥有新观点时，愿意积极地与大家分享……
　　………………………………………………………… 1　2　3　4　5

7. 高管团队成员普遍对革新持有赞成的态度 ……… 1　2　3　4　5

8. 你愿意采纳高管团队成员所提供的、有价值的新观点…………
　　………………………………………………………… 1　2　3　4　5

9. 高管团队成员能够对外部环境的动态变化保持敏感性…………
…………………………………………………………… 1　2　3　4　5

10. 在信息并不充分的情况下，高管团队同样能够做出风险型决策
…………………………………………………………… 1　2　3　4　5

11. 高管团队比同行业竞争对手更加重视市场机会开发 …………
…………………………………………………………… 1　2　3　4　5

12. 即使项目没有取得预期收益，高管团队成员也不会相互指责 …
…………………………………………………………… 1　2　3　4　5

13. 高管团队成员愿意就新项目的成本与收益进行深入讨论 ………
…………………………………………………………… 1　2　3　4　5

14. 高管团队重视来自不同职位的成员所提供的市场信号 …………
…………………………………………………………… 1　2　3　4　5

15. 如果项目实施出现挫折，高管团队成员并不愿意一起来分析原因
…………………………………………………………… 1　2　3　4　5

16. 高管团队比同行业竞争对手往往能率先抓住市场机会 …………
…………………………………………………………… 1　2　3　4　5

17. 高管团队成员愿意积极寻求化解经营风险的出路 ……………
…………………………………………………………… 1　2　3　4　5

第三部分：团队绩效与公司绩效

　　请您根据所在高管团队和公司的真实绩效状况，在下列每个条目后面的数字上圈选出对各项陈述的符合程度。"1"代表非常不符合，数字越大代表越符合实际情形，"5"代表非常符合。

1＝非常不符合　2＝不符合　3＝不确定　4＝符合　5＝非常符合

1. 公司采用团队工作方式提高了管理决策质量 …… 1　2　3　4　5
2. 高管团队成员一致性地认同追求卓越的标准 …… 1　2　3　4　5
3. 近年来，公司的市场竞争实力在不断增强 ……… 1　2　3　4　5
4. 您对本公司采取团队方式的决策效率感到满意 … 1　2　3　4　5

5. 公司所设置的目标能够被各位高管团队成员所接受……………

　　……………………………………………………… 1　2　3　4　5

6. 与同行业竞争对手相比，公司的销售增长率令您满意…………

　　……………………………………………………… 1　2　3　4　5

7. 与同行业竞争对手相比，公司的利润增长率令您满意…………

　　……………………………………………………… 1　2　3　4　5

8. 近年来，公司的社会知名度正在不断提高 ……… 1　2　3　4　5

9. 如果未来三年里有更好发展机会，您可能会考虑离开本公司……

　　……………………………………………………… 1　2　3　4　5

第四部分：企业家背景信息

请您提供如下个人信息和团队成员资料。

1. 性别：　　□男　　　　　　　□女

2. 年龄：　　□20 岁或以下　　 □21～30 岁

　　　　　　□31～40 岁　　　 □41～50 岁

　　　　　　□51～60 岁　　　 □61 岁及以上

3. 教育水平：□小学、初中　　 □高中、中专

　　　　　　□大专　　　　　　□大学本科

　　　　　　□硕士及以上

4. 您在本公司工作的年限：共计_____年

5. 您在本公司现任职位上的工作年限：共计_____年

6. 您在公司中的职务：

　　　　□董事长/行政总裁/总裁及副职/企业主/企业合伙人

　　　　□总经理/副总经理/厂长　　 □财务总监/总会计师

　　　　□首席信息/技术总管　　　　□行政经理/人事经理

　　　　□总工程师　　　　　　　　□市场营销/销售总监

　　　　□其他（请注明）_____

7. 请您如实填写处在公司中高层职位、且有机会参与公司重大问题

　　决策的其他高管团队成员信息：

公司内的现任职务	性别	年龄	教育水平	在本公司的工作时间（年）	在现职位的工作时间（年）

　　本问卷至此结束，谢谢您的填答。烦请您能再次检查本问卷所有题项，确保没有漏答之处。

　　如果您愿意为我们提供访谈的机会，或者期望获得本课题的研究成果，请您能提供以下联系方式，以便我们将本研究成果反馈给您。

　　姓　　名：＿＿＿＿＿＿＿＿＿工作单位：＿＿＿＿＿＿＿＿＿＿

　　联系电话：＿＿＿＿＿＿＿＿＿电子邮箱：＿＿＿＿＿＿＿＿＿＿

再次感谢您的合作！

　　填妥后，请选择邮寄或传真方式寄回（如方便，请赐名片）：

　　地址：安徽省蚌埠市学府路 1 号安徽财经大学管理学院

陈忠卫院长收

　　邮编：233030

　　电话：0552-3173066

　　传真：0552-3173068

　　E-mail：cytd2007@sohu.com

参考文献

一、中文部分

1. [英国]保罗·伯恩斯著，宋庆云、杨桦、史雪莲译：《企业家修炼教程——成功经营小企业》，人民邮电出版社 2003 年版。

2. [英国]波特·马金、凯瑞·库帕、查尔斯·考克斯著，王新超译：《组织和心理契约：对工作人员的管理》（第二版），北京大学出版社 2000 年版。

3. [美国]彼得·圣吉著，郭进隆译：《第五项修炼——学习型组织的艺术与实务》，上海三联书店 1998 年版。

4. [美国]彼得·德鲁克著，彭志华译：《创新与企业家精神》，海南出版社 2000 年版。

5. [澳大利亚]彼得·康德夫著，何云峰等译：《冲突事务管理：理论与实践》，世界图书出版公司 1998 年版。

6. 蔡树培著：《人群关系与组织管理》，九州出版社 2001 年版。

7. 陈春花、徐慧琴：《企业家与团队建设浅议》，载《科技进步与对策》2003 年第 3 期。

8. 陈光潮：《企业家定义探析》，载《暨南学报》2002 年第 4 期。

9. 陈凌、应丽芬：《代际传承：家族企业继任管理与创新》，载《管理世界》2003 年第 6 期。

10. 陈加州、凌文辁、方俐洛：《心理契约的内容、维度和类型》，载《心理科学进展》2003 年第 4 期。

11. 陈捷：《认知冲突与情绪冲突对组织绩效的影响》，载《外国经济与管理》1998 年第 5 期。

12. ［日本］池本正纯著，姜晓民、李成起译：《企业家的秘密》，辽宁出版社 1985 年版。

13. 储小平：《家族企业研究：一个具有现代意义的话题》，载《中国社会科学》2000 年第 5 期。

14. 储小平：《家族企业是一种低效率的企业组织吗》，载《开放导报》2000 年第 6 期。

15. Dean W. Tjosvold、陈国权、刘春红著：《团队组织模型——构建中国企业高效团队》，上海远东出版社 2003 年版。

16. Dean W. Tjosvold、许潏、栗芳著：《领导——适合中国企业的领导模式》，远东出版社 2004 年版。

17. Donald F. Kuratko、Harold P. Welsch 著，杨玉明、惠超译：《创业成长战略》（第 2 版），清华大学出版社 2005 年版。

18. ［美国］厄威克·弗莱姆兹著，李剑锋译：《增长的痛苦——通过规范管理战胜企业增长中的危机》，中国经济出版社 1998 年版。

19. 樊富珉、张翔：《人际冲突与冲突管理研究综述》，载《中国矿业大学学报》（社会科学版）2003 年第 3 期。

20. ［美国］弗兰克·拉夫斯托、卡尔·拉森著，邹琪译：《最卓越的团队合作》，上海财经大学出版社 2004 年版。

21. ［美国］弗朗西斯·福山著，彭志华译：《信任：社会美德与创造经济繁荣》，海南出版社 2001 年版。

22. ［美国］盖伊·拉姆斯登、唐纳德·拉姆斯登著，冯云霞、是文如、笪鸿安译：《群体与团队沟通》，机械工业出版社 2001 年版。

23. 高明华、赵云升：《家族企业继任者选择问题探讨》，载《天津社会科学》2004 年第 4 期。

24. 韩朝华、陈凌、应丽芬：《传亲属还是聘专家：浙江家族企业接班问题考察》，载《管理世界》2005 年第 2 期。

25. 韩立军：《创业精神的影响因素及其绩效评价》，载《心理科学进展》2005 年第 1 期。

26. 贺宇江著：《商业组织的基因：管理团队的组织认知模式》，机械工业出版社 2003 年版。

27. ［美国］吉姆·柯林斯著，俞利军译：《从优秀到卓越》，中信出版社 2002 年版。

28. ［美国］杰弗里·蒂蒙斯著，周伟民译：《创业者》，华夏出版社 2002 年版。

29. ［美国］杰弗里·蒂蒙斯著，周伟民等译：《快速成长》，华夏出版社 2002 年版。

30. 姜绪荣著：《高层管理者弱性与企业能动风险控制》，天津人民出版社 2001 年版。

31. 姜彦福、高建、程源、邱琼著：《全球创业观察 2002 中国报告》，清华大学出版社 2003 年版。

32. 焦长勇、项保华：《企业高层管理团队特征及构建研究》，载《自然辩证法通讯》2003 年第 2 期。

33. ［美国］克林·盖尔西克等著，贺敏译：《家族企业的繁衍——家庭企业的生命周期》，经济日报出版社 1998 年版。

34. ［美国］肯尼思·克洛克、琼·戈德史密斯著，王宏伟译：《管理的终结》，中信出版社 2004 年版。

35. ［德国］莱恩哈德·斯普伦格著，胡越译：《信任：欧洲首席管理大师谈优化企业管理》，当代中国出版社 2004 年版。

36. 李蕾：《家族企业的代际传承》，载《经济理论与经济管理》2003 年第 8 期。

37. 李新春、苏晓华：《总经理继任：西方的理论和我国的实践》，载《管理世界》2001 年第 4 期。

38. 李新春、王珺、丘海雄、张书军：《企业家精神、企业家能力与企业成长》，载《经济研究》2002 年第 1 期。

39. 李新春：《信任、忠诚与家族主义困境》，载《管理世界》2002

年第 6 期。

40. 李维安、王辉：《企业家创新精神培育：一个公司治理视角》，载《南开经济研究》2003 年第 2 期。

41. 李文明、赵曙明：《基于 3C 模型的企业高层管理团队不和谐态探因》，载《中国人力资源开发》2004 年第 11 期。

42. 李志、曹跃群：《"企业家精神"研究文献的内容分析》，载《重庆工商大学学报》（社会科学版）2003 年第 2 期。

43. 刘小平、王重鸣：《组织承诺及其形成过程研究》，载《南开管理评论》2001 年第 6 期。

44. 刘学：《"空降兵"与原来管理团队的冲突及对企业绩效的影响》，载《管理世界》2003 年第 6 期。

45. 林浚清、黄祖辉、孙永祥：《高管团队内薪酬差距、公司绩效和治理结构》，载《经济研究》2003 年第 4 期。

46. 林强、姜彦福、张健：《创业理论及其架构分析》，载《经济研究》2001 年第 9 期。

47. 刘常勇著：《创业管理的 12 堂课》，中信出版社 2002 年版。

48. 刘健钧：《企业制度三层次模型与创业模式》，载《南开管理评论》2003 年第 6 期。

49. 林媛媛：《市场导向与企业高层管理人员之间的灰色关联度分析》，载《管理科学》2003 年第 6 期。

50. 凌文辁、张冶灿、方俐洛：《中国职工组织承诺的结构模型研究》，载《管理科学学报》2000 年第 2 期。

51. 吕源、徐二明：《公司创业力研究》，载《南开管理评论》2004 年第 3 期。

52. ［美国］罗德里克·M. 克雷默、汤姆·R. 泰勒编：《组织中的信任》，中国城市出版社 2003 年版。

53. 骆品亮、郑绍濂：《满足预算平衡的 Parato 最优的团队激励契约》，载《复旦学报》（自然科学版）2000 年第 10 期。

54. ［美国］迈克尔·格伯著，洪允息译：《企业家迷信——多数小企业不成功的原因及对策》，新华出版社 1996 年版。

55．［美国］梅雷迪思·贝尔滨著，李丽林译：《超越团队》，中信出版社 2002 年版。

56．［美国］米歇尔·A.赫特等著，徐芬利等译：《战略型企业家》，经济管理出版社 2002 年版。

57．［英国］尼克·海伊斯著，李靖、路文勇译：《协作制胜：成功的团队管理》，东北财经大学出版社 1998 年版。

58．［英国］尼基·海斯著，杨蓓译：《成功的团队管理》，清华大学出版社 2002 年版。

59．彭正龙、沈建华、朱晨海：《心理契约：概念、理论模型以及最新发展》，载《心理科学》2004 年第 2 期。

60．邱益中：《国内外学者对企业组织冲突问题的研究》，载《外国经济与管理》1996 年第 5 期。

61．时勘、王继承、李超平：《企业高层管理者胜任特征模型评价的研究》，载《心理学报》2002 年第 3 期。

62．石秀印：《中国企业家成功的社会网络基础》，载《管理世界》1998 年第 6 期。

63．［英国］苏·柏莉、［加拿大］丹尼尔·穆兹卡编，黄兰闽、黄君慧译：《创业精神与管理》，培生教育出版社股份有限公司 2004 年版。

64．孙海法、伍晓奕：《企业高层管理团队的研究进展》，载《管理科学学报》2003 年第 4 期。

65．王重鸣、陈民科：《管理胜任力特征分析：结构方程模型检验》，载《心理科学》2002 年第 5 期。

66．王琦、杜永怡、席酉民：《组织冲突研究回顾与展望》，载《预测》2004 年第 3 期。

67．王延荣：《创业学：学科定位及其架构分析》，载《华北水利水电学院学报》（社科版）2004 年第 3 期。

68．汪丁丁著：《经济发展与制度创新》，上海人民出版社 1995 年版。

69．汪良军、杨蕙馨：《创业机会与企业家认知》，载《经济管理》

2004 年第 15 期。

70. ［美国］威廉斯著，秋同译：《团队管理》，中信出版社 1999 年版。

71. 魏斌、汪应洛：《知识创新团队激励机制设计研究》，载《管理工程学报》2002 年第 3 期。

72. 吴维库、刘军、张玲、富萍萍：《以价值为本的领导行为与团队有效性在中国的实证研究》，载《管理世界》2002 年第 8 期。

73. 吴维库、富萍萍、刘军：《以价值观为本的领导行为与团队有效性在中国的实证研究》，载《系统工程理论与实践》2003 年第 6 期。

74. 文崇一、萧新煌主编：《中国人：观念与行为》，巨流图书公司 1988 年版。

75. 吴泗宗、汪岩桥：《企业家功能、能力与企业家精神》，载《江西社会科学》2001 年第 12 期。

76. 肖余春：《自我管理团队及其在企业中的应用》，载《中国管理科学》2001 年第 6 期。

77. 邢以群：《企业家及其企业家精神》，载《浙江大学学报》（社会科学版）1994 年第 2 期。

78. 杨江、戴林：《中国企业家精神与企业家行为理性化》，载《管理世界》2000 年第 5 期。

79. 杨杰、凌文辁、方俐洛：《论管理学中心理契约的界定与形成过程》，载《学术研究》2003 年第 10 期。

80. 杨杰、凌文辁、方俐洛：《心理契约破裂与违背刍议》，载《暨南学报》2003 年第 2 期。

81. 杨龙志：《家族企业代际传递的原则及其实证研究》，载《经济管理》2004 年第 12 期。

82. ［英国］伊丽莎白·切尔著，李欲晓、赵琛徽译：《企业家精神：全球化、创新与发展》，中信出版社 2004 年版。

83. ［美国］伊查克·爱迪思著，赵睿等译：《企业生命周期》，中国社会科学出版社 1997 年版。

84. [美国]伊查克·爱迪思著，张春煜译：《完美管理者》，华夏出版社 2004 年版。

85. 郁义鸿、李志能、罗伯特·D. 希斯瑞克编著：《创业学》，复旦大学出版社 2000 年版。

86. 张景安、亨利·罗文等著：《创业精神与创新集群》，复旦大学出版社 2002 年版。

87. 张玉利、段海宁：《中小企业生存和发展的理论基础》，载《南开管理评论》2001 年第 2 期。

88. 张玉利：《小企业不是规模小的大企业》，载《中国中小企业》2002 年第 7 期。

89. 张玉利：《企业家与企业家型企业》，载《当代财经》2001 年第 10 期。

90. 张玉利、陈忠卫、谭新生：《首届创业学暨企业家精神教育研讨会综述》，载《南开管理评论》2003 第 5 期。

91. 张玉利：《创业管理：管理工作面临的新挑战》，载《南开管理评论》2003 年第 6 期。

92. 张玉利、杨俊：《企业家创业行为调查》，载《经济理论与经济管理》2003 年第 9 期。

93. 张玉利、陈寒松、李乾文：《创业管理与传统管理的差异与融合》，载《外国经济与管理》2004 年第 5 期。

94. 张玉利、李乾文、李剑力：《创业管理研究新观点综述》，载《外国经济与管理》2006 年第 5 斯。

95. 张玉利、任学锋著：《小企业成长的管理障碍》，天津大学出版社 2001 年版。

96. 张玉利著：《企业家型企业的创业与快速成长》，南开大学出版社 2003 年版。

97. 张玉利、张维、陈立新主编：《创业管理理论与实践的新发展》清华大学出版社 2004 年版。

98. 赵春明著：《团队管理——基于团队的组织构造》，上海人民出版社 2002 年版。

99．赵文红、李垣：《关于企业家机会的研究综述》，载《经济学动态》2004 年第 5 期。

100．中国企业家调查系统编著：《企业家价值取向：中国企业家成长与发展报告》，机械工业出版社 2004 年版。

101．周长城、吴淑凤：《企业家与企业家精神：机遇、创新与发展》，载《社会科学研究》2001 年第 1 期。

102．周立群、邓宏图：《企业家理性、非理性与相对理性研究——兼论企业家精神》，载《天津社会科学》2002 年第 1 期。

103．周建：《网络经济条件下企业家精神价值的内涵变化》，载《经济管理》2004 年第 4 期。

104．周振林：《凝聚与激活：管理冲突的两大正向功能》，载《理论探讨》2004 年第 6 期。

105．陈忠卫：《现代职业型企业家的市场化培育》，载《经济体制改革》1995 年第 6 期。

106．陈忠卫：《团队管理理论述评》，载《经济学动态》1999 年第 8 期。

107．陈忠卫：《人力资本价值化是确立企业家地位的前提》，载《中外企业文化：清华管理评论》2000 年第 8 期。

108．陈忠卫著：《制度变革与管理创新互动论——谋求企业健康成长》，新华出版社 2003 年版。

109．陈忠卫：《企业成长中心理契约关系的重构》，载《中国人力资源开发》2003 年第 5 期。

110．陈忠卫：《试论企业家的价值形成与价值实现》，载《财经理论与实践》2003 年第 5 期。

111．陈忠卫：《华人企业成长中的文化变革问题研究》，载《广东商学院学报》2004 年第 1 期。

112．陈忠卫、贾培蕊：《基于心理契约的高层管理团队凝聚力问题研究》，载《管理科学》2004 年第 5 期。

113. 陈忠卫、李晶：《内部企业家精神理论述评》，载《经济学动态》2005 年第 1 期。

114. 陈忠卫：《高层管理团队企业家精神的维度》，载《中外企业家》2006 年第 1 期。

115. 陈忠卫、李晶：《内部创业型企业文化的构建研究》，载《研究与发展管理》2006 年第 1 期。

116. 陈忠卫：《企业家精神的层次性及其相互关系研究》，载《科研管理》2006 年第 27 卷（增刊）。

117. 陈忠卫、杜运周：《社会资本与创业团队绩效的改进》，载《经济社会体制比较》2007 年第 3 期。

二、英文部分

1. Ahuja,G. and Lampert C. M. ,"Entrepreneurship in the Large Corporation:A Longitudinal Study of How Established Firms Create Breakthrough Invention ", *Strategy Management Journal* , June-July 2001.

2. Alder,P. S. and Kwon, S. W. ,"Social Capital:The Good,the Bad and the Uglly",E. L. Lesser(ed.), *Knowledge and Social Capital : Foundations and Application*.

3. Amason,Allen C. ,"Distinguishing the Effects of Functional and Dysfunctional Conflict on Strategic Decision Making:Resolving a Paradox For Top Management Teams", *Academy of Management Journal* , Feb 1996.

4. Amason,Allen C. and Mooney,Ann C. ," The Effects of Past Performance on Top Management Team Conflict in Strategic Decision Making", *International Journal of Conflict Management* ,1999,Vol. 10 Issue 4.

5. Amason,A. C. ,Hochwarter,W. A. ,Thompson K. R. and Harrison

A. W. , "Conflict: An Important Dimension in Successful Management Teams", *Organizational Dynamics* , Autumn 1995.

6. Amason, A. C. and Schweiger, D. M. , "Resolving the Paradox of Conflict, Strategic Decision Making and Organizational Performance", *International Journal of Conflict Management* , 1994, Vol. 5.

7. Ancona, D. G. and Caldwell, D. F. , "Bridging the Boundary: External Process and Performance in Organizational Teams", *Administrative Science Quarterly* , December 1992.

8. Anderson, A. R. and Sarah L. Jack, "the Articulation of Social Capital in Entrepreneurial Networks: A Glue or a Lubricant ?"Entrepreneurship and Regional Deve lopment, 2002, 14.

9. Antoncic, B. and Robert D. Hisrich, "Clarifying the Intrapreneurship Concept", *Journd of Small Business and Enterprise Development* , Volume 10, No. 1, 2003.

10. Argyris, C. , *Understanding Organizational Behavior* , London: Tavistock Publications, 1960.

11. Astley, G. W. , Axelsson, R. , Butler, J. , Hickson, D. J. and Wilson, D. C. , "Complexity and Cleavage: Dual Explanations of Strategic Decision-making", *Journal of Management Studies* , October 1982.

12. Bantel, K. A. and Jackson, S. E. , "Top Management and Innovations in Banking: Does the Composition of the Top Team Make a Difference? ", *Strategic Management Journal* , 1989, Vol. 10, Special Issue.

13. Bantel, K. A. , "Top Team Environment, and Performance Effects on Strategic Planning Formality", *Group and Organization Studies* , 1993, Vol. 18, Issue 4.

14. Baron, Robert A. and Shane, Scott A. , *Entrepreneurship: A Process Perspective* , Ohio: South-Western, Thomson, 2005.

15. Barsade, S. G. , Ward, A. J. , Turner, J. D. R. and Sonnenfeld, J. A. ,

"To Your Heart's Content: A Model of Affective Diversity in Top Management Teams", *Administrative Science Quarterly*, December 2000.

16. Becker, H. S., "Notes on the Concept of Commitment", *American Journal of Sociology*, 1960, Vol. 66.

17. Bhidé, A., The Origin and Evolution of New Businesses, Oxford University Press, 2000.

18. Birly, S., Ng, D. and Godfrey, A., "The Family and the Business", *Long Range Planning*, 1999, Vol. 32, Issue 6.

19. Birley, S. and Stockley, S., *Entrepreneurial Team and Venture Growth*, In D. L. Sexton & H. Landstrom(Eds.), The Blackwell Handbook of Entrepreneurship, Oxford, UK: Blackwell, 2000.

20. Bourgeois, L. J., "Performance and Consensus", *Strategic Management Journal*, Jul-Sep 80, Vol. 1, Issue 3.

21. Bourdieu, P., "Outline of a Theory of Practice", Cambridge University Press, 1997.

22. Burt, R., "Structural Holes: The Social Structure of Competition", Harvard University Press, 1992.

23. Burt, R., "The Contingent Value of Social Capital", *Administrative Science Quarterly*, 1997.

24. Brehmer, B., "Social Judgment Theory and the Analysis of Interpersonal Conflict", *Psychological Bulletin*, 1976, Vol. 83, Issue 6.

25. Bruyat, C. and Julien, P. -A., "Defining the Field of Research in Entrepreneurship", *Journal of Business Venturing*, March 2001, Vol. 16, Issue 2.

26. Bygrave, W. D., "The Entrepreneurship Paradigm: A Philosophical Look at Its Research Methodologies", *Entrepreneurship Theory and Practice*, Fall 1999.

27. Canals, J., Managing Corporate Growth, Oxford University Press, 2000.

28. Carpenter,M. A. ,Geletkanycz,M. A. ,and Wm. Gerard Sanders, "Upper Echelons Research Revisited: Antecedents, Elements, and Consequences of Top Management Team Composition", *Journal of Management*,2004,Vol. 30,Issue 6.

29. Chandler, G. N. and Douglas W. Lyon. , "Entrepreneurial Teams in New Ventures: Composition,Turnover and Performance",*Academy of Management Proceedings*,2001.

30. Chen, Z. , Lawson, R. B. Gordon, L. R. and McIntosh, B. , "Groupthink: Deciding with the Leader and the Devil",*The Psychological Record*,Fall 1996,Vol. 46,No. 4.

31. Churchill,N. C. and Lewis V. L. , "The Five Stages of Small Business Growth",*Harvard Business Review*,May-June 1983,Vol. 61.

32. Cho,Theresa S. , Hambrick,Donald C. and Chen,Ming-Jer. , "Effects of Top Management Team Characteristics on Competitive Behaviors of Firms",*Academy of Management Proceedings*.

33. Clark, D. , *The Marginal Situation*, London: Routledge and Kegan Paul,1996.

34. Cohen, S. G. and Bailey, D. E. , "What Makes Teams Work: Group Effectiveness from the Shop Floor to the Executive Suite",*Journal of Management*,1997,Vol. 23,Issue3.

35. Cooper, A. C. , " Technical Entrepreneurship: What Do We Know?",*R&D Management*,1973,Vol. 3,Issue2.

36. Covin,Jeffery G. and Slevin,D. P. , "Strategic Management of Small Business in Hostile and Benign Environment",*Strategic Management Journal*,Jan/Feb. 1989.

37. Covin,Jeffery G. and Slevin,Dennis P. , "A Conceptual Model of Entrepreneurship as Firm Behavior",*Entrepreneurship : Theory and Practice*,Fall 1991.

38. Cooper,A. and Schendel,D. , "Strategic Responses to Technological

Threats",*Business Horizon*,Feb. 1976,Vol. 19 Issue 1.

39. Cooper,A. C. ,and Bruno,A. V. ,"Success Among High-Technology Firms",*Business Horizons*,April 1977,Vol. 20, Issue 2.

40. Cooper,A. C. and Catherine M. Daily,"Entrepreneurial Teams"In D. L. Sexton and R. W. Smilor(Eds.),Entrepreneurship,2000.

41. Cosier,R. A. and Dalton,D. R. ,"Positive Effects of Conflict:a Field Assessment", *The International Journal of Conflict Management*,January 1990.

42. Costa, A. C. , Roe, R. A. and Taillieu, T. , "Trust within Teams:The Relation with Performance Effectiveness",*European Journal of Work and Organizational Psychology*,2001,Vol. 10,Issue 3.

43. Daniel,D. Ronald. ,"Team at the Top",*Harvard Business Review*,March-April 1965,Vol. 43 Issue 2.

44. Davidsson,Per,Low Murray B. and Mike Wright,"Low and MacMillan Ten Years on:Achievements and Future Directions for Entrepreneurship Research", *Entrepreneurship: Theory and Practice*, Summer 2001,Vol. 25,No. 4.

45. Davidsson,Per,& Wiklund,Johan. "Levels of Analysis in Entrepreneurship Research:Current Research Practice and Suggestions for the Future", *Entrepreneurship: Theory and Practice*, Summer 2001, Vol. 25,Issue. 4.

46. Davidsson Per and the PEG Research Team,"A Conceptual Framework for the Study of Entrepreneurship and the Competence to Practice it",2000.

47. Davidsson Per,"Towards a Paradigm for Entrepreneurship",2003.

48. Dechurch,L. A. ,Marks,M. A. ,"Maximizing the Benefits of Task Conflict:The Role of Conflict Management", *The International Journal of Conflict Management*,2001,Vol. 12,Issue 1.

49. Dess,G. G. ,"Consensus on Strategy Formulation and Organizational

Performance: Competitors in a Fragmented Industry", *Strategic Management Journal*, May-June 1987.

50. Dess, G. G., Ireland, R. D., Zahra, S. A., Floyd, S. W., Janney, J. J., and Lane, P. L., "Emerging Issues in Corporate Entrepreneurship", *Journal of Management*, 2003, Vol. 29, Issue 3.

51. Donald F. Kuratko, Richard M. Hodgetts. *Entrepreneurship: A Contemporary Approach*, 4th Ed., The Dryden Press, Harcourt College Publishers. 1995.

52. Drucker, Peter F., *The Practice of Management*, New York: Harper and Brother, 1954.

53. Eisenhardt, Kathleen M., Kahwajy, Jean L. and Bourgeois III, L. J., "Conflict and Strategic Choice: How Top Management Team Disagree", *California Management Review*, 1997, Vol. 39 Issue 2.

54. Eisenhardt, K. M. and Schoonhoven, C. B., "Organizational Growth: Linking Found Team, Strategy, Environment, and Growth among U. S. Semiconductor Ventures, 1978-1988", *Administrative Science Quarterly*, September 1990.

55. Eisenhardt, K. M., and Bourgeois, L. J., "Politics of Strategic Decision Making in High-velocity Environments: Toward a Midrange Theory", *Academy of Management Journal*, 1988, Vol. 31, Issue 4.

56. Ensley, M. D., Pearson, A. and Pearce, C. L., "Top Management Team Process, Shared Leadership, and New Venture Performance: A Theoretical Model and Research Agenda", *Human Resource Management Review*; 2003, Vol. 13 Issue 2.

57. Ensley, Michael D., Pearson, Allison W. and Amason, Allen C., "Understanding the Dynamics of New Venture Top Management Team: Cohesion, Conflict, and New Venture Performance", *Journal of Business Venturing*, July 2002, Vol. 17, Issue 4.

58. Finkelstein, S. and Hambrick, D. C., "Top Management Team

tenure and Organizational Outcomes: The Moderating Role of Managerial Discretion ", *Administrative Science Quarterly*, September 1990.

59. Forlani,D. and Mullins,J. W. ,"Perceived Risks and Choices in Entrepreneurs' New Venture Decisions ", *Journal of Business Venturing* ,July 2000,Vol. 15,Issue 4.

60. Francis,D. H. and Sandberg,W. R. ,"Friendship within Entrepreneurial Teams and Its Association with Team and Venture Performance",*Entrepreneurship:Theory and Practice* ,Winter 2000.

61. Johnson,D. ,"What is Innovation and Entrepreneurship? Lesson for Larger Organizations",*Industrial and Commercial Training*, Vol. 33,Issue 4,2001.

62. Gartner,W. B. ,"'Who is an Entrepreneur?' is a Wrong Question",*American Journal of Small Business* ,Spring 1988.

63. George,J. M. ,"Asymmetrical Effects of Rewards and Punishments:The Case of Social Loafing",*Journal of Occupational and Organizational Psychology* ,December 1995,Vol. 68,Issue 4.

64. Gist, M. E. , Locke, E. A. and Taylor, M. S. , "Organizational Behavior:Group Structure, Process, and Effectiveness", *Journal of Management* ,Summer 1987,Vol. 13,Issue 2.

65. Gladstein,Deborah L. ,"Groups in Context:A Model of Task Group Effectiveness",*Administrative Science Quarterly* ,December 1984.

66. Granovetter ,M. S. ,"The Strength of Weak Ties",*American Journal of Sociology* ,1973,78.

67. Greiner, Larry E. , "Patterns of the Organization Change", *Harvard Business Review* ,May-June 1967.

68. Greiner,Larry E. ,"Evolution and Revolution as Organizations Grow",*Harvard Business Review* ,July-August 1972.

69. Greve,A. and Salef,J. W. ,"Social Networks and Entrepreneurship",

Entrepreneurship:Theory and Practice,Fall,2003.

70. Guest,D. E. ,"Is the Psychological Contract worth Taking Seriously",*Journal of Organizational Behavior*,1998,Vol. 19,Issue S1.

71. Guth, W. D. and MacMillan, I. C. , "Strategy Implementation versus Middle Management Self-interest",*Strategic Management Journal*,July-August 1986.

72. Haleblian, J. and Finkelstein, S. , "Top Management Team Size,CEO Dominance,and Firm Performance:The Moderating Roles of Environmental Turbulence and Discretion",*Academy of Management Journal*,August 1993.

73. Hambrick,Donald C. and D'Aveni,Richard A. ,"Top Management Deterioration as Part of the Downward Spiral of Large Corporate Bankruptcies",*Management Science*,Oct. 1992,Vol. 38,Issue 10.

74. Hambrick, D. C. and P. A. Mason. , "Upper Echelon:The Organization as a Reflection of Its Top Managers",*Academy of Management Review*,1984,Vol. 9,Issue 2.

75. Hambrick, Donald C. , "Top Management Groups:A Conceptual Integration and Reconsideration of the 'Team' Label", In Staw, B. M. and Cumming L. L. (Eds),*Research in Organizational Behavior*,1994,Vol. 16.

76. Hambrick,D. C. ,Cho,T. S. ,and Ming-Jer Chen,"The Influence of Top Management Team Heterogeneity on Firms' Competitive Moves",*Administrative Science Quarterly*;December 1996.

77. Handelberg,Jari. ,"Entrepreneurial Top Management Team Demography,Team Process and Organizational Performance:Five Models on the Impacts of Management Team on Organizational Performance",1999.

78. Hitt, M. A. , Ireland,R. D. , Camps, M. , and Sexton, D. L . , "Strategic Entrepreneurship:Entrepreneurial Strategies for Wealth Creation ",*Strategic Management Journal*,June-July,2001,Vol. 22,Issue 6—7.

79. Hitt,M. A. and Tyler,B. B. ,"Strategic Decisions Models:Integrating Different Perspectives",*Strategic Management Journal*,July 1991.

80. Hornaday,Robert W. ,"Thinking About Entrepreneurship:A Fuzzy Set Approach",*Journal of Small Business Management*,October 1992,Vol. 30 Issue 4.

81. Ireland,R. D. , Hitt,M. A. , and Vaindyanath,D. , "Alliance Management as a source of Competitive Advantage", *Journal of Management*,2002,Vol. 28,Issue 3.

82. Isabella,L. A. and Waddock,S. A. ,"Top Management Team Certainty:Environmental Assessments,Teamwork,and Performance Implications",*Journal of Management*,1994,Vol. 20 Issue 4.

83. Janis, I. L. , *Crucial Decisions:Leadership in Policymaking and Crisis Management*,Simon & Schuster Adult Publishing Group,1988.

84. Jarrett,M. and Kellner,K. ,"Coping with Uncertainty:A Psychodynamic Perspective on the Work of Top Teams", *Journal of Management Development*; 1996,Vol. 15,Issue 2.

85. Jianwen,Liao and Harold Wslsch,"Roles of Social Capital in Venture Creation:Key Dimensions and Research Implications",*Journal of Small Business Management*,2005,Vol. 43,Issue 4.

86. Jennings,R. D. and Lumpkin,J. R. , "Functionally Modeling Corporate Entrepreneurship:An Empirical Integrative Analysis",*Journal of Management*,1989,Vol. 15,Issue 3.

87. Johnson,D. ,"What is Innovation and Entrepreneurship? Lesson for Larger Organizations", *Industrial and Commercial Training*, 2001,Vol. 33,No. 4.

88. Kamm,Judith B. and Nurick,Aaron J. ,"The Stages of Team Venture Formation:A Decision-making Model", *Entrepreneurship: Theory and Practice*,Winter 1990.

89. Kamm,J. B. , Shuman,J. C. , Seeger,J. A. and Nurick, A. J. ,

"Entrepreneurial Teams in New Venture Creation: A Research Agenda", *Entrepreneurship Theory and Practice*, Summer 1990.

90. Katzenbach, J. R. and Smith, D. K., *The Wisdom of Teams: Creating the High-performance Organization*, Boston: Harvard Business School Press, 1993.

91. Katzenbach, J. R., "The Myth of the Top Management Team", *Harvard Business Review*, November-December 1997.

92. Knight, F. H., *Risk, Uncertainty and Profit*, Chicago: University of Chicago Press, 1971.

93. Keck, S. L., "Top Management Team Structure: Differential Effects by Environmental Context", *Organization Science: A Journal of the Institute of Management Sciences*, Mar/Apr 1997, Vol. 8 Issue 2.

94. Keck, Sara L. and Tushman, M., "Environmental and Organizational Context and Executive Team Structure", *Organization Science: A Journal of the Institute of Management Sciences*, Mar/Apr 1997, Vol. 8 Issue 2.

95. Kirzner, Israel., *Competition and Entrepreneurship*, Chicago: University of Chicago Press, 1973.

96. Knight, D., and Pearce, C. L., "Top Management Team Diversity, Team Process, and Strategic Consensus", *Strategic Management Journal*, May 1999.

97. Krueger, N. F., "Competing Models of Entrepreneurial Intentions", *Journal of Business Venturing*, Sep-Nov. 2000, Vol. 15, Issue 5—6.

98. Lant, T. K., Milliken, F. J. and Batra, B., "The Role of Managerial Learning and Interpretation in Strategic Persistence and Reorientation: An Empirical Exploration", *Strategic Management Journal*, November 1992.

99. Latané, B., Williams, K., and Harkins, S., "Many Hands Make

Light Work：The Causes and Consequences of Social Loafing ”，*Journal of Personality and Social Psychology*，1979，Vol. 37.

100. LEE，Edwin. ，“The Life Cycles of Executive Teams”（Working Paper），EDLEE Executive Workshop，2004.

101. Levinson，H. ，Price，C. R. ，Munden，K. J. ，Mandl H. and Solley，C. M. ，Men，*Management and Mental Health*，Cambridge，MA：Harvard University Press，1962.

102. Low，M. B. and MacMillan，I. C. ，“Entrepreneurship：Past Research and Future Challenges”，*Journal of Management*，June 1988，Vol. 14，Issue 2.

103. Longenecker，Justin G. Schoen，John E. ，“The Essence of Entrepreneurship”，*Journal of Small Business Management*，1975，Vol. 13，Issue 3.

104. Lucas，James R. ，“Anatomy of a Vision Statement，*Management Review*，1998，Vol. 87，Issue 2.

105. Lumpkin，G. T. and Dess，Gregory G. ，”Clarifying the Entrepreneurial Orientation Construct and Linking to Performance ”，*Academy of Management Review*，1996，Vol. 21，Issue 1.

106. Marshall，Alfred，*Principles of Economics*，8th Ed. ，New York：The MacMillan Company，1949.

107. Martin Kilduff，Reinhard Angelmar，Ajay Mehra，“Top Management Team Diversity and Firm Performance：Examining the Role of Cognitions”，*Organization Science*，2000，Vol. 11，Issue 1.

108. Matthews，L. L. ，“A Review of Executive Teamwork”，*Team Performance Management*，1998，Vol. 4，No. 6.

109. Mayer，R. C. ，Davis，J. H. ，and Schoorman，F. D. ，“An Integrative Model of Organizational Trust”，*Academy of Management Review*，July 1995，Vol. 20，Issue 3.

110. Mayer G. D. and Heppard K. A. ，*Entrepreneurship as Strategy*：

Competing on the Entrepreneurial Edge, Sage Publications, Inc. , 2000.

111. Methe D. , Swaminathan A. , Mitchell W. and Toyama R, "The Underemphasized Role of Diversifying Entrants and Industry Incumbents as the Sources of Major Innovations", *In Strategic Discovery: Competing in the New Arenas*, Thomas H, O'neals D. Wiley: New York, 1997.

112. Michel, J. G. and Hambrick, D. C. , "Diversification Posture and the Characteristics of the Top Management Team", *Academy of Management Journal*, March 1992.

113. Miller, C. C. , L. M. Burke and W. H. Glick, "Cognitive Diversity among Upper Echelon Executives: Implications for Strategic Decision Process", *Strategic Management Journal*, 1998, Vol. 19, Issue 1.

114. Miller, D. , "The Correlates of Entrepreneurship in Three Types of Firms", *Management Science*, July 1983.

115. Millward L. J. , and Hopkins L. J. , "Psychological Contracts, Organizational and Job Commitment", *Journal of Applied Social Psychology*, 1998, Vol. 28, Issue 16.

116. Morris, Michael H. and Kuratko, Donald F. , *Corporate Entrepreneurship: Entrepreneurial Development within Organizations*, Harcourt College Publishers, 2002.

117. Morrison, E. and Robinson, S. L. , "When Employees Feel Betrayed: A Model of How Psychological Contract Violation Develops", *Academy of Management Review*, 1997, Vol. 22, Issue 1.

118. Mosakowski, E. , "Entrepreneurial Resources, Organizational Choices, and Competitive Outcomes", *Organization Science*, 1998, Vol. 9, Issue 6.

119. Murphy, G. B. and Trailer, J. W. , "Measuring Performance in Entrepreneurship Research", *Journal of Business Research*, 1996, Vol. 36, Issue 1.

120. Nahapiet, J. and Sumantra Ghoshal, "Social Capital, Intellectual

Capital and the Organizational Advantage", *Acadmy of Management Review*, 1998, Vol. 23, Issue 2.

121. Neck, C. P. and Moorhead, G. , "Groupthink Remodeled: The Importance of Leadership, Time Pressure, and Methodical Decision-making Procedures ", *Human Relations*, May 1995, Vol. 48, Issue5.

122. Pearce, Jone L. , "Psychological Contracts in Organizations: Understanding Written and Unwritten Agreements (Book) ", *Administrative Science Quarterly*, March 1998, Vol. 43, Issue 1.

123. Pfeffer, J. , "Organizational Demography", In Cummings, L. L. and Staw, B. M(Eds), *Research in Organizational Behavior*, Vol. 5, JAI Press Inc. , Greenwich, CN, 1983.

124. Powell, W. W. and Smith-Doerr, L, . "Networks and Economic Life", In Smelser, N. and Sweberg, R(Eds.), *Handbook of Economic Sociology*, Princeton University Press, 1994.

125. Reich, R. B. , "Entrepreneurship Reconsidered: The Team as a Hero", *Harvard Business Review*, May-June 1987, Vol. 65, Issue 3.

126. Richardson, H. A. , Amason, A. C. , Bucholtz, A. K. and Gerard, J. G. , "CEO Willingness to Delegate to the Top Management Team: The Influence of Organizational Performance", *International Journal of Organizational Analysis*, 2002, Vol. 10, Issue 2.

127. Ring, P. S. , and Van De Ven, "Developmental Processes of Cooperative Inter-organizational relationships ", *Academy of Management Review*, Jan. 1994, Vol. 19, Issue 1.

128. Robinson, S. L. , Rousseau, D. M. , "Violating the Psychological Contract: Not the Exception but the Norm", *Journal of Organizational Behavior*, 1994, Vol. 15, Issue 3.

129. Robinson, S. L. , Morrison, E. W. , "Psychological Contracts and OCB: The Effect of Unfulfilled Obligations on Civic Virtue Behavior", *Journal of Organizational Behavior*, 1995, Vol. 16, Issuc 3.

130. Robinson ,S. L. ,and Morrison,D. M. ,"Organizational Citizenship Behavior : A Psychological Contract Perspective", *Journal of Organizational Behavior* ,May 1995,Vol. 16,Issue 3.

131. Robinson,S. L. "Trust and Breach of the Psychological Contract", *Administrative Science Quarterly* ; December 1996.

132. Rotemberg,J. J. and Saloner,G. , "Visionaries,Managers,and Strategic Direction", *Rand Journal of Economics* ,2000,Vol. 31,Issue 4.

133. Rousseau,D. M. ,"Psychological and Implied Contracts in Organizations", *Employee Responsibilities and Rights Journal* ,1989,Vol. 2,Issue 2.

134. Rousseau,D. M. ,"New Hire Perceptions of Their Own and Their Employer's Obligations: A Study of Psychological Contracts", *Journal of Organizational Behavior* ,Sep. 1990,Vol. 11 Issue 5.

135. Rousseau,D. M. , *Psychological Contracts in Organizations: Understanding Written and Unwritten Agreements* , California: Sage Publications,Inc. ,1995.

136. Rousseau,D M,Tijoriwala S A. ,"What's a Good Reason to Change? Motivated Reasoning and Social Accounts in Promoting Organizational Change", *Journal of Applied Psychology* , 1999, Vol. 84,Issue 4.

137. Ruef,M. ,"Strong Ties,Weak Ties and Island:Structural and Cultural Predictors of Organizationd Innovation", *Industrial and Corporate Change* ,2002,Vol. 11,Issue 3.

138. Sarasvathy,S. D. ,"The Questions We Ask and the Questions We Care About:Reformulating Some Problems in Entrepreneurship Research", *Journal of Business Venturing* , September 2004, Vol. 19, Issue 5.

139. Schumpeter,J. , *The Theory of Economic Development* ,Harvard University Press,Cambridge Mass,1934.

140. Schweiger, D. M. , and Sandberg, W. R. , "The Utilization of Individual Capabilities in Group Approaches to Strategic Decision-making", *Strategic Management Journal*, Jan/Feb. 1989.

141. Smith, K. G. , M. J. Gannon, C. Grimm and T. R. Mitchell. , "Decision-making Behavior in Smaller Entrepreneurial and Larger Professionally Managed Firms", *Journal of Business Venturing*, 1988, Vol. 3, Issue 3.

142. Shane , S. A . and S. Venkataraman, "The Promise of Entrepreneurship as a Field of Research", *Academy of Management Review*, 2000, Vol. 25, Issue 1.

143. Sharma, P. and Chrisman, J. J. , "Toward a Reconciliation of the Definitional Issues in the Field of Corporate Entrepreneurship", *Entrepreneurship Theory and Practice*, Spring, 1999.

144. Shelor, R. M. and Richard, O. C. , "Linking Top Management Team Age Heterogeneity to Firm Performance: Juxtaposing Two Midrange Theories", *International Journal of Human Resource Management*, 2002, Vol. 13 Issue 6.

145. Simons, Tony and Pelled, Lisa Hope, "Making Use of Difference: Diversity, Debate, and Decision Comprehensiveness in Top Management Teams", *Academy of Management Journal*, December 1999.

146. Steinmetz, L. L, "Critical Stages of Small Business Growth: When They Occur and How to Survive Them ", *Business Horizons*, February 1969, Vol. 12 , Issue 1.

147. Stevenson, H. H. and Jarillo, J. C. , "A Paradigm of Entrepreneurship: Entrepreneurial Management", *Strategic Management Journal*, 1990, Vol. 11 Issue 4.

148. Sitkin, S. B. , and Pablo, A. L . , "Reconceptualizing the Determinants of Risk Behavior", *Academy of Management Review*, 1992, Vol. 17, Issue 1.

149. Smith, J. B. and Barclay, D. W., "The Effects of Organizational Differences and Trust on the Effectiveness of Selling Partner Relationship", *Journal of Marketing*, Jan 1997, Vol. 61, Issue 1.

150. Smith, Ken G., Smith, Ken A., Sims Jr., Henry P., O'Bannon, Douglas P., and Scully, J. A., "Top Management Team Demography and Process: The Role of Social Integration and Communication", *Administrative Science Quarterly*, September 1994.

151. Stephen P. Robbins, *Organizational Behavior*, 10th Edition, Prentice Hall, 2002.

152. Tata J., "The Influence of Accounts on Perceived Social Loafing in Work Teams", *The International Journal of Conflict Management*, 2002, Vol. 13, Issue 3.

153. Thomas H, O'neals D., *Strategic Discovery: Competing in the New Arenas*, Wiley: New York, 1997.

154. Thomas, K. W., *Conflict and Conflict Management*, In Dunnette, M. D., Hough L. M. (Eds.), Handbook of Industrial and Organizational Psychology, Palo Alto: Consulting Psychologists Press, 1976.

155. Tiessen, J. H., "Individualism, Collectivism, and Entrepreneurship: International Comparative Research", *Journal of Business Venturing*, September 1997, Volume 12, Issue 5.

156. Timmons, J. A., "The Entrepreneurial Team: An American Dream or Nightmare?", *Journal of Small Business Management*, October, 1975.

157. Timmons, J. A., *New Venture Creation: Entrepreneurship in the 21st Century*, (4th Ed.), Mcgraw-Hill College, 1995.

158. Turnley, W. H. and Feldman, D. C., "Psychological Contract Violations during Organizational Restructuring", *Human Resource Management*, Spring 1998.

159. Turnley, W. H. and Feldman W. C., "A Discrepancy Model of Psychological Contract Violation", *Human Resource Management*

Review, Fall 1999.

160. Turnley, William H. , and Feldman, Daniel C,. "The Impact of Psychological Contract Violations on Exit, Voice, Loyalty, and Neglect", *Human Relations*, July 1999, Vol. 52, Issue 7.

161. Tsui, A. S. , Egan, T. D. and C. A. O'Reilly, Ⅲ , "Being Different: Relational Demography and Organizational Attachment", *Administrative Science Quarterly*, December 1992.

162. Van Praag, C. M. , "Some Classic Views on Entrepreneurship", *De Economist*, September 1999, Vol. 147, Issue 3.

163. Vesper, K. H. , "Entrepreneurial Academic: How Can We Tell When the Field is Getting Somewhere?", *Journal of Business Venturing*, Winter 1988, Vol. 3, Issue 1.

164. Vyakarnm, S. , Jacobs, R. and Jari Handelberg, "Exploring the Formation of Entrepreneurial Teams: The Key to Rapid Growth Business?", *Journal of Small Business and Enterprise Development*, Vol. 6, Issue. 2, 1999.

165. Wagner, W. G. , Pfeffer J. , O'Reilly, C. A. , "Organizational Demography and Turnover in Top Management Teams", *Administrative Science Quarterly*, March 1984.

166. Wall, J. A. Jr, Callister, R. R. , "Conflict and Its Management", *Journal of Management*, 1995, Vol. 21, Issue 3.

167. Weinzimmer, L. G. , "Top Management Team Correlates of Organizational Growth in a Small Business Context: A Comparative Studies", *Journal of Small Business Management*, July 1997.

168. Weisz, N. , Robert S. Vassolo and Arnold C. Cooper, "A Theoretical and Empirical Assessment of Nascent Entrepreneurial Teams", *Academy of Management Best Conference Paper*, 2004, ENT: K1－K5.

169. West III, G. P. and Meyer, G. D. , "To Agree or not to Agree? Consensus and Performance in New Ventures", *Journal of Business Venturing*,

1998,Vol. 13,Issue 5.

170.　Wiersema,M. F. and Bantel,K. A. ,"Top Management Team Demography and Corporate Change", *Academy of Management Journal*,March 1992,Vol. 35,Issue 1.

171.　Wiersema,M. F. ,and Bantel,K. A. ,"Top Management Team Turnover as an Adaptation Mechanism:The Role of the Environment", *Strategic Management Journal*,Oct. 1993,Vol. 14,Issue 7.

172.　Zahra,Shaker A. and Hansen,Carol Dianne, "Privation,Entrepreneurship and Global Competitiveness in the 21st Century", *Competitive Review*,2000,Vol. 10,Issue 1.

174.　Zahra, S. A. , Neubaum, D. O. and El-Hagrassey, G. M. , "Competitive Analysis and New Venture Performance:Understanding the Impact of Strategic Uncertainty and Venture Origin", *Entrepreneurship:Theory and Practice*,Fall 2002, Vol. 27,Issue 1.

后　记

本书是在博士学位论文《创业团队企业家精神的动态管理研究》基础上，经过认真修改和补充研究形成的专著。此书既是国家自然科学基金项目《创业活动与组织互动的价值创造过程及其管理研究》（主持人为南开大学博士生导师张玉利教授，项目编号 70472049）成果之一，也是国家自然科学基金项目《创业团队企业家精神的传承机制及其管理策略》（主持人为安徽财经大学陈忠卫教授，项目编号 70672107）的阶段性成果之一。

我的导师张玉利教授一直潜心研究创业与企业成长这一管理学前沿课题。近年来，他所带领的南开大学创业管理研究中心成员发表了大量的创业管理学术论文、翻译并出版了创业管理教材、主持召开了创业学与企业家精神研讨会、设立了创业管理研究中心网站等系列的标志性成果。我本人有幸作为中心的核心成员，始终得到了张玉利教授的悉心指导。是他把我带入到了企业家精神研究的学术殿堂，是他教会了我严谨的管理学学术规范，是他不厌其烦地就博士学位论文的选题、修改、定稿给予了极具建设性的意见。在此，对恩师张玉利教授曾给予我的教诲表示最为诚挚的感激。没有张教授的启蒙、赐教和扶持，就不可能使我有机会独立主持国家自然科学基金项目，进而继续开展博士学位论文的后续研究。

在撰写博士学位论文过程中，我还得到了李维安教授、张金城教授、王迎军教授、谢晋宇教授、薛有志教授、崔勋教授、范秀成教授、申光龙副教授、袁庆宏教授、王永贵教授等南开大学商学院导师们的悉心指导和帮助。得到了原南开大学副校长、博士生导师逄锦聚教授、澳大利亚悉尼麦克里大学管理研究院唐以明教授、中国社会科学院博士生导师张承耀教授的无私指导。在博士论文答辩前后，北京大学刘学教授、对外经济贸易大学林汉川教授、天津财经大学刘永泰教授、南京大学陈传明教授等一批国内知名专家都曾给予我本课题研究的方向性引领，使我越发产生对创业团队企业家精神加以研究的兴趣。南京财经大学校长徐从才教授是我的硕士生导师，他非常关心我的学习进展和科研方向的选择情况，安徽科技学院院长沈太基教授也给予我对从事该研究工作的无穷动力。

在南开大学学习期间，谭新生、徐海林、聂伟、李金海、陈志军、李兴旺、陆岚，以及骆克龙、杨俊青、陈学会、王洪涛等同学对我的学习、生活、工作情况都非常关心。我的同门师兄弟谭新生、陈寒松、王伟毅、李乾文、陈立新、陈颉、杨晓非、杨俊在我博士论文开题、撰写过程中提供了许多富有参考价值的资料和写作意见。

此书作为博士学位论文的后续性成果，安徽财经大学管理学院杜运周老师参与了此书的整体策划过程，并负责撰写了第3章。安徽财经大学企业管理专业硕士研究生郝喜玲参与了本书实证部分的研究工作。

在企业调研过程中，得到了联想集团安徽销售公司、安徽中兴盐化集团、安徽省合肥思飞装饰有限责任公司、安徽省意发集团、安徽省淮北矿业集团等企业高层管理团队成员的支持，他们为我的企业调研提供了极大的方便，从而确保了访谈的高质量，也不断地启发着我如何才能把国外创业团队理论与国内企业家精神相结合的重大实践性课题引向深入。

在攻读博士学位的三年的时间里，安徽财经大学党委书记石秀和教授、校长姜利军教授、丁忠明教授、兰玉杰博士、周之虎教授始终给我提供了极为宽松的学习条件，始终关心我在外的学习、生活、科研进展。求学期间，我还履行着安徽财经大学管理学院院长的职责，虽然我竭力想做到工作与学习的平衡，但总有不尽如人意之处，在此情况下，安徽财经大学管理学院李志强书记、刘福成副院长完成了许多本应由我主持完成的工作，我的同事对我个人的学业和单位工作给予了极大关心、理解和支持。我的同事王晶晶教授、汪金龙副教授、朱传杰副教授、戴强副教授、冯建友博士、孙辛勤博士、胡登峰博士等都对此书的写作出版提出了许多很有价值的意见。在我博士毕业后，安徽财经大学专门成立了企业成长研究所，使我们能够以团队方式继续从事本领域的科学研究活动，此书的出版还得到了学校学术著作出版基金的资助。人民出版社编辑吴炤东先生为此书的出版付出了巨大的辛劳和满腔热忱。在我最困难的时候，我的母亲不辞辛劳的人格魅力总是会给我一种永不气馁的无穷动力，促使我坚持不懈地努力奋斗，我的爱妻马振英默默地承担繁重的家务活，成为我学习、生活、工作的巨大动力源泉，我的爱子陈安东快小学毕业了，他慢慢地也理解了我的事业，甚至成为我们相互学习的对象。

在此，我谨向以上所有支持、关心、帮助我完成学业和书稿写作的所有领导、同事、朋友、编辑、家人致以崇高的谢意！

创业团队企业家精神动态延续的研究属于学科前沿课题，由本人主持的国家自然科学基金项目（编号 70672107）尚正在深入进行过程中。欢迎业界专家学者、企业界经营管理者以及广大读者能够提出宝贵意见和合理化建议，以便能够更好地从事对该学术领域的研究工作。

陈忠卫

二〇〇七年六月于龙之湖畔